【盛世风华系列】

四海升平

说说开皇之治那些事儿

姜正成◎主编

中国财富出版社

图书在版编目（CIP）数据

四海升平：说说开皇之治那些事儿 / 姜正成主编. —北京：中国财富出版社，2014.6

（盛世风华系列）

ISBN 978-7-5047-5004-4

Ⅰ.①四… Ⅱ.①姜… Ⅲ.①中国历史-隋代-通俗读物 Ⅳ.①K241.09

中国版本图书馆 CIP 数据核字（2013）第281638号

策划编辑 王秋萍 **责任印制** 方朋远
责任编辑 康书民 宋 宇 **责任校对** 饶莉莉

出版发行 中国财富出版社
社 址 北京市丰台区南四环西路188号5区20楼 **邮政编码** 100070
电 话 010-52227568（发行部） 010-52227588转307（总编室）
010-68589540（读者服务部） 010-52227588转305（质检部）
网 址 http：// www. cfpress. com . cn
经 销 新华书店
印 刷 北京柯蓝博泰印务有限公司
书 号 ISBN 978-7-5047-5004-4 / K · 0131
开 本 710mm × 1000mm 1/16 **版 次** 2014 年 6 月第 1 版
印 张 16.5 **印 次** 2014 年 6 月第 1 次印刷
字 数 208千字 **定 价** 33.00元

前言

滚滚长江东逝水，浪花淘尽英雄。在风起云涌的历史发展进程中，有着无数的英雄人物，在属于他们的时代中，留下了无数的风云往事。而当历史的车轮碾过南北朝的大分裂，转动到隋朝的时候，又会有怎样的血雨腥风和辉煌时刻呢？走近隋朝，我们不妨重温隋朝的那些事儿，感受隋文帝杨坚的风采，目睹开皇盛世的场面！

北周末年，朝政混乱，更替频繁，民不聊生。乱世出英雄，来自武川镇的青年杨忠，在这场动乱中四处漂泊。然而，他胸怀大志，投军报国，转战南北，后屡立战功，终赢得荣华富贵。杨坚正是出生在这样一个贵族家庭中。由于出生于军旅，年幼的杨坚很早便开始接触军队，并在父亲的精心培养下，逐渐成长为才能出众的青年才俊。

在父亲军功的荫蔽下，杨坚很早便步入仕途，并且很快跻身北周的权力阶层。后由于时事变动，杨坚虽然屡遭挫折，但是在众人的帮助下，他在仕途中仍然是平步青云，并最终深受朝廷重用。当他看到北周政权颓危之时，便顺应时势，平定叛乱，代周自立，创建隋朝。即位后，面对内忧外患的严峻局势，隋文帝实施远交近攻等外交政策，将四面的威胁逐个消除。在降服突厥、消灭高宝义、镇抚吐谷浑、平定南陈之后，实现了中国

的大一统。

在国家政权逐步稳定后，隋文帝便开始了大刀阔斧的改革。他实行政治改革，创建三省六部制，制定《开皇律》，改革府兵制度，创立科举，使得国家的政治更加清明。不仅如此，他还厉行节俭，勤政爱民，使得百姓得以休养生息。在改革的同时，隋文帝采取了偃武修文的政策，任用贤能，治国安邦，使得国家日渐强盛。为了更好地强国富民，隋文帝还大力发展农业、商业、手工业等，使得百姓得以安居乐业。经过隋文帝的励精图治，终于迎来了历史上的“开皇盛世”。然而，辉煌过后，隋文帝最终却悲剧落幕，不禁让后世欷歔。

本书主要借助历史典籍，采用客观简练，详略得当的语言，利用八个章节讲述了隋文帝杨坚的一生，重点讲述了其在缔造开皇盛世时期所发生的事情。读史以明智，喜欢历史的广大读者，在闲暇之余，不妨抽出时间来细细品读隋朝的历史，相信你不仅仅能从中了解隋朝历史，更能有所感悟和收获。

编　者

2014年1月

目录

第一章　关陇贵族蒙父荫　屡立战功进国柱

隋文帝杨坚，是隋王朝的开国皇帝，也是历史上颇有政绩的皇帝之一。在早期的生涯中，杨坚依靠父祖的功勋，踏上了仕途，并在独孤家族的帮助下平步青云。同时，在仕途中，杨坚也屡立战功，展现了非凡的军事才能。

第二章　入宫辅政制京师　平定叛乱建大隋

杨坚进入官场之后，虽然屡有功绩，但仕途依然坎坷。此时，朝中局势波诡云谲，瞬息万变，当周武帝病重之时，杨坚在众人的帮助下，通过发动宫廷政变，迅速登上了权力的巅峰。在制服诸王、平定三方之后，杨坚更是独揽大权，而篡周建隋也成了必然的趋势。

第三章　封官定势改正朔　革旧鼎新立国制

杨坚建立了隋王朝之后，大力进行改革。首先就是确定正朔年号，随后便开始进行政治改革，确定三省六部制，制定《开皇律》，改革兵制，构建新都，创立科举制度。这一系列的革旧鼎新之举，大大加速了隋王朝的发展，同时，也使得国家更加昌盛。

第四章　勤政恤民行节俭　亲临四方拒封禅

隋朝初建，百废待兴。心怀大志的隋文帝杨坚，一心励精图治，虽然身为一国之君，但却躬行节俭，勤政爱民，为后世君王做了垂范。不仅如此，为了更好地体恤百姓疾苦，隋文帝杨坚还亲临四方，巡省天下，拒不封禅。正是他的这一番努力，才为后来的“开皇盛世”打下了坚实的基础。

第五章 镇抚四夷大一统 和睦远邦显韬略

隋文帝杨坚建立隋朝之初，内忧外患，边疆形势告急。面对陈朝、突厥、吐谷浑、高宝宁这四面的威胁，隋文帝杨坚采取了镇抚结合、远交近攻和各个击破的策略，最终平定了陈朝，消除了危机，并实现了中国的统一。这些无不显示出隋文帝的雄才伟略。

第六章 偃武修文重礼教 发展经济开皇兴

隋文帝篡周自立，平定叛乱，多依赖武将。然而，当国家统一之后，更加需要能够治理国家的贤能之士。为了使国家强盛安定，隋文帝采取了偃武修文的政策；同时，为了发展经济，隋文帝还鼓励各业并举。这些强国策略的贯彻实施，使得隋王朝出现了前所未有的繁荣，这在历史上被称为“开皇之治”。

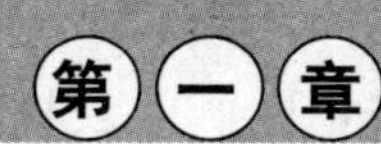

第一章 关陇贵族蒙父荫 屡立战功进国柱

隋文帝杨坚，是隋王朝的开国皇帝，也是历史上颇有政绩的皇帝之一。在早期的生涯中，杨坚依靠父祖的功勋，踏上了仕途，并在独孤家族的帮助下平步青云。同时，在仕途中，杨坚也屡立战功，展现了非凡的军事才能。

少年英才，父祖之荫

杨坚一家，自称出自弘农杨氏。弘农杨氏是一支历史悠远的名门望族，其发祥的传说，可以追溯到很远很远。据说，杨氏出自西周宣王的儿子尚父，被封为杨侯，子孙以国为姓。后来，杨氏为晋所灭，子孙逃到华山仙谷，遂于华阴（今陕西省华阴市）定居下来。

比较可信的记载，大概可以追溯到楚汉战争时代。在乌江边追上项羽并将他分尸的五员汉将中，有一位叫杨喜，他因功被封为赤泉侯，成为弘农杨氏的先祖。到东汉中，杨家出了一位名满天下的大儒，亦即世称“关西孔子”的杨震，他官至太尉，因弹劾邪佞而遭贬黜，愤然自尽，一时朝野震动，被海内儒士尊为表率。从此以后，天下杨氏，多附会杨震为宗祖。

据《新唐书·宰相世系》记载，杨震的孙子杨馥，其十世孙为杨孕，杨孕的六世孙为杨渠，其子杨铉，为前燕北平郡守。也就是说，从东汉灵帝时（168—188年）起至前燕（337年起）约一百七十年间，传十七代，平均一代仅十年，令人难以置信。《隋书·文帝纪》称其远祖为“汉太尉震八代孙”在时间上较为可信。但是，从杨铉上溯到杨馥，其间五代，仍无从查考。

杨坚家族的名字，与其远祖多有重复。例如，杨坚的父亲杨忠，与杨震的曾祖同名；杨坚的儿子杨广和杨俊，分别与杨震的九世孙和七世孙同名。如果真正出自同族嫡传，则不应该屡犯祖先名讳。其实，这种情况在北朝新起的弘农杨氏族中，也有所见。例如，自称出自杨震末子杨奉嫡传的杨敷，就与其十三世祖同名。因此，我们很难把杨坚一族看作是弘农杨氏的嫡系后裔。

周隋之际，杨素家族更可能是弘农杨氏的代表。杨玄感起兵时，弘农杨氏纷纷起来响应。由此可见，这场斗争并不是宗族内部的分裂，它表明杨坚家族与弘农杨氏没有多少渊源关系。杨素家族奉杨震末子为祖，而杨坚家族则称出自杨震长子一系，显然是要高过杨素家族，益显其尊。根据《周书·杨忠传》记载，杨坚家族实际上始于任前燕北平郡（今河北省遵化县东）太守的杨铉。至其儿子元寿时，转归北魏。可能是由于其北方家世的缘故，杨元寿被任命为武川镇（今内蒙古武川县）司马，戍守边疆，家族也就在这里定居下来。此后经历三代到杨祯时，六镇兵起，杨祯随着滚滚南下的人流，逃到中山（今河北省定州市）避难，并在此地招募义徒，后因兵败身亡。而其子杨忠则随河北流民，漂泊于山东青州（今山东省青州市）。关于杨坚的家族起源，尚待查考。

西魏大统七年六月癸丑，也就是541年7月21日，农历六月十三傍晚，从寺院深处传来清脆响亮的婴儿啼声，给般若寺平添了许多祥瑞喜气。这家主人是西魏赫赫有名的云州（今甘肃省庆阳县西南）刺史、大都督杨忠。这年，杨忠三十五岁，戎马倥偬一晃已届中年。

杨忠十八岁那年，流落到山东，登泰山，望神州，前途渺茫，满目苍凉。在泰山脚下，他和名为吕苦桃的女子草草成亲，正想过上几天平安的日子，不料梁朝军队趁北魏大乱之际，出兵北伐，他被虏往江南，在梁朝过了五年。大通二年（528年）十月，梁朝以投降的北魏北海王元颢为魏王，发兵送其归国，杨忠被任命为直阁将军，随军北上。翌年，元颢攻入洛阳，当上皇帝。就在这时，尔朱荣的前锋独孤信已兵临城下，经过一场恶战，元颢被乱兵所杀，杨忠改换门庭，成为尔朱度律（尔朱荣的堂弟）帐下统军。不久，尔朱荣被孝庄帝诛杀，尔朱兆（尔朱荣的侄子）自并州反攻，杨忠随之进入洛阳。其时，尔朱氏已是强弩之末，旋为高欢所灭。而高欢所立的孝武帝，不满高欢专政，任命武川旧将贺拔胜镇荆州，以为羽翼，武川出身的军将多追随贺拔胜，杨忠也转归独孤信，成为其麾下一员猛将。

536年秋，独孤信和杨忠获得批准，回到关中。杨忠高大美髯，深沉大度，曾随宇文泰出猎，有猛兽驰出，杨忠赤手空拳，左挟其腰，右拔其舌，亲手杀之，见者无不惊叹。达奚武以武勇著称，有一次和杨忠一道出征，遇到北齐大军，达奚武惧不敢战，率军后撤，以杨忠殿后。部队退到洛南，齐军追至洛北。两军隔水相望，杨忠令将士解鞍而卧，自己立马河上，齐军见而惧怕，竟不敢进逼。达奚武叹服："达奚武自是天下健儿，今日服矣！"宇文泰深爱杨忠英勇，将他留在身边。贺拔胜、独孤信和杨忠等自南朝归来，武川镇出身的各路将军终于会首，凝聚为坚强的军事集团，开始了与高欢争夺天下的生死大搏斗。

据《周书·杨忠传》记载，杨忠是弘农华阴（今陕西省华阴市）人，"美髯，身长七尺八寸，状貌瑰伟，武艺绝伦，识量沉深，有将帅之略"。后由于在宇文泰执掌国政和宇文觉建守北周的过程中，杨忠功勋卓著，被赐姓普六茹氏，位至柱国、大司马，受封为随公。杨坚的贵族世家和父亲杨忠的加官晋爵，为这位关陇贵族少年的平步青云提供了十分优越的条件。

杨忠回到关中，鞍马未下，便随宇文泰出征，先后参加了著名的沙苑之战、河桥之役，屡立功勋。此后，东西之间战事间歇，杨忠随宇文泰等军队统帅回居靠近潼关的华州，防备高欢。大统四年（538年），在河桥战役中，杨忠与壮士五人力战守桥，敌人不敢前进，因军功授左光禄大夫、云州刺史，兼大都督。不久，杨忠又因军功转任洛州刺史。自大统四年（538年）与东魏大战洛阳后，总算能过上几年相对安定的家庭生活，盼望有个儿子继承香火家业的心情尤为焦灼。夫人有喜，带给他无限的喜悦和希望，使得新生命的到来，显得如此郑重，不能有丝毫的差池。

不久，婴儿出生。新生婴儿是个健壮的男孩，方脸高额，五官端正，看上去就是个将门虎子。一家人欢天喜地，斟酌着给儿子起了个“坚”字单名，希望他长大后能像父亲一样威武坚毅，卓尔不群。洋洋喜气，灿烂霞光，映照在杨坚红喷喷的小脸蛋上，越发显得光彩照人。放眼窗外，深庭幽径，笼罩在紫金暮霭之中，令人陶醉，仿佛眼前的一切竟是神迹。

内史令李德林欣然落笔：“皇帝载诞之始，赤光蒲室，流于户外，上属苍曼。其后三日，紫气充庭，四邻望之，如郁楼观，人物在内，色皆成紫。”著作郎王劭撰《隋祖起居注》称：“于时赤光照室，流溢户外，紫气充庭，状如楼阁，色染人衣，内外惊异。”一代文豪薛道衡赞颂道：“粤若高祖文皇帝，诞圣降灵则赤光照室，韬神晦迹则紫气腾天。龙颜日角之奇，玉理珠衡之异，著在图箓，彰乎仪表。”

这些传说，在隋代广为流传，言之凿凿，不容置疑。以至唐人在编修《隋书》时，也采纳其说，似乎杨坚是应天命而降生人世，注定要位登九五，统一神国，从而给他披上一件金光灿灿的神衣。而这件神衣，在杨坚后来的政治生涯中，起到了难以估量的作用。在古代，大凡君王伟人出世，都有一番神灵瑞相的铺陈。但是，像杨坚这种以佛教灵迹为底蕴的渲染，却是绝无仅有。

相传，杨坚出生不久，有一位俗姓刘，法名智仙（或作智先、智迁）的尼姑，从河东（今山西省一带）风尘仆仆赶来，深夜造访。当时，异常闷热，吕氏打扇驱暑，却将杨坚扇得寒战不已，几致气绝。就在这紧急时刻，智仙赶到，使杨坚转危为安。于是，智仙对杨忠夫妇说道："此儿所从来甚异，不可于俗间处之。"虚惊一场的杨忠便将杨坚托付给智仙抚养，还将自家宅院改作佛寺。过了一段时日，吕氏按捺不住对儿子的思念，悄悄来到智仙房中，将杨坚轻轻抱起，仔细端详。就在这时，杨坚突然头上长角，遍体生鳞，化作一条小龙。吕氏见状大惊，把怀里的婴儿坠落于地。智仙从外间进来，连忙将杨坚抱起，埋怨道："何因妄触我儿，遂令晚得天下。"从此以后，杨家人都不敢轻易过问儿子的日常生活。

杨坚画像

就这样，杨坚随智仙在佛寺里一天天长大，度过燃灯诵佛的童年。十三岁那年，杨坚已是伟岸少年，为人龙颜，额上有五柱入顶，目光外射，俨然一副人君仪表。智仙十分喜爱他，给他取了个与其名字相对应的小名，叫"那罗延"，送他出寺回家，转入太学学习。《佛祖历代通载》卷第十记载："释尼智迁者，河东蒲坂刘氏女也。少出家，有戒行，长通禅观，时言吉凶成败，事莫不奇验。居般若寺，会文帝生于寺。"据此可知，智仙并不是从河东特意赶来抚育杨坚的神尼，而是常住般若寺的尼姑，偶然遇上杨坚诞生的喜事。这样，整个事情的经过就显得合理多了。

后来，杨忠割宅为寺，以供养智仙。北魏后期，王公贵族滥设寺院，乃至“今之僧寺，无处不有，或比满城邑之中，或连溢屠沽之肆，或三五少僧，共为一寺”。不安于寺庙的僧尼，游涉村落，走家串户；而朝中显贵，也经常召唤僧尼，算命问卜，举办佛事斋会，甚至尊以为师，充当军政顾问，称作“家僧”“门师”。智仙长期居住在杨家，充任养育杨坚之责，显然就是杨家的家僧。后来，周武帝灭佛时，智仙隐匿于杨家，终获保全，可知杨家与佛教关系至深，由此也可了解当时佛教对社会影响力之一斑。对于养育自己长大的智仙，杨坚终生难忘，思念情深。登基之后，命史官王劭为她立传；晚年还为她铸造等身像，并令画师将她画于自己身旁，颁发四方。

智仙给杨坚起的小名“那罗延”，指的是印度教中的大神祇毗瑟纽，在佛典里，则是指金刚力士、坚固力士等，是力大无穷的神祇。南北朝时期，普遍流行以佛教神祇为名字，例如，南朝有王僧达、王僧绰、王僧虔等。杨坚对自己的小名颇为自豪。

西魏大统十六年（550年），东西之间的战事已基本稳定，宇文泰腾出手来，整顿军队，构建统一的军事指挥体制。在其创立的府兵制顶端，有宇文泰、李虎、元欣、李弼、独孤信、赵贵、于谨、侯莫陈崇八大柱国，其下有元赞、元育、元廓、达奚武、李远、豆卢宁、宇文贵、贺兰祥、杨忠、王雄等十二大将军。这份精心安排的名单，既保留了武川军将的基本色彩，又包括了原贺拔岳、贺拔胜、侯莫陈悦和魏孝武帝各大派系的代表，每位柱国大将军的背后，都有一个军事集团支撑，显然是各派之间妥协与平衡的结果。这二十家构成了关中政权的核心，组成新的门阀政治格局，“当时荣盛，莫与为比”。此后，由于柱国大将军权位隆重，甚少出征，因此，军事行动的重任就落在十二大将军肩上，后者的重要性日益提高。杨忠跻身十二大将军之列，成为关中政权的梁柱。

杨坚出生后，在佛教的环境中成长，一年难得见父亲几面，童年的岁月里，并没有享受到多少双亲的温暖，玩耍时的欢乐、生活中的困难以及对外面世界的遐想，经常只能对着庄严的佛像在心里对自己诉说。晨钟暮鼓，燃灯诵经，寺院的刻板生活，使他过早地失去了童稚和天真，养成了深沉稳重、孤傲刚毅的性格，举止有度，少年老成。杨坚日后回忆童年往事时，曾经说道：“朕少恶轻薄，性相近者，唯窦荣定（杨坚好友，后为隋上柱国、左武大将军）而已。”

作为军事贵族家庭的子弟，他从小就受到良好的军事训练，熏陶于北周质朴尚武的风气之中。当时，以宇文泰为首的军事将领大都居住在华州，东西两大政权之间，频频爆发战争，活生生的英雄故事，深深地感染着杨坚幼小的心灵。生活的环境和对外面世界的向往在内心冲撞，形成他极为复杂而矛盾的性格。就这样，这位过于早熟的少年，终于在十三岁时，走出佛门，转入太学，迈向他日思夜盼却又不太熟悉的世界。

在太学中，杨坚虽然不肯用功读书，性格却颇为内向，举止庄重，加之相貌非凡，不苟言笑，太学生们对杨坚都很尊重，甚至同他最为亲近的朋友，也不敢同他随意开玩笑。杨坚喜爱音乐，少年时期时常怀抱着琵琶自弹自唱。他曾自编了两首歌曲，名为《天高》《地厚》。后来，杨坚做了皇帝，这两首曲子被作为宫廷歌曲演奏，但具体内容却没有流传下来。

杨坚降世以来，他的成长同父亲杨忠官阶与爵位的晋升是同步的。大统九年（543年），杨坚三岁。杨忠因“先登陷阵”有功，被委任大都督，进车骑大将军、仪同三司、散骑常侍。不久，又委任杨忠都督朔、燕、显、蔚四州诸军事，加侍中、骠骑大将军、开府仪同三司。

大统十五年（549年），杨坚九岁。杨忠被委任都督三荆二襄二广南雍平信随江二郢淅十五州诸军事，镇守穰城。冬十一月，派开府仪同三司，杨忠率兵与行台仆射长孙俭讨伐柳仲礼叛乱。大统十六年，杨坚十岁，杨忠大败叛军，晋爵为陈留郡公。

大统十七年（551年），杨坚十一岁。三月，西魏文帝崩，皇太子嗣位，是为魏废帝。宇文泰以“冢宰”总揽朝政。梁朝邵陵王萧纶入侵安陆（今湖北省安陆市），宇文泰派大将军杨忠前往讨伐。萧纶节节败退，最后退守汝南。杨忠定计，凌晨攻城，下午攻克，生擒萧纶，“数其罪而杀之”；同时，又俘获安乐侯（萧昉），亦杀之。杨忠“间岁再举，尽定汉东之地”，汉水以东尽为西魏占有。

魏恭帝元年（554年），杨坚十四岁。赐杨忠姓普六茹氏，行同州事。十一月，柱国于谨、中山公宇文护、大将军杨忠、韦孝宽等人率步骑兵五万讨伐江陵（今湖北省江陵县）。同月，大军渡过汉水。中山公宇文护与杨忠为前锋，率锐骑抵达并扎营于江陵城下。随后，于谨率大军到达江陵，列营围城。后魏军攻城，当日攻克，生捕梁元帝萧绎，杀之。同时，俘虏梁元帝百官及士民北归，没为奴婢者10余万，免者仅200余人。梁将王僧辩、陈霸先于丹阳立梁元帝第九子萧方智为帝，是为梁敬帝。

在攻克江陵的战役中，杨忠驻守江津，负责断绝梁军的退路。梁军把利刃束缚在大象的鼻子上，用来冲锋陷阵，杨忠以箭射之，大象反走。江陵攻克后，杨忠受命镇守穰城（今河南省邓州市）。杨坚正是生活在这样一个贵族家庭中。

初入官场，强强联姻

西魏恭帝元年（554年），杨坚十四岁，转入太学学习已经有一段时间了。

太学是一所专门培养贵族子弟的学校。魏孝武帝匆促西迁，礼乐散佚，典籍不备；宇文泰集团起自行伍，军将骁勇少文；贵胄子弟从小习武，以弓马自矜。宇文泰深知，没有文化的队伍是难以担负起争夺天下的重任的，所以，他努力提倡学习，甚至在自己的行台设置学堂，让部下白天办公事，晚上到学堂学习。就在这一年，杨坚被京兆尹薛善看中，辟他为功曹。这一任命虽然是象征性的，但对于杨坚来说，却是他走上仕途的开端。

西魏恭帝二年（555年），杨坚因为父亲平定江陵（今湖北省荆州市）的军功，被授予散骑常侍、车骑大将军、仪同三司的勋官，封成纪县公。第二年，又升为骠骑大将军，加开府衔。显然，作为宇文泰集团的核心家族，其子弟都从高位起家，这就确保了各个家族既得利益的世袭继承，维持了其显赫的政治地位和整个集团的稳定。杨坚在刚刚步入仕途的青少年时代，便依靠父亲的功勋获得如此之高的官爵，这既是宇文泰笼络关陇军人集团的既定方针，又同宇文泰对杨坚的赏识不无关系。杨坚非凡的相貌和深沉的举止，引起宇文泰的注意。他第一次见到这位年少老成的后生，便感叹地说："此儿相貌非凡，不似能经常出现的人物。"杨坚虽然还没有正式踏上仕途，但其似锦的前程，已经得到充分的保障。

西魏恭帝三年（556年）十月，关中政权的实际领袖宇文泰在北巡途中发病，急召其侄儿、中山公宇文护赶到泾州（今甘肃省泾川县北泾河北岸），交代后事道："吾形容若此，必是不济。诸子幼小，寇贼未宁，天下之事，属之于汝，宜勉力以成吾志。"不日，宇文泰就在赶回长安的路上，于云阳（今陕西省泾阳县西北）逝世。云阳就在长安边上，用不了半天就可以到达。但是，宇文护仍然采取严格的保密措施，一直将灵柩护送到长安后，才公开发丧。

周孝闵帝元年（557年），杨坚十七岁。是时，晋国公宇文护以大冢宰的身份专断国家大权，孝闵帝密谋诛杀宇文护，事泄而败，孝闵帝被逼逊位，月余后被杀，立宇文泰长子宇文毓为帝，是为周明帝，而朝廷权力则完全掌握在宇文护手里。

明帝即位后，杨坚被任命为右小宫伯，晋封为大兴郡公，正式踏上了仕途。宫伯一职，相当于汉代的卫尉。宫伯掌管皇宫宿卫，小宫伯为其副职。贵胄子弟多由侍卫起家，其主要原因就是因为宿卫官在皇帝身边，接近权力中枢，能够迅速得到提升。另外，从北周官制上说，宫伯隶属天官大冢宰。当时，担任大冢宰的是宇文护。由此看来，杨坚担任此职，是宇文护为拉拢杨氏的安排。可是，这一职务正好夹在皇帝和权臣之间，地位十分微妙，是飞黄腾达，还是身败名裂，就取决于在政治斗争中的立场态度。每逢朝会，宫伯官金刀金甲，立于两班卫士前头。杨坚在这个职位上如履薄冰地度过了好几个寒暑，几度险遭不测，亲身体验到政治斗争的冷酷。可是，这个特殊的位置，却也让他洞察出朝廷复杂的人事关系，在宫里宫外，交结了一帮密友，练就了深藏不露、处变不惊的政治本领。

周明帝二年（558年），杨坚十八岁。九月，杨坚的父亲大将军杨忠因军功进位柱国大将军。周明帝武成元年（559年），杨坚十九岁。杨忠进封随国公，食邑万户，别食竟陵昌户。周明帝五年（561年），宇文邕即皇帝位，是为周武帝。此时的杨坚二十一岁，凭借着父亲的功勋，少年得志，出任随州刺史，进位大将军。青年杨坚的非凡相貌和入仕以来的表现，得到了鲜卑族人、柱国大将军、卫国公独孤信的赏识，独孤信认为杨坚前途无量，便决定将自己的第七个女儿，年仅14岁的独孤伽罗许配给他。两家都是北周开国勋臣，数一数二的豪门大族。同他结亲的独孤信，更是权势隆盛。独孤信也是随宇文泰起兵的大将，官拜上柱国（北周时最高官衔，共八“柱国”，每人统二“大将军”，分别统率府兵），爵封卫国公。他的长女又是当今皇帝宇文毓的皇后。

据《周书·独孤信传》记载，“信美容仪，善骑射”，是宁文泰关陇军集团的重要人物之一，屡立战功，功勋卓著，于大统十四年（548年）因军功进位柱国大将军，大统六年迁尚书令，拜大司马。孝闵帝践祚后，迁太保、大宗伯，进封卫国公，食邑万户。《周书》本传称：“信风度弘雅，有奇谋大略。太祖（宇文蔡）初肩霸业，唯有关中之地，以陇右形胜，故委信镇之。即为百姓所怀，声震邻闭。”杨坚的父亲杨忠原是独孤信的部下，独孤信于548年进位柱国大将军时，杨忠不过被委任都督四州诸军事，加侍中、骠骑大将军、开府仪同三司。由于独孤信在北周政权中所享有的特殊地位，这门姻亲的缔结，对于杨坚日后的发展有着重要的关系。

独孤氏虽然生长于权贵之家，但谦卑自守，柔和恭孝。她通晓书史，对于古今兴亡大事颇有些独特的见解，因此，深得杨坚的器重。

有一天，杨坚下朝回家后，同夫人一起坐着叙话，忽有朝中同僚赵昭求见。赵昭是带着皇帝的秘密使命来的。由于有人传言，杨坚有帝王之相，引起明帝宇文毓的疑忌，便派善于替人看相的赵昭来，仔细察看杨坚的面相，如真有帝王之相，就要设法诛灭他。赵昭一看杨坚的长相，不由大惊。他告诉杨坚道，你这相，相法上称为“玉柱贯顶”，此相当为天下之君。

杨坚一听，害怕极了，忙用手掩住赵昭的口，不让他说下去。杨坚生怕赵昭是奉皇帝命令来试探自己的，忙装出一副不经意的样子，说道：“我不过是一凡夫俗子而已，只愿效法我父亲，为国出力，此外一无所求。”这时的赵昭，已决心投靠杨坚，谋求将来的富贵腾达，他说：“我这绝非恭维话，将军日后必为天下之君，但须经过一番大诛杀才能定天下。请务必记住我的话！”他还嘱咐杨坚说，执掌朝极的大冢宰（丞相的代称）宇文护嫉贤害能，要深自韬晦，等待时机。赵昭回报明帝时故意说，杨坚虽然相貌奇特，但将来至多做一个柱国之类的大官，“天子之相”只是讹传而已。明帝这才放下心来。

崭露头角，平步青云

周武帝（宇文泰子）即位后，杨坚调任左小宫伯，出任随州刺史，进位大将军，后征召还京。母亲吕氏寝疾，杨坚昼夜守护，不离左右，被世

人称为“纯孝”。当时，宇文护执掌朝政，十分嫉恨杨坚，多次想加害于他，幸亏大将军侯伏、侯寿等人从中维护，始得免于灾难。

杨坚担任左小宫伯，是宇文护作的安排。刚刚发生过孝闵帝企图夺回政权的教训，宇文护更需要在宫内安插亲信，以监视宫中的活动。如果能把元勋子弟杨坚拉拢过来，可谓是一箭双雕。对于宇文护的主动接近，杨坚有点不知所措，他赶忙回家和父亲商量。杨忠不仅在战场上是一员虎将，在政治上也很有远见，他清醒地看到，宇文护固然大权在握，但他目无君主，和元老们形同水火，与皇室斗争，前途也不容乐观，支持他，将来会被斥为逆臣，反对他，则立招横祸，最好的办法就是与之若即若离，超脱于宇文家族明争暗斗的旋涡之外。因此，杨忠冷静地对儿子说：“两姑之间难为妇，汝其勿往！”就是说，在两个婆婆之间是很难做媳妇的。杨坚对父亲的劝告心领神会，拒绝了宇文护的招诱。

明帝亲政，称号为皇帝，建立年号，逐步收回大权，触犯了宇文护。于是，宇文护派人毒死明帝，改立武帝宇文邕。翌年，改年号为保定元年（561年），“以大冢宰、晋国公护为都督中外诸军事，令五府总于天官”。宇文护，实现了总揽朝政的野心。

当初，宇文泰建立府兵制度，立左右十二军，由十二大将军统率，其所统军人，均改从将军姓，企图模仿鲜卑部落兵制，以虚构的血缘关系来提高战士的归属感和战斗力。然而，这支军队虽说统属宇文泰指挥，实际上具有相当的独立性。宇文护执政，成功地收回兵权，军队的所有调发，都必须有宇文护签署的命令才能实行。至此，北周实现了向中央集权体制的转换。只是权力没有集中到皇帝手中，而是在宇文护的控制之下。如此一来，中央集权体制还是没能最终完成。因此，不管武帝如何韬光晦迹，他必将是宇文护的对手。这一点，宇文护心里清楚，所以，他扩大用人层面，在大力提拔新人和培植亲信的同时，进一步加强了对元勋集团的监视和压制。

保定二年（562年），杨坚二十二岁，杨忠升任大司空。保定三年，北周以杨忠为元帅，率大军伐齐，大破齐军。周武帝想要立杨忠为太傅，执政宇文护因为杨忠不依附于自己，从中作梗，拜杨忠总管泾、豳、灵、云、盐、显六州诸军事。

保定三年（563年）春正月，武帝出巡原州（今宁夏回族自治区固原县），突然夜里回到长安。百官都觉得很奇怪，私下打听原因。随武帝巡行的侯莫陈崇对其亲信解释道："吾昔闻筮者言，晋公今年不利。车驾今忽夜还，不过是晋公死耳。"预言宇文护将死，顿时就在京城里流传开来。有人告发其事，武帝便将公卿召集起来，当众责问侯莫陈崇。当晚，宇文护派兵包围侯莫陈崇府第，逼他自杀。侯莫陈崇一死，北周初年的五大柱国已经被宇文护害死了三家。

从明帝即位（557年）起到武帝保定五年（565年），杨坚整整担任了八年的宿卫官。保定元年（561年），随着长女杨丽华的出世，他已经不再是当年那位春风得意的少年郎了。那些得到当权者青睐的伙伴，已经建功立业，节节攀升，而他仍在起家的职位上，不仅得不到提升，而且还要时时提防宇文护的迫害。

宇文护整肃元老的时候，杨忠有意埋头于具体工作，对朝政漠不关心，以免被宇文护抓到口实。保定三年，也就是侯莫陈崇自杀的时候，杨忠自告奋勇，率领步骑一万，迂回塞北，会合突厥，突破北齐雁门防线，连克二十余城，直逼晋阳。次年正月，与北齐主力会战于城下，因突厥退出战斗，不利而还。显而易见，仅以万人之师要攻打北齐，是不现实的。杨忠积极请战，或与回避朝廷斗争有关。这次出兵虽然没有取得预期的成果，但是，在周齐关系上却是一大转折。武帝对杨忠的功勋给予很高的评价，打算封他为太傅，但是，宇文护因为杨忠不依附于己而加以阻挠。结果，杨忠非但没有获得封赏，反被外放为泾州刺史。同年，宇文护亲率大军伐齐，却只让杨忠率偏师出塞北策应，有意冷落他。

保定五年，被冷落了八年的杨坚晋升为大将军，被派到随（或作隋）州（今湖北省随州市）担任刺史，总算有了出头的机会。这年，北周为了加强对外攻势，调整了荆、襄一带的机构，把荆州、安州（今湖北省安陆市）和江陵总管隶属襄州（今湖北省襄樊市）总管府，并以大司空卫国公宇文直出任襄州总管。据《周柱国大将军拓跋俭神道碑》记载："保定四年，治襄州，控御五十州，风行数千里。"可知北周所辖今湖北、河南一带地区，均隶属于襄州总管府，则随州应该也在其中。杨坚到随州，首先到襄州拜谒上司宇文直。宇文直是宇文护的红人，官大气盛，并没有把不甚得志的杨坚放在眼里，只是出于礼貌，派其部下庞晃回访一通。

庞晃是宇文泰元从亲信，此时随宇文直出镇襄州。他一见到杨坚，就被其卓尔不群的气质所打动，相信杨坚将来一定会大有作为，于是倾心交结，成为密友。然而，好景不长，杨坚在随州还没坐热刺史的交椅，又被调回中央，再次路过襄州。清冷失意之际，想不到庞晃还前来接他，不由得心头一暖，便把庞晃请到官邸，盛情款待。酒酣耳热，庞晃悄悄对杨坚说道："公相貌非常，名在图箓。九五之日，幸愿不忘。"这番预言杨坚会当皇帝的话，简直是大逆不道，而杨坚竟坦然受之。时已微曙，有雄雉引颈报晓，杨坚让庞晃射雉为验，说道：“中则有贵。然富贵之日，持以为验。”庞晃弯弓持满，一箭射个正中，杨坚抚掌大笑道：“此是天意。公能感之而中也。”庞晃的这一箭，射去了杨坚心中的忧思，坚定了他上应天命的自信。欢笑之余，杨坚把身边的两个婢女送给庞晃，两人遂成盟友，密谋篡周。

回到京城，政治氛围依然紧张，武帝虽然早已成年，但他鉴于两位哥哥惨死的教训，深藏不露，对宇文护尊崇有加，任其专权。而宇文护大权在握，党同伐异，杨坚更是备受排挤，回京之后，就被晾在一边。杨坚无奈，干脆以母亲生病为由，给自己找了个台阶，天天在家侍奉母疾，昼夜不离左右，既躲开宇文护的锋芒，又博得一片“纯孝”的称赞。但是，鹊起的赞誉，更引来宇文护的忌恨，好几次想下手加害他，多亏大将军侯伏侯万寿为他说情，才得以幸免。

就在这时，外任多年的杨忠终于病倒，回到京城后不久就去世了。杨坚固然按例承袭父爵随国公，成为一家之主，但是，失去父亲这座坚强的靠山，杨坚更加觉得前途茫然，甚至有点怀疑自己是否真有天命。于是，他频频秘访著名的术士来和，看相问卜。来和详细询问了杨坚身边发生的事情，当他听到杨坚说自己只要一听到别人行走的声音就能辨别出是谁的时候，顿时精神一振，故作神秘地说：“公眼如曙星，无所不照，当王有天下，愿忍诛杀。”硬是把杨坚悬起的心给镇定了下去。后来，来和在回忆当年的情景时说道：“臣早奉龙颜，自周代天和三年以来，数蒙陛下顾问，当时具言至尊膺图受命，光宅区宇。此乃天授，非由人事所及。”可是，杨坚回家后，总觉得这天命没应验，倒是咄咄逼人的宇文护像高悬的利剑，让他寝食不安。于是，他又找了好几位道士，如张宾、焦子顺和董

子华等，逐个看相。不料，这些赫赫有名的道士也都异口同声地说：“公当为天子，善自爱。”杨坚这才略感安心。

此时，北周的政局正渐渐朝着不利于宇文护的方向发展。武帝大智若愚，小时候，父亲宇文泰见到他就惊异地说道：“成吾志者，必此儿也”。长兄明帝遇害时，特意把皇位传给他，也是因为认定“能弘我周家，必此子也”。这些年来，武帝听任宇文护专权而得以自我保全。宇文护处在权臣擅政的地位，必然人心不服，而其推行的高压政策，会给自己造成巨大的潜在对立面。武帝相信只要保住皇位，耐心等待，就一定能够铲除宇文护。

天和七年（571年）春，宇文护的党羽宇文直因为五年前与陈军交战失利而被免职，遂记恨宇文护，秘劝武帝诛杀宇文护。十分明显，对手的阵营已经出现分裂，这是予以致命一击的最佳时机。武帝当机立断，秘密将右宫伯中大夫宇文神举、内史下大夫王轨和右侍上士宇文孝伯等一班心腹召进宫中，密谋布置。三月十八日，宇文护从同州大本营回到京城，照例谒见皇上。武帝平时并不以君臣礼而是以家人礼接见宇文护，以示尊崇。今天也不例外，他见到宇文护进来，显得非常高兴，一边带着宇文护到含仁殿去谒见皇太后，一边说道：“太后春秋高，颇好饮酒。虽屡谏，未蒙垂纳。兄今入朝，愿更启请。”说着便从怀里掏出早已写好的上谏文《酒诰》，交给宇文护道：“以此谏太后。”宇文护不知是计，慨然允诺。见过太后，宇文护果真拿出《酒诰》，读将起来。这时，站在一边的武帝悄悄绕到背后，用手中的玉珽猛击宇文护后脑。宇文护没有防备，跌倒在地，武帝命令宦官何泉用刀劈他，但宇文护平日威风惯了，何泉竟怕得下不了手。这时，埋伏在内的宇文直跳了出来，劈死了宇文护。结束了宇文护专权，北周终于实现了朝政的统一。为了庆祝胜利，武帝把这一年改为建德元年，是表示要推行德政的意思，杨坚也长长地吁出一口气。

杨坚与独孤氏结为夫妻后，他在北周政权中的地位，可谓扶摇直上。特别是周武帝聘杨坚长女为皇太子妃，对杨坚“更加礼重”。杨坚地位的骤然上升，引起了某些皇室和朝廷大臣的戒心。大冢宰、齐王宇文宪（武帝宇文邕同为宇文泰之子）曾对武帝说：“普六茹坚（魏恭帝初年，赐杨忠姓普六茹氏）相貌非常，臣每次见到他时，总是不觉地失去主意。此人恐怕不肯久居人下，请陛下尽早除掉他。”

周武帝是北周最有作为的皇帝，他“沉毅有智谋”，“性又果决，能断大事”，在位十八年中，“修富民之政，务强兵之术”，为强盛北周政权做出了重大的贡献。武帝对杨坚的印象颇佳，不主张以貌取人，对齐王宇文宪的进言并不在意，只是淡淡地说道：“此人止可为将而已，不必多虑。”

一次，内史王轨向武帝进言说：“皇太子非社稷主，普六茹坚貌有反相。”周武帝闻言后，脸色立即冷落下来，很不高兴。在封建时代，废立太子被视为皇帝的“家事”。如不是在特殊的情况下，朝廷大臣是不敢贸然对此事发表意见的。王轨位不过内史，不待天子询问而突如其来地说什么“皇太子非社稷主”，可谓触犯了大忌，当然要引起武帝的反感。另外，“普六茹坚貌有反相”这后半句话，武帝听着也很不顺耳。但是，周武帝毕竟是一位自有主见的大度之君，他没有因此而加罪于王轨，只是不软不硬地反问道：“如果必定是天命有在，又将会有什么办法呢？”王轨听得出武帝后半句话的分量，感觉到自己失言于君主面前，怎敢再说三道四。

宇文宪、王轨的进言虽然先后被武帝压了回去，但杨坚得知后却恐惧万分。在伴君如伴虎的封建专制时代，杨坚从此更是时时事事小心谨慎，“深自晦匿”。周武帝对宇文宪、王轨等人及早除掉杨坚的言论并不在意，有时甚至反感，这是同他的背景有关的。当时，大冢宰、晋国公宇文护专断国家大权，周武帝处心积虑的大事，是如何及早地铲除宇文护及其一伙，怎会把主要精力用在消除对皇权尚来构成任何威胁的杨坚身上？当然，周武帝对于宇文宪、王轨的进言，也并非毫不动心。他曾向来和询问对杨坚的看法，来和向周武帝搪塞说：“随国公仅仅是个守节义的人，可以镇守一方。如果用他为将领，敌阵是没有攻不破的。”周武帝对于来和的搪塞之词表示首肯，杨坚在恐惧之中终于得以安然无恙。事实上，来和是长安人，他于建德四年见大将军杨坚相貌不凡，曾私下对杨坚说：“国公的双目如同晨星般闪烁着光芒，天下的一切无不照临，定将王有天下。望您能宽容待人，不可妄行诛杀。”来和认定杨坚日后能君临天下，并特意在私下向杨坚透露这层意思。

建德元年（572年）三月，周武帝一举诛杀宇文护等人，国家的军政大权已牢牢地掌握在自己手中。周武帝在诛杀宇文护后，致力于“静在宁民”，轻徭薄赋，富国强兵，开疆辟土。而周武帝的富国强兵、开疆辟土，则为杨坚提供了施展才能、报效国家的大好机会。

决战北齐，屡立战功

建德元年（572年）起，武帝多次召见诸军都督及上将官，亲加慰抚，并通过“讲武”、“试以军旅之法”和“教以战阵之法”，严格进行整训。建德三年（574年）十二月，武帝特别下诏：“改诸军军士并为侍官。”这一提高府兵地位的改变，重在表明军队为皇帝所有的属性。此后进行了大规模的扩军，“募百姓充之，除其县籍，是后夏人半为兵矣。”可以说，宇文泰建府兵制是模仿鲜卑部落兵制将各大派系的兵力统一起来，而武帝则在此基础上，对军队进行国家化改造，而且，还通过大量征召汉人入伍，把大量坞坝村落等豪族武装吸纳为国家军队，改变了府兵原来主要为鲜卑武装的特色，既消化了地方闹独立的军事基础，又使得鲜卑将领难以把持军队。可以说，武帝对府兵进行了具有里程碑意义的改造，从此，汉人武装作为国家支柱，对政局的演变日益发挥重要作用。

为了加强皇帝的政治领导作用，武帝加强了内史和御正的作用及地位。胡三省说：“《周书·申徽传》曰：‘御正，任专丝纶。’盖中书舍人之职也。考之《唐六典》，则曰：后周依《周官》，春官府置内史中大夫，掌王言，盖比中书监、令之任，后又增为上大夫。小史下大夫，比中书侍郎之任；小史上士，比中书舍人之任。然则为御正者，亦代言之职，在帝左右，又亲密于中书。”皇帝亲掌政权，这两类官员作为重大决策的参加者和皇帝诏令的起草传递者，具有很大的权威。这样，中央集权化过程就是实质性的汉化过程，就是汉人日益主导政治的过程。

不仅如此，武帝自登基以来，就注意教育文治。保定三年（563年），他幸太学，尊崇于谨为三老；天和元年（566年），亲自在正武殿向群臣讲解《礼记》；次年，立露门学，三年，“集百僚及沙门、道士等亲讲《礼记》”，其以儒家思想统一意识形态的倾向已经清楚表现出来了。诛宇文护之后，武帝集中群臣、沙门、道士等讨论三教之先后次序，规定以儒教为先，道教为次，佛教为后；到了建德三年（573年），甚至“初断佛道二教，经像悉毁，罢沙门道士，并令还民。并禁诸淫祀，非祀典载者，尽除之。”我们知道，南北朝时期，佛教极为盛行，北周武将中也有许多人崇信佛教。现在，武帝要把他们统一到儒家思想上来，确立君臣等级秩序，用统一的意识形态来确保中央集权体制的巩固。于此同样表现出由外来思想向中原传统文化的回归。因此，武帝的中央集权化措施，是在北周民族融合的基础上，具有根本意义的汉化运动，至此，数百年分裂混战慢慢趋向统一。

杨坚在家里密切注视朝廷的动向。武帝的一系列人事安排，虽然突出了重用宇文氏以加强皇权的特点，但也十分注意吸收各方面的人才，改变宇文护任人唯亲的政策，尊重元老重臣，增进内部团结。

建德四年（575年），北周经过一番整顿，实力大增，呈现出一派朝气蓬勃的景象，开始了统一中国的宏伟事业。

建德四年（575年）七月，武帝调集十八万大军，浩浩荡荡从关中出发，进逼中原，直接挺进北齐属地河阴（今河南省洛阳市北）。北周迈出了统一中国的第一步。在这次重要的征讨中，武帝还准备了三万水军，组织成偏师，任务是随时支持主力部队。偏师的主帅就是35岁的杨坚。多少年了，杨坚第一次被重用，也是第一次获得统兵的权力，他非常珍惜这次来之不易的机会，下定决心一定要出色完成任务，以此换得更好的机会。这次战役中，杨坚显示了卓越的军事才华。

杨坚率水军经渭水越过黄河，向北齐腹地挺进。北周军队斗志昂扬，水陆并进，船骑同行，攻城陷地，所向披靡，北齐军队措手不及，被打得落花流水，一败再败。北周将士们越战越勇，想一举攻下洛阳。

北齐在洛阳驻扎精兵，城墙坚固，周军遭到齐军的负隅顽抗，死伤无数。勇敢的周军踏着同伴的尸首，向城头攀登，想攻进城去。可是，北齐军站在高高的城头上向周军射箭、扔滚木，使得周军寸步难行。想尽快攻下洛阳绝非易事，双方大战三天三夜，北周好不容易夺得了一块立足之地，旋即又被北齐军的增援部队夺回去，周军遭受重创。恰在此时，北齐右丞相高阿那肱率二十万精兵从东、北、南三个方向进逼周军，先头骑兵就在眼前。

周武帝由于连日操劳，再加上急火攻心，病倒在营帐里，军队不得不暂时撤退。

大队人马在前头掩护周武帝撤退，留下杨坚的三万舟师断后。众将极为紧张，大家心里都在嘀咕："如果被北齐军追上，区区的三万舟师怎么能战胜对方的二十万大军呢？到时候岂不是羊入虎口？"这时候，杨坚毫无慌乱之感，他与诸将商量道："我们的三万舟师，来的时候是坐船东进的，如果再乘船返回关中，就属于逆流而返，如果天公不作美，或者遭遇齐军袭击就惨了，为了避免麻烦，大队人马回到陆地上步行撤退。"

众将点头称是。临撤退前，杨坚令士卒把大船小舟一律点火焚烧。在满河的冲天大火中，杨坚率兵登上陆地向西撤退。不日，杨坚三万士卒悉数返回。

建德五年（576年）十月，周武帝再次统率六军东进伐齐，随国公杨坚被委任为右三军总管，会同诸军，一举攻克北齐发祥地晋州（今山西省临汾市）。这时，荒淫的齐后主亲自来援，周武帝根据事先制定的打援战略，留梁士彦带一万人坚守晋州，自己则率大军退入关中。齐后主带着心爱的冯淑妃来到阵前，指挥大军猛攻晋州。齐军挖通地道，攻破城墙，冯淑妃却令军队等她梳妆完毕再进攻，好让她亲眼目睹大军入城的雄壮场面。可是，等她打扮好时，周军也已经把缺口给堵上了。就这样，反复争夺，晋州始终没有被攻下。这时，回到关中的周武帝见齐军已经疲惫，又率八万主力，再出晋州，与齐军全力决战。

齐后主携冯淑妃上阵观战，见到东路军稍却，便吓得落荒而逃，造成军心大乱，全线崩溃。齐后主逃到晋阳，惊魂未定，又继续出逃，打算北投突厥，半道被部下叩马死谏，才转回邺都（今河北省临漳县西南邺镇），招兵买马，准备再战。部下劝他亲临部队慰劳，并替他拟好慰问辞。可齐后主到阵前，竟然忘记致辞，只觉得眼前这些将士十分滑稽，不由得哈哈大笑，左右随从也跟着笑将起来，大大泄了士气。到了年底，周军攻克北齐重镇晋阳。消息传来，齐后主六神无主。翌年正月，他赶忙禅位给八岁的皇太子，自称太上皇帝，随后即携幼帝出奔济州（今山东省茌平县西南）。到这里，他又让幼帝把皇位禅让给任城王高谐，继续出逃，企图从青州逃往南陈，谁料周军闪电般追踪而至，齐后主和幼主都成了俘虏。

受齐幼主禅位的任城王高谐有勇有谋，甚得军心。他在冀州招聚兵马，旦夕之间，就募得四万余人，倒也不容小觑。所以，周武帝赶忙派出齐王宪和杨坚率领主力部队，前往镇压。齐王宪和杨坚乘北齐亡国之势，不给敌人喘息的机会，迅速包围冀州。建德六年（577年）二月，任城王高谐于冀州领兵南下，周武帝派上柱国、齐王宇文宪与柱国、随国公杨坚率军讨平之，俘任城王高谐，北齐灭亡。北齐五十州、一百六十二郡、三百八十县尽并入北周版图，共三百三十零二千万户，人口二千万六千人。灭齐之战，杨坚总算获得领兵打仗的机会，并在战争中表现出军事才能，崭露头角。

杨坚与宇文宪攻克冀州，为了表彰他的功勋，建德六年（577年）二月，杨坚被委任为定州（今河北省定县）总管，不久又转任亳州（今安徽省亳县）总管。

定州是河北的军事要地，杨坚获此重任，喜出望外。他盘算着如何在这里经营自己的势力，恰好他的政治盟友庞晃也被派到毗邻的常山郡（今河北省正定县南）当太守，两人过从甚密，共谋大计。就在杨坚踌躇满志的时候，对他颇为不利的事情也悄悄地发生。武帝从宇文护手中夺回政权，依靠的是他的贴身侍从。因此，他掌权之后，一直在尽力提高中央集权，加强皇族的权力与地位，表面上虽然尊重元老，但实际上对他们颇有戒心。换言之，北周的中央集权体制是宇文护建立起来的，武帝只是从宇文护手中夺得政权，他并不是一个强势皇帝，弱势地位促使他格外警惕出现新的权臣。杨坚为元勋后代，且在第二代子弟中颇具影响，因此，很快便引起武帝身边重臣的警觉。

早在建德四年（575年）五月，也就是杨坚成为太子岳父的第二年，齐王宪就向武帝进言："普六茹坚相貌非常，臣每见之，不觉自失。恐非人下，请早除之。"听了这话，武帝不能不起疑心，他秘密将术士来和召到宫中，询问杨坚的相貌。来和与杨坚早有交往，而且，如此重要的问题，出言不慎，后果难测。所以，他非常机灵地回答道："隋公乃是守节人，可镇一方。若为将领，阵无不破。"一出宫，来和马上把以上问答告诉杨坚，杨坚感激不已，发誓决不会忘记来和的恩德。而武帝听了来和的话后多少有些安心，回头告诉齐王宪，说杨坚最多只能当个将军，不必多疑。然而，事情并没有那么简单就过去，特别是和继承人的问题纠缠在一起，就愈加复杂。

建德五年（576年），内史王轨不顾个人利害得失，向武帝直言："皇太子非社稷士，普六茹坚貌有反相。"武帝再次询问来和，来和既然已经为杨坚说话，当然不会再改口，便回答说："是节臣，更无异相。"武帝抓不到杨坚什么把柄，只好对王轨说道："必天命有在，将若之何？"当然，武帝心中必然对杨坚深加警惕。

同年十二月二十九日，武帝下令将上任不久的杨坚调往南方，改任南兖州（今安徽省亳州市）总管。当时，北周尚未考虑对南朝用兵，故南兖州的重要性大大不如定州，所以，杨坚接到调令，自然知道是什么意思，庞晃借送行之名，前来与杨坚密谈，这位有勇无谋的武夫当时就想起兵作乱，他杀气腾腾地说道："燕、代精兵之处，今若动众，天下不足图也。"可是，已近不惑之年的杨坚更能沉得住气，他知道武帝的声望如日中天，自己绝非对手，所以他紧紧握着庞晃的手，森然说道："时未可也。"然后就悻悻上路，把怒火埋在胸中，待时而动。

第二章 入宫辅政制京师　平定叛乱建大隋

杨坚进入官场之后，虽然屡有功绩，但仕途依然坎坷。此时，朝中局势波诡云谲，瞬息万变，当周武帝病重之时，杨坚在众人的帮助下，通过发动宫廷政变，迅速登上了权力的巅峰。在制服诸王、平定三方之后，杨坚更是独揽大权，而篡周建隋也成了必然的趋势。

临危受命，政变夺权

杨坚满心不高兴地来到南兖州上任时，已经是新的一年了。陈朝想借齐亡之机，夺回徐、兖二州，结果在彭城一战，全军覆没，老帅吴明彻被俘，北周的南线稳定了下来。武帝统一中原，格外高兴，下令改元宣政，准备大治天下，一展宏图。五月，武帝下诏北伐，亲总大军，分五道出塞，准备消灭盘踞在东北地区的北齐余孽高绍义、高宝宁之流，打败不时入侵的突厥。然而，大军才刚刚踏上征途，武帝便一病不起。

宣政元年（578年）六月，武帝赍志而殁，时年36岁。六月一日，宣帝即位。即位后，就倒行逆施，首先以莫须有的罪名杀北周首辅齐王宪及上大将军王兴、上开府仪同大将军独孤熊、开府仪同大将军豆卢绍。第二年，又诛王轨、宇文孝伯、宇文神举和尉迟运等。至此，武帝朝的重臣被诛杀殆尽，其空缺由宣帝的亲狎侍从出任。这些人，多为文学出身的世家子弟，并无军功资历，他们平日以亵押无赖得宠，在北周政坛上看风使舵，投机取巧，忌恨那些看不起他们的元老重臣。因此，他们全力唆使刚满二十岁的宣帝逞凶斗狠，排斥前朝旧臣，把大权统统集中到宫中，便于他们从中窃弄。日后，杨坚在回忆宣帝滥杀忠良时，庆幸道："宇文孝伯室有能之良臣，若使此人在朝，我辈无措手处也。"

宣帝登基，太子妃杨氏顺理成章地当上了皇后，杨坚也因此获得高升，进位上柱国，出任大司马，掌管军政。在地方任职一年多后回京城，京城已是今非昔比，杨坚深怀顾忌的大臣或死或散，剩下来的并无多少有政治才干。

周宣帝画像

在宣帝的人事变动中，杨坚自然大得其益，从个人的军功、资历来说，他都不显赫，可是就因为他是国丈，所以就当上了大后丞，跻身最高的四辅官之列，而且，在四辅官中，越王盛为宗室，尉迟迥和李穆都是耋老之人，只有杨坚才三十九岁，又具有家世和外戚的背景。过了半年，杨坚再次被提升，高居四辅之首，而且，宣帝出巡时，经常让他留守京城，足以证明其地位之显要，备受瞩目。宣帝自毁栋梁，现在，杨坚似乎可以不必担心背后那些警惕的眼睛，从容进行政治布局。

宣帝爱好声色犬马，他既要独裁，又讨厌处理日常政务，所以，登基不满一年，就将皇位禅让给七岁的幼子（静帝），改元大象，自称天元皇帝。

宣帝自大成狂，自比上帝，最恨别人有称“高大”者，凡姓高的，尽改为“姜”，高祖改称“长祖”，官名犯此忌者，也一并改名，还下令天下车辆，以浑成木为轮，禁止妇女涂脂抹粉等。经过这般“改革”，妄图实现普天之下唯我独尊的梦想。“改革”大功告成，宣帝非常得意，便把鱼龙百戏，陈设于殿前，日夜嬉戏。他还是太子的时候，就因为按捺不住青春冲动，与籍没入宫且大他十余岁的婢女朱氏胡来，生下静帝，现在母以子贵，宣帝封她为天元帝后，但内心又实在嫌弃她，于是四下搜罗美女，先后又立了两位皇后。

大象二年（580年）春，尉迟氏尽被抄斩。宣帝五位皇后并立，他又让人制造五辆专车，载着五位皇后，自己率左右徒步随行。

宣帝的皇后中，只有杨皇后身份最为高贵，既无须献媚取宠，也不惧怕宣帝，宣帝对此早就十分恼火。在他看来，杨皇后胆敢不屈，无非是仗着父亲杨坚为后盾。自有了宇文护的教训，北周皇帝都十分警惕再次出现权臣，宣帝做得最彻底，他一方面把武帝朝掌握实权的大臣尽加清除，同时命令宗室亲王各就封国赴任，以免留下隐患；另一方面则重用资历浅薄者，把权力全都集中到自己手里。即便如此，他还不放心，经常派人秘密察访，将朝臣的言行举止一一记录奏报，略不顺眼，辄加其罪，甚至对大臣鞭笞捶挞，每行体罚，号称“天杖”，几乎无人能够幸免，直打得“内外恐惧，人不自安，皆求苟免，莫有固志，重足累息，以逮于终”，所以，当宣帝清除完先朝旧臣之后，自然就盯上了颇具实力的杨坚。现在，他找到了借口，要通过教训杨皇后来收拾杨坚。

要处死皇后的消息，由宫中飞报到杨家，杨坚的夫人独孤氏赶入宫中，死命求饶，这才稍解宣帝的一腔怒气，免去皇后一死。可是，这次没逮着杨坚，宣帝终不甘心，他打定主意要除去这个心头之患。有一天，宣帝又和杨皇后生气，发怒道：“必族灭尔家！”随即派人去召杨坚入宫，并吩咐左右，只要杨坚神色有异，立刻就将他捉拿。杨坚来到宫中，举止合礼，神情自若，宣帝无由下手，只好再觅机会。

杨坚之前长期受宇文护等当朝者猜忌，抑郁不得志，一直熬到三十八岁，才因为是宣帝外戚的缘故而飞黄腾达，可谓大器晚成。然而，他认为自己只是得到早该获得的东西，所以并不感谢宣帝。相反，他从心底里看不起这位胆大胡为的女婿，可是宣帝滥杀忠良，使武帝好不容易重新拢起的人心再度涣散，不啻给了自己绝好的机会。而且宣帝荒淫无度，身体日渐消瘦。

杨坚对宣帝身后的形势作了极其冷静的分析，他对心腹宇文庆说道："天元实无积德，视其相貌，寿亦不长。加以法令繁苛，耽恣声色，以吾观之，殆将不久。又复诸侯微弱，各令就国，曾无深根固本之计，羽翮既剪，何能及远哉！尉迥贵戚，早著声望，国家有衅，必为乱阶。然智量庸浅，子弟轻佻，贪而少惠，终致亡灭。司马消难反覆之虏，亦非池内之物，变成俄顷，但轻薄无谋，未能为害，不过自窜江南耳。庸蜀险，易生艰阻，王谦愚蠢，素无筹略，担恐为人所误，不足为虞。"

杨坚曾与郭荣月下谈心，从容说道："吾仰观玄象，俯察人事，周历已尽，我其代之。"而且，杨坚也确实以此为目标，积极展开活动，并在暗中招纳了不少党羽。然而，眼下最大的障碍在于，宣帝虽然没有政治远见，不懂得积德树恩，却善于不择手段地铲除异己，只要谁的权势坐大，则必欲除之而后快。杨坚早就意识到在宣帝眼皮底下发展自己的势力并非易事，还不如出镇地方，更可进退自如。所以，自入京担任大司马时起，杨坚就多次请求外任，另谋发展。当时，其党羽李谔坚决反对，并给他分析了掌握中枢权力的至关重要性，杨坚恍然大悟，认识到堡垒必须从内部攻破，遂决意留在中央。这一决断固然是极其正确的，可现在的问题是宣帝已经盯上了他，使他不但不能再像以前那样从容不迫地积蓄力量，反而已经到了马上就有血光之灾的危急关头。此时的杨坚赶忙入宫，悄悄把宣帝面前的头号红人郑译拉到无人之处，拜托他千万帮忙，给找个外任职位，好保全性命。郑译与杨坚素有交往，于是十分爽朗地应承下来。

郑译来到宣帝面前，宣帝正在筹划对南朝用兵。自称“天元皇帝”固然十分风光，但是，天下尚未统一，宣帝仍感到意犹未尽，特别是和武帝的平齐功业相比，更有相形见绌之感，大大损伤他的虚荣心。郑译见机，从旁献策道：“若定江东，自非懿戚重臣无以镇抚。可令隋公行，且为寿阳总管以督军事。”宣帝正看杨坚不顺眼，一时又想不出好办法发落他，所以听到郑译的话，顿时觉得此计一箭双雕，实在太妙了，便立刻准奏，任命杨坚为扬州（今安徽省寿县）总管，偕郑译发兵南征。五月初四，杨坚接到任命，如逢大赦，一面奏请调其党羽庞晃同行，一面整理行装，准备离开这生死之地。说实在的，这次外任，固然躲得了眼前之灾，但前途却十分渺茫。杨坚自叹命蹇时乖，但他实在不愿意就这样认输出走。于是，改变了态度，自称有足疾，暂缓启程。他决定以闭门养病为由，韬光晦迹。

大象二年（580年）五月九日夜里，宣帝心血来潮，起驾巡幸天兴宫。这种事情以往有过多次，就在去年底，宣帝曾突然想起要到洛阳，当即启程，令四位皇后并驾齐驱，自己骑驿马奔驰，见到哪位皇后落后，即加谴责，一日驱驰三百里，人马劳顿，颠扑者不绝于道。所以，这次夜出避暑，并没人把它当回事。

可是，隔天，宣帝就起不了身，病势沉重，左右迅速护送他回宫，同时下诏让杨坚入宫侍疾。御医想尽办法，多方救治，但宣帝的病情不但丝毫未见起色，连声音都嘶哑了，说不出话来，眼看凶多吉少。到了二十二日，宣帝大概也感觉到自己快不行了，传令赵、陈、越、代、滕五王火速入朝，准备嘱以后事。

二十四日这天，宣帝等不及五王到来，便令御正中大夫颜之仪和小御正刘昉俱入卧内，起草遗诏。刘昉一看，宣帝已经不济，而静帝幼小，不能亲理朝政，大权必然旁落，便在心里打起小算盘来。俗话说，一朝天子一朝臣。宣帝过世，他们这班先帝宠臣必将失势，如果能趁机做手脚，让自家同伙掌权，必然对自己感恩不尽，永保荣华富贵。于是，刘昉出来与其同伙内史上大夫郑译、御史大夫柳裘、内史大夫韦谟及御正下士皇甫绩密谋。刘昉和郑译主张由杨坚入主朝政，理由很清楚，杨坚早有野心，内外都已部署了党羽，和他们早就串通一气，而且，从道理上说，杨坚是皇后的父亲，名重天下，最为合适。此议敲定，他们马上派人去把杨坚请来。此时的杨坚是国丈，是皇亲国戚，四辅之首。

刘昉生性狡诈，没什么才学，却三教九流，无所不通，吹拉弹唱，无有不会，宣帝在东宫当太子的时候，他在太子身边当“陪读”。宣帝即位后，刘昉成了宣帝的宠儿，每天穿梭于皇宫内外，把宣帝哄得乐颠颠的。刘昉一路飙升，一个无赖，最后竟然做到大都督、小御正等官位。

郑译的情况也是如此，此人的爷爷与父亲都做过北魏、西魏的太常、司空等大官。郑译本人学识不错，擅长音律、写得一手好字，又是一名优秀的骑手。可是，此人唯一不具备的就是道德，一肚子全是坏水，是一个有才无德的坏人兼小人。早前曾在宫中撺掇还是太子的宣帝欢歌狎饮，被武帝罢除。后来，宣帝即位，马上把这位“志同道合”、臭味相投的“知己”召回宫中，委以朝政。历经两朝，郑译的恶习丝毫没有收敛，本事也没有长进。这次重新得以重用，充其量再当当皇帝的眼线而已。总之，刘、郑二人没什么真正的本事，对宣帝能瞒就瞒，能骗就骗，整日里忙活着帮宣帝清除身边的绊脚石。

杨坚正不知道宣帝身边究竟发生了什么事，心里很不踏实，这时见到里面有人来请，尽管满腹狐疑，也只好硬着头皮跟了进去。在宫中永巷东门碰巧见到术士来和，他如同遇着救星，连忙问道："我有无灾障？"来和报功似的抢着向杨坚祝贺道："公骨法气色相应，天命已有付属。"把杨坚一颗悬着的心给说定了。进到里面，郑译和刘昉把情况对他明说了。杨坚内心大喜，表面上却故作谦让。刘昉见时机紧迫，没时间与他装模作样，便下跪利落地对杨坚说道："公若为，当速为之；如不为，昉自为也。"柳裘也在一旁劝道："时不可再，机不可失，今事已然，宜早定大计。天与不取，反受其咎，如更迁延，恐贻后悔。"话说到这个份上，杨坚也不好继续作态，便答应下来，托称受诏，坐镇内里。

郑译和刘昉封锁了宣帝死亡的消息，立即矫诏下令杨坚入朝辅政，掌管朝廷内外大事。同受宣帝遗命的颜之仪一看就知道诏书是假的。颜之仪是大学者颜之推的弟弟，忠于皇室，他义正词严地说："皇上升天，嗣帝年幼，辅政应该由宗室精英担任。如今贵戚之内，数赵王最长，德高望重，应该召回辅佐幼帝。你们受国家之恩，不思报国尽忠，却将权柄让外人掌管。之仪誓死忠于王室，不能对不起先帝。"

颜之仪派心腹火速召大将军宇文仲入宫辅政，郑译得知消息，立即通知杨坚，并带着杨坚的堂侄杨雄（即杨惠）、刘昉、皇甫绩和柳裘等人冲入大殿。这时候，宇文仲已经抢先一步到达了大殿，正要奔向皇帝的宝座，郑译等人急中生智，令人抓住宇文仲绑了起来。之后，刘、郑代颜之仪署名，将诏书发出，杨坚辅政。杨坚向颜之仪索要天子之玺和兵符，颜之仪愤而拒绝。杨坚本想杀死颜之仪，但虑及政局未稳，加之颜之仪在民间的威望，只好将其派往西部边郡当郡守。

控制了朝廷，杨坚等人才公布宣帝驾崩的消息。在这场政局的变动中，宣帝的皇后杨丽华功不可没。宣帝虽然有五位皇后，但杨丽华毕竟是主宰后宫的正宫娘娘，国难当头，她自然成了后宫的主心骨。在重大局势变化之际，她毅然决然地站在了父亲这边。

猝临国丧，杨皇后就成了后宫的主宰，以外戚辅政，在道理上说得过去，这就给了杨坚在政治斗争中十分重要的名分。《周书·宣帝杨皇后》记载：“初，宣帝不豫，诏后父入禁中侍疾。及大渐，刘昉、郑译等矫诏以后父受遗辅政。后初虽不预谋，然以嗣主幼冲，恐权在他族，不利于己，闻昉、译已行此诏，心甚悦之。”

从当时关乎生死的政治形势以及杨家同宣帝及宗室的矛盾来看，杨皇后不可能对未占优势的父亲不伸出援手。日后，杨坚在追忆这段往事时说：“公主（即杨皇后）有大功于我。”可见杨皇后曾经积极介入这场宫内斗争，并在关键时刻起了举足轻重的作用。杨坚所谓的“大功”，透露于《隋书·天文下》：“宣帝崩，杨后令其父隋公为大丞相，总军国事。”

控制宫中，完成了掌权的第一步，紧接着，就是控制朝廷。次日，静帝入居天台大会百官，宣布以汉王赞为右大丞相；杨坚为假黄钺、左大丞相，节制百官。这一任命不无奇怪之处，杨坚既要主政，又要掩人耳目，所以抬出宣帝的弟弟汉王赞，位居自己之上，外示尊崇，却无实权。杨坚也料到会有不服者出现，于是早就密令担任宿卫的老部下卢贲领兵在外伺候。会后，杨坚前往东富，百官不知所从，这时，卢贲站了出来，招呼道：“欲求富贵者，当相随来。”公卿百官三三两两，窃窃私议，有些人并不想跟随杨坚，掉头就要往外走，可眼前布满了严阵以待的士兵，令人不寒而栗。就这样，公卿们在卫兵的“护送”下，以卢贲为先导，喝退企图阻拦的门卫，来到东宫向杨坚俯首效忠。

杨坚当上丞相，第一件事就是对定策有功人员加官晋爵，以满足其欲望。刘、郑二人打算让杨坚当大冢宰，郑译当大司马，刘昉当小冢宰。大冢宰虽然地位高，但是个虚职，没有实权。而大司马掌握军队，小冢宰管理司法，后两者虽然比前者地位低，却是有实权的肥差。刘、郑二人意图很明显，就是自己牢牢把握住国家的军政大权，把杨坚架空。杨坚一时不知如何处理是好，便私下找御正下大夫李德林商议。

深谙政治规则的李德林忙说：“随公万万不可就任大冢宰，这样的安排，早晚对你是不利的。”杨坚拱手向李德林请教。李德林精心为杨坚设计了这样一套任命方案：“随公您应该为大丞相、假黄钺、都督中外诸军事。”“大丞相”即可以向朝廷内外所有官员发号施令；“假黄钺”则持有皇帝发放号令的专用黄金大斧，想杀谁就杀谁；“都督中外诸军事”相当于大将军，掌管全国兵权。于是，杨坚位列一人之下，万人之上。之后，安排郑译为丞相府长史（秘书长）、刘昉为丞相府军司马（军政官）。这项任命，说明杨坚上台靠的是这两个人的阴谋，故当时人形象地戏称为“刘昉牵前，郑译推后”。当然，杨坚曾经为夺取政权做了大量的工作。宣帝暴死，无疑是其最大的机遇；而宣帝猜忌成性，把宗室亲王都打发到封国，造成中央空虚，使得杨坚成为滞留京城中唯一能撑持场面的皇亲国戚，有可乘之机，实是又一机遇。

郑、刘二人未能得到预想的权力，知道这是李德林的谋划，从此对李德林十分怨恨。杨坚进入东宫，改东宫为丞相府，任命丞相府的属官，从此开府办公，处理北周军国大事。杨坚的大丞相一职由遗诏上的敕令落实成为客观存在的事实。

内史大夫、渤海人高颎，明察敏捷，熟习军事，富有谋略，杨坚想把他调入丞相府任职，于是派杨惠向高颎说明这个意图。高颎欣然接受这一旨意，高兴地说道："甘愿接受大丞相的调遣，即使国公的大事不能成功，我高颎一家遭受灭族的祸患也在所不辞。"

于是，杨坚任命高颎为丞相府司录，总录相府一府之事。当时，汉王宇文赞居于宫禁之中，每每与周静帝同帐而坐，以防备静帝有不测之祸。刘昉把一个美貌的歌伎打扮得很漂亮，进献给汉王宇文赞，宇文赞十分喜悦。刘昉借此对宇文赞说："大王是先王的弟弟，如今是众望所归。孺子（指周静帝）年纪幼小，怎能胜任国家大事。现在先帝刚刚驾崩，人心尚未安定。大王暂回自己的府第，待到形势平静下来，再入宫做天子，这才是万全之计。"宇文赞年轻，才能平庸，将刘昉说的话信以为真，便从宫禁回到自己的王府之中。

杨坚任大丞相后，首先革除周宣帝的苛政，以宽大为怀，对旧律删繁就简，作《刑书要制》，奏请皇上后颁布施行。杨坚躬行节约，朝廷内外都对他心悦诚服。

一次，杨坚在夜间召见太史中大夫庾季才，向他询问道："我以平庸的才能和虚弱的地位，接受顾命嘱托，据现在的天时和人事形势来看，卿以为应当如何是好？""天道精诚微妙，难以用人意去体察。私下用人事来预料，符命征兆已经确定。我季才即使说不可如此，你难道能像尧舜时代的许由那样，辞让天下而不受，逃往箕山并洗耳于颍水吗？"

"确实像您听说的那样"，杨坚沉默了好久，才做出回答。当时，杨坚的夫人独孤氏也对他说："大事已既成事实，今日的形势犹如骑虎难下，好自为之吧。"听了庾季才和夫人独孤氏的一番言论，杨坚这才从接受顾命前前后后的左思右虑中定下心来。

制服诸王，控制京师

通过宫廷政变上台的杨坚，当务之急就是要牢牢地控制京师。控制京师就必须清除异己分子，镇压反抗势力，而首先必须排除皇室势力，彻底控制朝政。于是，杨坚便从汉王宇文赞开始下手。

汉王宇文赞从小养尊处优，长大后只知道声色犬马，当时还不到二十岁，也没有什么政治头脑。杨坚本想扶植汉王，但是宇文赞竟坐到静帝的龙椅旁，杨坚没想到宇文赞成了自己辅政的一大障碍，于是便想法除掉他。

刘昉对汉王说："大王，您是先帝的亲弟弟，众望所归。幼帝还不懂事，现在先帝刚逝，人心惶惶，如果大王整日随皇上同进同出，恐怕有挟持幼主的嫌疑。等事情消停下来，我们把您迎入宫中，拥戴为天子。您不如静候佳音。"

当宇文赞在家等信当皇帝的时候，杨坚觉得还有一些劲敌不好对付，那就是赵、陈、越、代、滕五王。赵、陈、越、代、滕五位都是较有见识的亲王，这五王都是宇文泰的儿子，因而是宣帝的叔父，他们都曾在武帝时代建功立业。可是，正因为这样，宣帝心里忌惮他们，早早就把他们打发到地方封国去，直到弥留之际，眼看宗室实在没人能够辅佐幼帝，才不得不将他们召回。不料，杨坚封锁了皇帝的死讯，用宣帝的名义下诏宣布将赵王宇文招的女儿嫁到突厥去和亲，火速令各位王爷至京城。在外的诸位王爷接到诏书，立即赶往京城。

五王的封地，除了滕王在河南新野外，其他都在原北齐境内，离京城长安都比较远，直到六月四目，宣帝驾崩十天后他们才赶到京城。这时，杨坚已经辅政。五王回到京城，见到大权旁落，切齿愤恨，他们和在京诸王联系，发誓要捍卫宇文氏政权，决不让杨坚篡夺。然而，他们低估了政治斗争的残酷性，似乎没有完全明白，自从进入京城那时起，他们就已经处于严密的监视之中。果然，六天后，也就是六月十日，杨坚以谋害执政罪，诛明帝的长子毕剌王宇文贤一家，给五王来了个下马威。杨坚明知这次密谋和五王脱不了干系，却故意不予触动。同时，任命年幼无知的秦王贽为大冢宰，取代其兄汉王赞，加强了自己的权势。

七月十六日，杨坚以静帝的名义下诏，五王入朝可以不行跪拜礼，也可以佩带宝剑上殿，让五王放松警惕。然而，五王与毕剌王宇文贤密谋造反被杨坚探听到，现在杨坚只杀毕剌王宇文贤，而不追究五王，甚至给五王优厚待遇，显然是权宜之计。

没过多久，赵王宇文招摆宴，伺机刺杀杨坚。杨坚赴宴，待杨坚行至赵王府门前，宇文招率家人早在大门外迎候了。宇文招在卧室里摆了一桌子丰盛的酒席，命儿子宇文员、宇文贯及自己的小舅子鲁封身带佩刀，立于左右，并在房间埋伏了很多杀手，只等时机一到，将杨坚就地杀死。杨坚虽然贵为丞相，但还是大臣，按照礼数，大臣拜见皇室，是不能携带兵器和卫兵的，杨坚只好带了堂弟杨宏和亲信元胄两人以防不测。宇文招看杨坚早有防备，便让杨宏和元胄留在外面，只允许杨坚一人入内。

时值盛夏，天气暑热。一顿畅饮之后，宇文招表现出暑热难忍的样子，吩咐左右拿来西瓜解暑。仆人搬上来一个西瓜，宇文招愤然作色："这些废物，怎么不给我们切开呢，还得劳烦本王亲自动手。"宇文招亲自拿佩刀切瓜，切好后递到杨坚嘴边，请他品尝。这种吃法是鲜卑族的风俗，瓜又是王爷递过来的，杨坚不好拒绝，只好接过瓜吃。宇文招一看时机已到，准备再递瓜的时候，将刀顺势刺向杨坚的心窝。站在门外的元胄发觉情况不妙，径直闯进卧室大喊一声："相府有事，丞相该回去了。"

宇文招正欲把刀捅向杨坚，结果被元胄一喊吓得赶紧缩了回去，脸色骤变。宇文招的武士们呵斥："退下，退下。"元胄怒发冲冠，眼如铜铃，气势汹汹地站在那里一动不动，手按住刀鞘。宇文招被这气势镇住了，只好装作和气地说："将军不要多虑，本王只是和丞相喝一杯而已，并无他意。"宇文招知道自己的计谋被元胄识破，又装作醉酒要吐的样子，起身准备进入后阁，以便让埋伏的杀手赶紧下手。机警的元胄怕宇文招一走就会有刽子手围上来，所以，他一把按住宇文招说："既然暑热，就不必再饮了。况且丞相府内还有公务要办，不如就此散席吧。"

宇文招想站起逃脱，都未成功。宇文招只想支走元胄，好早点对杨坚下手。于是又生一计，说自己喝多了嘴干，让元胄去厨房倒点水解渴，元胄一看又是计谋，硬是不动，宇文招无计可施。杨坚见此，不知如何应付，恰巧，外面有人高声禀报："滕王到。"杨坚离座迎候滕王。趁此，元胄放开宇文招，跟在杨坚后面，悄声说："丞相，今日酒宴情势不妙，咱们赶紧脱身。"

杨坚何尝不想离开呢，可新来的滕王拉住杨坚不放，非得要和他再喝几杯。杨坚无奈，只好回屋重新落座。就在杨坚和滕王寒暄的时候，宇文招已经示意杀手准备出刀，元胄听到后阁传来刀剑声，觉得大事不好，不顾礼数，赶紧冲向酒席，拉起杨坚便走："相府事情太忙，赶紧回去吧。"宇文招无可奈何，又不想失去杀杨坚的机会，还想做最后的努力，就大踏步地追上杨坚，准备来个措手不及将刀插进杨坚的后心。元胄以身体挡住宇文招，说："大王别客气，不用送了，我们改日再来。"杨坚死里逃生。回去后，杨坚以谋反罪，于七月二十八日诛杀赵王宇文招和越王宇文盛及其家属，五王除去了二王。次日，加封其他王，给予极高的优待。接下来，三王多次寻找机会刺杀杨坚。多亏杨坚身边的大将经常暗中保护，杨坚才得以幸免。十一月十日和十二月二十日，以同样的罪名诛杀剩下的三王。至此，宇文家族的势力基本被铲除，杨坚控制了京师，离登上皇位的距离越来越近了。

"六王事件"，显然是杨坚为夺取政权而制造的一起冤案，诛杀五王发端于杨坚造访赵王府，从有关此事的不同记载里，可以看出罗织罪名的痕迹。根据《周书·赵僭王传》记载，是赵王招邀请杨坚至其第寝室饮酒的，《隋书·元胄传》亦同。《隋书·高祖上》记载："五王阴谋滋甚，高祖赍酒肴以造赵王第，欲观所为"。杨坚于内忧外患、百忙之中主动到赵王府，乃是攘外必先安内之策，既然如此，则决无不作防备甚至对赵王毫不起疑的道理。而且，当时在场的是滕王逌，可是，案发后受诛的却是与此事无关的越王盛，其间诬枉，不言自明。至于在寝室里饮酒、拔佩刀切西瓜、元胄破门入卫及以身堵门掩护杨坚撤退等扣人心弦的场面，无非是对鸿门宴故事的摹写，于精彩之处，亦见其伪。

为了控制京城以及稳固朝政大权，杨坚实行了一系列收拢人心的措施。首先，革除宣帝时的苛政。宣帝生性残忍暴戾，实行《刑经圣制》，百官稍有过失便加科以重罪杖罚，搞得内外离心，各求苟免。杨坚上台后，即“行宽大之典，删略旧律，作《刑书要制》。既成奏之，静帝下诏颁行。”其次，“复行佛、道二教，旧沙门、道士精诚自守者，简令入道。”杨坚对宗教的态度，早已为人熟知，其恢复佛、道二教的举措，大得各界赞赏，故其一生曾获得宗教界的巨大支持。最后，下令将宇文泰所改的鲜卑姓一律改回原来汉姓。府兵扩大后，汉人成为其骨干，则鲜卑部落兵制已不适用，更重要的是，随着中央集权的加强，士兵不再是将领的私属，鲜卑姓制更失去存在的意义，因此，废除落后的鲜卑姓制，符合当时国家与社会组织的现状，表明汉人地位的进一步提高，可以说是北周汉化政策瓜熟蒂落的结果。杨坚的这些措施，点燃了重建清明政治的希望，对于振奋人心、稳定政局，具有不可低估的作用。

不仅如此，杨坚还把眼光投向和北周皇室没有深厚渊源又具有真才实学的后起之秀身上，他首先看中了李德林和高颎。

李德林原为北齐通直散骑常侍兼中书侍郎，久典机要，且与名士颜之推同判文林馆事，是名满天下的文人才子。周武帝平齐，在进入齐国首都的当天就专门派人至其宅召请他，说道：“平齐之利，唯在于尔。”随即带他回长安，“授内史上士，自此以后，诏诰格式，及用山东人物，一以委之”，足见对他极为器重。杨坚早就发现这位奇才，当宣帝病危时，他马上派其侄子邗国公杨惠（雄）前去试探李德林的态度道：“朝廷赐令总文武事，经国任重，群才辅佐，无以克成大业，欲与公共事，必不得辞。”周宣帝任用佞幸，李德林被冷落一旁，正自叹命蹇时乖、不受重用之际，杨坚主动求贤，实在让他感激涕零，油然升起士为知己者死的豪情，毅然决然地回答："德林虽庸懦，微诚亦有所在。若曲相提奖，必望以死奉公。"从此殚精竭虑为杨坚出谋划策。

当时，杨坚外有强敌环伺，内无腹心可寄，一步不慎即致败亡。当初，郑译、刘昉等人发动政变，绝非要将权力拱手让给杨坚，而是企图自擅朝政，所以，他们想推杨坚为大冢宰，而以郑译为大司马，掌握军权，刘昉任小冢宰，为杨坚之副手。在北周六官制度里，冢宰虽居六官之首，但若不总摄百官，特别是掌管兵马，则与其他五官并列。武帝诛宇文护后，冢宰名重权轻，郑译和刘昉的人事安排，乃是效武帝故智以架空杨坚。杨坚刚受郑译等人大恩，正不知如何是好，便以此事询问李德林。李德林长期在中枢机构任职，深知其中利害，马上告诉杨坚："即宜作大丞相，假黄钺，都督内外诸军事。不尔，无以压众心。"李德林的建议，其核心思想就是要确立以我为主的原则，果断地选拔任用新人以取代旧官僚，控制要害部门。杨坚一点就醒，立刻采纳，任命郑译为丞相府长史、内史上大夫，刘昉为丞相府司马，将此二人置于自己控制之下，同时，以李德林为丞相府属，负责处理日常军机要务。这一人事安排，使得杨坚成功地避开了陷阱，在夺取政权的道路上，迈出至关重要的第一步。

高颎是杨坚挖掘出来的又一人才，他出自一般官僚家庭，父亲曾任东魏谏议大夫，大统六年（540年）因为避谗而逃到西魏，投奔独孤信门下当属僚，与北周政权没有深厚的关系。北周建立时，独孤信不满宇文护专政而被迫自杀，家属流徙蜀中。高颎仍与杨坚夫人独孤氏交往，可谓患难见忠心，深受独孤氏的赏识。杨坚缘此知道高颎精明强干，智勇双全，很想重用他，便派侄子杨雄拜访高颎，直截了当地把意思对他说了，高颎欣然应承，立誓道："愿受驱驰，纵令公事不成，颎亦不辞灭族。"从而进入丞相府任司录，成为杨坚的心腹。这时，前线出现危机，投靠杨坚的贵臣们竟然没有一人愿意上前线，高颎见此光景，自告奋勇请缨出阵，大得杨坚信赖。在杨坚辅政之初，李德林和高颎一内一外，一文一武，成为杨坚的左右手。

高颎的贡献还在于积极发现并引荐人才。苏威出自关中武功（今陕西省武功县武功镇）大族，九世祖为北魏侍中，累世二千石。其父苏绰为宇文泰制订《六条诏书》，草创西魏各项制度，贡献巨大。苏威幼年丧父，长大后，颇得宇文护赏识而将女儿下嫁于他，但他见宇文护专权，高层矛盾重重，唯恐将来祸及自己便逃入山中避祸，当起隐士，因此得名。杨坚辅政，高颎极力推荐苏威，杨坚也听说过苏威的名字，便同意召见他，一宿长谈，就看中了苏威的才华，也看透了其虚伪懦弱的性格，这种人在强者的领导下可以成为杰出辅弼之臣，但不足以独挑大梁，很对杨坚的用人方针，所以就将他留在身边出谋划策，逐渐委以重任。

虞庆则是高颎推荐的另一人才，他家居灵武（今宁夏回族自治区灵武县西南），世代为北边豪杰。大象元年（579年），他随越王盛和内史下大夫高颎出讨稽胡，凯旋时，高颎推荐其“文武干略”而让他留守边地，后来大概也是高颎把他推荐给杨坚的。

杨坚任用堂弟杨弘，“常置左右，委以心腹”；以姐夫窦荣定“领左右宫伯，使镇守天台，总统露门内两厢仗卫，常宿禁中”；以妹夫李礼成为上大将军、司武上大夫，“委以心膂”；以家将李圆通为护卫，“授相国外兵曹，仍领左亲信”；以弘农杨汪“知兵事”；以旧部司武上士卢贲“恒典宿卫”；以独孤旧部独孤楷“督亲信兵”；以北魏宗室元胄兄弟“恒宿卧内，……，每典军在禁中，又引弟威俱入侍卫”，牢牢地控制了京师卫戍部队。又通过支持其上台的郑译、刘昉、柳裘和皇甫绩等人，严密控制宫中枢要部门。

后来，杨坚让其侄子杨雄出面告发毕王贤谋反，并以杨雄取而代之，夺取了对京师的控制权。就这样，转眼之间，杨坚成功地清除了北周宗室势力，拉拢到勋功贵族的支持，并通过三个系统的亲信，即以自己的亲属故旧控制京中部队和都城官府，以李德林、高颎和虞庆则等入主相府处理国家要务，以郑译和刘昉等人掌握中枢部门，完全控制了京师的大局，巩固了自己的辅政地位。七月二十三日，由于尉迟迥、宇文胄等人起兵反抗，静帝下诏，以杨坚为都督内外诸军事，正式将全国军权交给了他。

平定三方，稳操胜券

杨坚在清除北周皇族的时候，地方上暴发了叛乱。首先举起反旗的是相州总管尉迟迥。

尉迟迥是宇文泰的外甥，因此大受重用，在西魏大统十五年（549年）时已升任尚书左仆射，翌年拜大将军。废帝二年（553年），他又趁梁朝内乱之机，率大军入川，攻克益州（今四川省成都市）。自古以来，关中地区强大的关键在于获得巴蜀为依托。尉迟迥的巨大胜利，既使得关中政权转弱为强，为最终统一中原奠定了基础，又给自己带来了巨大的权力和声望。宣帝时，尉迟迥任四辅之首的大前疑，后来又转任相州总管，出镇山东，不论从军功声望还是年龄资历，他都远在杨坚之上，所以对杨坚的辅政愤愤不平。

况且这时京里传来消息，杨坚担心尉迟迥作乱，已经在五月二十七日，让朝廷下令派韦孝宽前来接替他的相州总管职务。更不能忍受的是，杨坚派来传旨的使者破六韩裒竟然秘密传书给相州总管府长的晋昶，要他做内应。尉迟迥得知后，马上处斩了破六韩裒和晋昶两人，于六月十日召集文武士庶，登城北楼，慷慨誓师道："杨坚以凡庸之才，藉后父之势，挟幼主而令天下，威福自己，赏罚无章，不臣之还，暴于行路。吾居将相，与国舅甥，同休共戚，义由一体。先帝处吾于此，本欲寄以安危。争欲与卿等纠合义勇，匡国庇主，进可以享荣名，退可以终臣节。卿等以为何如？"

山东地区刚被北周征服不久，人心尚未完全归服，不少图谋变天的人混进北周队伍里，为尉迟迥所安抚任用，充斥于各个机构之中，他们看到尉迟迥振臂高呼，仿佛找到东山再起的机会，纷纷响应。尉迟迥统辖的相（今河北省临漳县）、卫（今河南省淇县）、黎（今河南省浚县东北）、洺（今河北省永年县东南）、叹（今河北省清河县西北）、赵（今河北省隆尧县东）、冀（今河北省冀州市）、沧（今河北省盐山县西南）、瀛（今河北省河间市）等州自不待言，其侄儿青州总管尉迟勤管辖的青（今山东省青州市）、齐（今山东省济南市）、胶（今山东省胶州市）、光（今山东省莱州市）、莒（今山东省沂水县）等州也起兵响应。

七月，反叛军队的规模越来越大，荥州（今河南省荥阳市西北）刺史邵国公宇文胄、申州（今河南省信阳市）刺史李惠、楚州（今江并省宿迁市东南）刺史费也利进、东潼州（今安徽省泗县）刺史曹孝达，各据本州，徐州总管司录席毗罗据兖州（今山东省兖州市）、前东平郡守毕义绪据兰陵（今山东省枣庄市东南峄城镇西）响应尉迟迥。一时间，北起河北冀州，南至安徽泗县，广袤千里的山东地区都举起了反旗。而且，事态还在进一步恶化。封疆大臣中又有些人在观望动摇中走上与中央对抗的道路。七月二十五日，郧州（今湖北省安陆市）总管司马消难以其管辖之九州八镇叛周降陈；八月七日，益州总管王谦亦据其管辖的十八州起兵；同时，豫州（今河南省汝南县）、襄州和荆州“三总管内诸蛮，各率种落反，焚烧村驿，攻乱郡县”。

司马消难原是北齐勋贵，父亲司马子如为北齐佐命功臣，曾任尚书令，官拜驸马都尉、光禄卿，出镇北豫州（今河南省荥阳市西北汜水镇）。齐文宣帝末年，司马消难受到怀疑。于是他抢先与北周勾结，举州降附。周宣帝纳其女为静帝皇后，司马消难也荣升大后丞，不久，以外戚出镇郧州。

王谦是北周功臣王雄之子，为人恭谨，没有什么才能，只因为承袭父爵而身居重位，世受朝恩，对北周政权深有感情。杨坚辅政，王谦举棋不定，为了个人利益，他也曾派部下奉表入京，表示服从。另一方面，他又对自己不忠于周皇室的行为而羞愧自责。因此，当其使者自京城回来告诉他中央的形势后，他最终狠下决心，“以世受国恩，将图匡复，遂举兵”。

尉迟迥、司马消难和王谦以匡复皇室为号召，三方俱起，表面上声势极为浩大，实则他们各有打算。尉迟迥一起兵，就“北结高宝宁以通突厥，南连陈人，许割江、淮之地”。司马消难更是毫无忠诚廉耻之心的反复小人，起兵后“使其子泳质于陈以求援”。他们为了达到目的，不惜出卖本朝利益，勾结外敌，显然没有济时拯世的政治目标，而是一帮争权夺利之徒，这种乌合之众根本不可能团结一致。起兵之后，三方各自为战，被杨坚各个击破。

当时，东北重镇幽州总管府，辖幽定七州六镇，总管于翼支持杨坚，阻断了尉迟迥与边境少数民族的联系，直拊其背，使之大有后顾之忧；号称“东南襟带”的徐州（今江苏省徐州市）总管源雄拒绝尉迟迥的招诱，出兵讨平毕义绪、席毗罗和曹孝达，击退南陈大军的进攻，粉碎了尉迟迥与南陈合势的企图；亳州（今安徽省亳州市）总管贺若谊“西遏司马消难，东拒尉迟迥，申州刺史李慧（惠）反，谊讨之”，分隔了尉迟迥和司马消难两大叛军；利州（今四川省广元市）总管豆卢勣死守本州，为大军入蜀敞开门道。这样，各地的反叛势力被分割开来，形不成气候，难以对中央政权构成致命威胁，给了杨坚宝贵的时间得以调兵遣将，部署反击。

杨素画像

六月十日，朝廷下达了以徐州总管韦孝宽为行军元帅，讨伐尉迟迥的命令；六月二十六日，任命老将梁睿为益州总管，取代王谦，因王谦抗命而改任行军元帅讨之；七月十六日，命令杨素出讨宇文胄；二十五日，以王谊为行军元帅，讨伐司马消难。又以韦世康为绛州（今山西省闻喜县东北）刺史，确保关中安全。在各路讨伐大军中，韦孝宽所统率的是主力部队，集中了梁士彦、元谐、宇文忻、宇文述、崔弘度、杨素和李询等宿将精英。

韦孝宽是北周最杰出的将领，文韬武略，料敌如神。大统十二年

（546年），高欢倾巢出动，企图一举平定关中，大军在战略要地玉壁（今山西省稷山县西南），被守将韦孝宽所阻。高欢连营数十里，昼夜猛攻六十余日，死伤过半，不得已而退兵，高欢因此遗恨而死；后来，韦孝宽又给朝廷上了平齐三策，周武帝据此统一了中原，韦孝宽也名扬四海。所以，尉迟迥叛起，杨坚立刻就想到任用军功资历均与尉迟迥相当的韦孝宽。在被任为行军元帅之前的五月底，韦孝宽接受朝廷的任命，动身前往相州欲接替尉迟迥的总管职务。

韦孝宽到达朝歌（今河北淇县），尉迟迥派部下大都督贺兰贵带着书信前往迎候。韦孝宽留下贺兰贵，在和他进行谈话时察言观色，怀疑情况有所变化，便声称有病，故意地慢慢前行；并派人到相州去寻医求药，秘密地观察动静。韦孝宽的侄子韦艺，时任魏郡（治所在今河南省安阳市）太守，尉迟迥派他去迎接孝宽。孝宽向侄儿询问尉迟迥的所作所为，由于韦艺已与尉迟迥结成同党，不说实话。孝宽大怒，准备杀掉韦艺。韦艺因为恐惧，便把尉迟迥的阴谋全部如实相告。韦孝宽带着韦艺向长安方向行走，每到一处驿站，便将其驿马驱散，并告诉驿站官员，说什么“蜀公尉迟迥将要到来，要赶快准备酒食”。尉送迥当时派遣仪同大将军梁子康带领数百名骑兵追赶韦孝宽。追兵每到一处驿站，全都摆上丰盛的菜肴，又找不到驿马，因而便迟延下来，未能及时追赶。韦孝宽和韦艺因此而幸免于难。

韦孝宽一路奔回洛阳北边的河阳（今河南省孟县西北），洛阳原是北魏首都，周平齐后，宣帝于此设置东京六府，统领北齐旧境，并大集山东诸州兵丁，起洛阳宫，委任窦炽为营作大监，总领其事。窦炽先世为匈奴部落大人，“累世仕魏，皆至大官”，他本人也因为护卫魏孝武帝入关而成为关中政权的创业元勋，其侄儿窦荣定是杨坚的姐夫，故与杨家关系颇深。尉迟迥起兵，窦炽正在洛阳，他当即移入金墉城，“简练关中军士得数百人，与洛州刺史、平凉公元亨同心固守，仍权行洛州镇事”。而主掌东京六府的长孙平和赵芬也效忠于杨坚，这样，在素有威望的窦炽主持下，洛阳暂时平安。

然而，此时河阳的八百守军都是关东鲜卑人，其家属都在相州尉迟迥掌握之下，因此，他们密谋起来策应尉迟迥。河阳若失，则洛阳难保，而韦孝宽手中无兵，形势十分危急。情急之下，他想出一条计策，伪造东京官府文件，让守军分别到洛阳领赏，到了洛阳，再将他们扣押下来，稳固地控制住洛阳，确保了平叛前进基地的稳定。

后杨坚调拨关中地区的军队，以韦孝宽为行军元帅，郑公梁士彦、乐安公元谐、化政公宇文忻、濮阳公宇文述、武乡公崔弘度、清河公杨豢、陇西公李询等人，都被任命为行军总管，前往讨伐尉迟迥。然而，这些将领原来和杨坚不相上下，现在地位发生了根本变化，心中难免不服，更不知道杨坚将来准备如何对待他们。他们有意徘徊不前，等待观望。

北周的青州（治所在今山东益都）总管尉迟勤，是尉迟迥的弟弟的儿子，当初接受尉迟迥的上疏，上表送给朝廷，不久也追随尉迟迥。尉迟迥所统辖的相州（治所在今河北临漳县邺镇东）、卫州（治所在今河南淇县东）、黎州（治所在今河南浚县境）、洺州（治所在今河北永年）、贝州（治所在今州北清河西北）、赵州（治所在今河北隆尧东旧城）、冀州（治所在今河北冀县）、瀛洲（治所在今河北河间县）、沧州（治所在今河北盐山西南）九州，尉迟勤所统辖的青州（治所在今山东益都）、齐州（治所在今山东济南市）、胶州（治所在今山东诸城）、光州（治所在今山东掖县）、苗州（治所在不明，约在山东沂水）五州，都听从尉迟迥的调遣，拥有兵众数十万人。

当时，荥州（治所在今河南汜水）刺史邵公胄、申州（治所在今河南信阳）刺史李惠、东楚州（治所在今江苏宿迁县南）刺史费也利进、潼州（治所在今安徽泗县）刺史曹孝远，各自据有本州，响应尉迟迥。徐州总管司录席毗罗占据兖州（治所在今山东兖州东北）、前东平郡太守毕义结占据兰陵（今山东枣庄市东南），也都响应尉迟迥。怀县永桥镇（今河南武陟西南）的守将纥豆陵惠开城门向尉迟迥投降。尉迟迥派部下大将军右逊进攻建州（治所在今山西晋城东北），建州刺史宇文弁带领全州投降。尉迟迥又派西道行台，攻破潞州（治所在今山西长治市北），活捉刺史赵威，任命潞州人郭子胜为刺史。纥豆陵惠率兵偷袭并攻克钜鹿（今河北邢台市东南），于是进围恒（治所在今河北石家庄市东北），上大将军宇文威率兵进攻汴州（治所在今河南开封市），莒州刺史乌丸泥等人统率青、齐二州的兵众围攻沂州（治所在今山东临沂西）。尉迟迥部下的大将军檀让统兵攻占曹州（治所在今山东曹县西北），亳州（治所在今安徽亳县），驻兵于梁郡（治所在今河南商丘南）。席毗罗的兵众号称八万，驻扎在蕃城（今山东滕县），攻占了昌虑（今山东滕县东南）和下邑（今安徽砀山县）。李惠自申州出兵进攻永州（在今河南信阳北），将永州攻克。

尉迟迥派遣使者招降大左辅、并州（治所在今山西太原市西南）刺史李穆，李穆将使者逮捕，封上了带去的书信。李穆的儿子李士荣，认为并州是天下精兵的用武之地，暗中劝父亲跟从尉迟迥，被李穆坚决拒绝。这时，杨坚派往并州的内史大夫柳裘赶到李穆那里陈述利害关系，又派李穆的儿子在侍上士李浑去传布至诚之意，李穆使令李浑向杨坚奉献熨斗，说道：“愿执掌威柄求安定天下”，又向杨坚奉献十三环金带。十三环金带本是天子佩戴之物，杨坚为此十分喜悦，派李浑到韦孝宽军中陈述李穆的意图。李穆的侄儿李崇当时任怀州（治所在今河南沁阳）刺史，起初曾想要响应尉迟迥，后来得知李穆追随杨坚，感叹地说道："全家富贵者几十人，正值国家有难，竟不能扶持倾危的皇室，又有何面目处于天地之间呢？"迫不得已，李崇也归附杨坚。尉迟迥的儿子尉迟谊任朔州（治所在今山西朔县）刺史，李穆派兵将他捉住，押送长安。李穆又派兵讨伐新任潞州刺史郭子胜，将他擒获。

前线将领中，杨坚最信赖的就是李穆的侄儿李询，据他密报："梁士彦、宇文忻、崔弘度并受尉迟迥镶金，军中搔搔，人情大异。"韦孝宽对此似乎一时没有良策，"时孝宽有疾，不能亲总戎事，每卧帐中，遣妇人传教命。"从表面上看，局势着实叫人如坐针毡，因此李询赶忙向杨坚建议派重臣前来监军。

杨坚对于尉迟迥、司马消难和王谦作乱，早有预料，因而指挥若定。可是，对于眼下来自内部的危险却思想准备不足，加之初临大事，不免忧心忡忡，沉不住气，当下就和郑译、刘昉商议，准备撤换前线将领，并希望他们中能有一人到前线督军。

李德林得知此事，赶忙单独入见杨坚，一针见血地指出："公与诸将，并是国家贵臣，未相伏驭，今以挟令之威，使得之耳。安知后所遣者，能尽腹心，前所遣人，独致乖异？又取金之事，虚实难明，即令换易，彼将惧罪，恐其逃逸，便频禁锢。然则郧公以下，必有惊疑之意。且临敌代将，自古所难，乐毅所以辞燕，赵括以之破赵。如愚所见，但遣公一腹心，明于智略，为诸将旧来所信服者，速至军所，使观其情伪。纵有异志，必不敢动。"李德林的这番话，是对当时形势的真实写照：杨坚遽登高位，挟天子以令诸侯，众心未服，在这种情况下，听信传言，临阵换将，只会搞得人人自危，恐怕军队将因此崩溃。杨坚听得出了一身冷汗，庆幸自己还没鲁莽行事，感激道："若公不发此言，几误大事。"同时，采纳李德林的建议，派高颎到前线监军。

从此以后，杨坚在军事部署方面，事事与李德林谋划。当时，丞相府收到的诸事文书，每日数以百计，李德林往往同时向数人口授批示，文意各种各样，出口成章，不加修饰点改。这时，司马消难带领郧州（一说治所在今湖北沔阳）、温州（治所在今湖北京县）、随州（治所在今湖北随县）、应州（治所在今湖北应山县）、土州、顺州（治所在今湖北随县北）、沔州（治所在今湖北汉川）、岳州等九州以及鲁山（今湖北汉阳）等八镇军马投靠陈国，并派出他的儿子司马泳作为人质请求陈同派兵援助。八月巳未日，南陈朝廷颁布诏书任命司马消难为大都督，总督九州十八镇诸军事、司空，赐爵随公。北周的盏州（治所在今四川成都市）总管王谦也不肯依附大丞相杨坚，率领巴、蜀军队进攻始州（治所在今四川剑阁）。在此之前，杨坚派梁睿取代王谦，到达汉川（即汉中）受阻而不能前进。于是，杨坚任命梁睿为行军元帅，率兵讨伐王谦。

恰在此时，尉迟迥招附徐州（治所在今江苏徐州市）总管源雄和乐郡（治所在今河南滑县系）太守于仲文，二人均不服从。尉迟迥派宇文胄自石济（在白马西）、宇文威自白马（今河南滑县东北）领兵渡过黄河，分二路进攻于仲文，于仲文因抵挡不住而放弃东郡，逃回长安，尉迟迥杀死于仲文的妻子。尉迟迥又派植让带兵到河南攻城略地，杨坚任命于仲文为河南道行军总管，派他到洛阳（今河南洛阳市东北）发兵讨伐檀让。

于仲文出自北周勋贵，和诸位将领地位相近，利益相通，有共同的语言，所以，他一来到，诸将纷纷向他探听京城消息，特别是杨坚的为人。宇文忻吐露心声道："公新从京师来，观执政意何如也？尉迟迥诚不足平，正恐事宁之后，更有藏弓之虑。"显然，大家关心的是改朝换代后自己的地位利益。于仲文深知众将的向背取决于自己的表态，便安慰道："丞相宽仁大度，明识有余，苟能竭诚，必心无贰。"说得宇文忻心悦诚服，于是，众心遂安。

高颎和于仲文的到来，迅速稳定了军心，众将一心，向尉迟迥展开猛烈的攻势。韦孝宽率大军挺进武陟（今河南省武陟县南），与盘踞武德郡（今河南省沁阳市东南）的尉迟迥之子尉迟惇所率的十万大军隔着沁水对阵。高颎令士兵搭桥，宇文忻率部渡河，尉迟惇本想趁韦孝宽军半渡之时出击，不料，韦孝宽反而利用其军队略作后撤的机会，鸣鼓齐进，一过河，高颎就将渡桥烧毁，士兵一往无前，大破尉迟迥。又乘胜追奔，连破尉迟迥的伏兵于野马冈和草桥，直逼邺城。

八月十七日，尉迟迥看形势不妙，便集结十二万大军，率其子尉迟惇和尉迟祐，于城南布阵。双方在相州城下展开了极其惨烈的大决战，尉迟迥大败。梁士彦首先从北门攻破邺城，一路追杀至西门，纳宇文忻部入城。尉迟迥退守小城楼，崔弘度尾追而至，尉迟迥见大势已去，痛骂杨坚后自杀。尉迟勤、尉迟惇和尉迟祐叔侄三人东奔青州，被大将军郭衍擒住。

八月二十七日，也就是在平定尉迟迥十天之后，王谊率领四总管军进逼郧州近郊，司马消难闻讯，连夜南逃，投降陈朝，荆、郢诸州反叛的巴蛮亦告平定；杨素攻克荥州，宇文胄出逃，被斩首。梁睿率二十万大军入蜀，连战皆克，进逼成都，十月二十六日，王谦率五万精兵背城结阵，梁睿纵兵进击，大破之，追斩王谦，传首京师，益州平。这样，三方反叛均被镇压下去。

尉迟迥、司马消难、王谦三方所发动的武装反抗，在韦孝宽、王谊等所统率的大军的讨伐之下，历时将近半年，以尉迟迥自杀、王谦被处死、司马消难败逃江南而告终，三方武装反抗已被全部平定，杨坚已牢牢地控制了北周政局。这场反叛是对杨坚的严峻考验，他上台伊始，元谐对他说道："公无党援，譬如水间一堵墙，大危矣。公其勉之。"然而，杨坚胸有成竹，料敌先机，夺取朝政，控制京师，拉拢李、于、窦、韦、梁、宇文、杨、王等关陇河东大世族，牢牢掌握关中河东根据地，赢得了全局胜利。

可是，在平定地方武装反抗的斗争中，贡献最大的行军元帅韦孝宽，于战争结束后不久病卒。史称："孝宽在边多载，屡抗强敌。所有经略，布置之初，人莫之解，见其成事，方乃惊服。虽在军中，笃意文史，政事之余，每自披阅。末年患眼，犹令学士读而听之。又早丧父母，事兄嫂甚谨，所得俸禄，不入私房。亲族有孤遗者，必加振赡。朝野以此称焉。"

禅让建隋，杨坚即位

杨坚平定三方叛乱后，将尉迟迥所管辖的邺城势力全部铲除。

邺城一直是兵家相争之要地。191年，东汉的袁绍将邺城扩展，成为一座规模雄伟的城市；东汉末年，曹操把邺城当作自己的根据地，遥控首都许县（今河南许昌）；五胡十六国期间，赵、前燕先后定都于

此。北魏王朝夺取邺城后，在此设置行台，形成两京并立的政治格局。北魏分裂为东、西两魏之后，东魏将首都迁于此，邺城成为一代王朝的嗣都。

杨坚对尉迟迥的军队毫不留情。《周书·韦孝宽传》只是轻描淡写地交代道："兵士在小城中者，尽坑于游豫园"；而《尉迟迥传》则说："余众，月余皆斩之。"显然，被坑杀的不止是最后仍据小城顽抗的将士，而是所有的"余众"。唐僧道宣在《集神州三宝感通录卷上》中披露了这场大屠杀的经过："拥俘虏将百万人，总集寺北游豫园中，明旦斩决。园墙有孔，出者纵之，至晓便断，犹有六十万人，并于漳河岸斩之。流尸水中，水为不流，血河一月，夜夜鬼哭，哀怨切人。以事闻帝，帝曰：'此段一诛，深有枉滥，贼止尉迟迥，余并被驱。当时恻隐咸知此事，国初机候不获纵之。可于游豫园南葛屦山上立大慈寺，拆三爵台以营之六时礼佛，加一拜为园中枉死者。'寺成，僧住依敕礼唱，怨哭之声一期顿绝矣。"

《广弘明集》卷二八收录了《隋高祖于相州战场立寺诏》："门下昔岁周道既衰，群凶鼎沸，邺城之地是为祸始。或驱逼良善，或同恶相济，四海之内过半豺狼，兆庶之广咸忧吞噬。朕出车练卒，荡涤妖丑，诚有倒戈，不无困战，将士奋发肆其威武，如火燎毛始无遗烬。于时朕在廊庙任当朝宰，德惭动物民陷网罗，空切罪己之诚，唯增见辜之泣，然兵者凶器，战实危机。节义之徒轻生忘死，干戈之下又闻徂落，兴言震悼日久逾深，永念群生蹈兵刃之苦，有怀至道兴度脱之业。物我同遇观智俱愍，思建福田神功佑助，庶望死事之臣，菩提增长。悖逆之侣，从闇入明，并究苦空咸拔生死。鲸鲵之观，化为微妙之台。龙蛇之野，永作颇梨之镜，无边有性尽入法门，可于相州战地，建伽蓝一所立碑纪事。”

中国历史上，为敌人建伽蓝，几乎是从来没有的事情。而惨无人道的大屠杀，其政治目的极其明确，就是用来警告反叛者，让每个人都知道顺我者昌、逆我者亡。平定叛乱体现了杨坚毫不手软的一面，但也能看出杨坚出色的政治才能。

平定叛乱之后，杨坚大刀阔斧地进行了一系列改革。在关键时刻，夫人独孤氏派家将对杨坚说：“骑兽之势，必不得下，勉之。”暗示杨坚应该当机立断。得到夫人的暗示，杨坚信心百倍地投入到篡周自立的准备中。

杨坚派人去争取李穆和于翼等关陇地区的实力派人物，这两大家族极力支持杨坚改朝换代，给杨坚吃了第一颗定心丸。接着，北魏旧家世族以及塞上的军事贵族和关陇望族都支持他。获得如此大的支持，杨坚加速了改朝换代的步伐。

老将梁睿平定四川后，接替王谦做了益州总管。上任前，杨坚派遣内史薛道衡到梁睿军中，表明来意：“天下之望，已归于随公。”梁睿会意，上表劝进：“随公，您就是我们心中的天子，我们支持你！”随着各个战场的胜利，百官都站在了杨坚这边，劝杨坚早日称帝。

大象二年（580年）十二月，北周任命大丞相杨坚为相国，统辖百官，总理国家政事，除去都督中外、大冢宰的官号，晋爵为随王，划定安陆等二十郡为随国，朝见天子时可以不自称名字，备设九锡之礼。杨坚只接受了随王的爵位和十郡的封地。同月，调令废除对所有汉人的赐姓，令其各复本姓，这显然是进一步削弱宇文氏的影响，得到汉人的普遍拥护。

杨坚为铺平通往皇帝宝座的道路，采取了一系列的措施：他让自己

的长子杨勇出任东都洛阳的总管、东京小冢宰，监督东部的地方势力。他又由随国公改称随王，以十郡的封地为随国，封独孤氏为王后，杨勇为世子，随王位在宇文氏的诸王之上。总之，待到平定三方的战争结束之时，杨坚已经为代周自立做好了大部分的准备工作。

大定元年（581年）二月，随王杨坚开始接受相国以及九锡的任命和赏赐，建立台阁，设置百官。后诏令晋王妃独孤氏为王后，长子杨勇为太子。正月，开府仪同大将军庾季才用天象理论劝说杨坚于二月甲子日称帝，其理由是周武王在二月甲子日的牧野之战平定天下，开创周朝八百年的基业；刘邦于二月甲午日即皇帝位于汜水之阳，开汉代四百年基业。季才认为二月甲子日是称帝的吉祥之日，杨坚高兴地接受了这一建议。与此同时，太傅李穆、开府仪同大将军卢贲也都劝杨坚早日称帝。

于是，杨坚派人为周静帝起草退位诏书，静帝下达诏书，逊居别宫。静帝命太傅、杞公宇文椿奉册书，禅位于随王杨坚。杨坚头戴远游冠，接受册、玺，改服天子纱帽、黄袍，入御临光般，服兖（礼服），举行如正月元日大朝会的仪式，正式即皇帝位。

杨坚用原封号当作国号。杨坚原来承袭父爵被封为随国公或随王，故国号称“随”。杨坚迷信，对文字特讲究，认为“隋”（繁体字随）内含“走”字，于是，把“走”字旁去掉，最终定国号为“隋”。这一年，隋文帝41岁。

杨坚篡周，利用周政权中央集权化过程中的矛盾，从权力中枢发动宫廷政变。这一政变不但没有被打断，反而加速了社会发展的进程。而在另一方面，由于胜利来得太容易，也使得新王朝不得不全盘继承了旧王朝的成就与弊病，从而在巩固胜利成果时也必将付出沉重的代价。

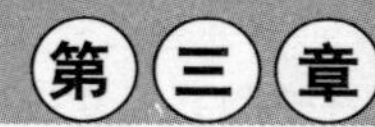

第三章 封官定势改正朔　革旧鼎新立国制

杨坚建立了隋王朝之后，大力进行改革。首先就是确定正朔年号，随后便开始进行政治改革，确定三省六部制，制定《开皇律》，改革兵制，构建新都，创立科举制度。这一系列的革旧鼎新之举，大大加速了隋王朝的发展，同时，也使得国家更加昌盛。

启运开皇，改定正朔

大定元年（581年）二月十五日，文帝杨坚追尊父亲杨忠为武元皇帝，庙号太祖；母亲吕苦桃为元明皇后；夫人独孤伽罗立为皇后，长子杨勇被立为皇太子。二月十九日，文帝封周静帝宇文衍为介国公，宇文氏诸王皆降爵为公。杨丽华改封为乐平公主，已经不再是北周的皇太后了。

北周灭亡时，杨丽华风华正茂，文帝打算让她再嫁，但她誓死不从。辅政期间，杨丽华是支持父亲的，但文帝在禅位之后，对其夫家毫不留情，杨丽华对父亲的行为愤愤不平，在言语和态度上均有表现。后来，到大业五年（609年），已经成为皇帝的杨广到西北视察，杨丽华也跟着出去散心，到了张掖，不幸染病身亡，享年49岁。杨广将姐姐的遗体运回安葬在丈夫周宣帝的定陵旁边。

二月二十五日，文帝封弟弟杨慧为滕王，杨爽为卫王，封二儿子杨广为晋王，三儿子杨俊为秦王，四儿子杨秀为蜀王，五儿子杨谅为汉王。同时还任命原北周元老申国公李穆为太师，邓国公窦炽为太傅，任国公于翼为太尉。他们并没有实权。其中，李穆主动请辞，隐居长安养老，不久离世。

杨坚登基后，宣布大赦天下，改纪元年号为“开皇”。

文帝出生于佛寺，自幼由智仙法师抚养，一直到13岁才离寺归家。童年的佛门教育，在杨坚身上烙上了浓重的佛教徒性格，这次国号的命名无疑充满着佛家的味道。根据《金光明经·正论品第十一》所载："因集业故，得生人中，王领国土，故称人王。处在胎中，诸天守护，或先守护，然后入胎。三十三天，各以己德，分与是王，以天护故，称为天子。"而"开皇"一词来源于费长房《历代三宝记》卷十二："赤若之岁，黄屋驭时，土制水行，兴废毁之，佛日火乘，木运启年，号以开皇，可谓法炬灭而更明，否时还泰者也。"

"开皇"还是一个道教的年号。《隋书·经籍四》云："每至天地初开，或在玉京之上，或在穷桑之野，授以秘道，谓之开劫度人。然其开劫，非一度矣，故有延康、赤明、龙汉、开皇，是其年号，其间相去经四十亿万载。五方天帝及诸仙官，转共承受，世人莫之豫也。"

隋朝王劭亦对此大加附会道："年号'开皇'，与《灵宝经》之开皇年相台，故曰协灵皇。"说得煞有介事。其实，劫数之说，在北朝就相当流行，《魏书·释老志》说："又称劫数，颇类佛经。其延康、龙汉、赤明、开皇之属，皆其名也。"但是，如果细心对照，不难发现《隋书》和《魏书》关于劫号的顺序并不一致，但都只有四种，似乎五大劫号尚未完全定型统一。究其根本原因，在于魏晋是道教理论构建时期，其时间观念的"劫运"说主要系由灵宝派抄诵佛经，甚至一劫四十亿万年之说，也是在佛教一劫三亿二千万年的基础上略加篡改而成的。至于"五方天帝"，恐怕也来自佛教的"五佛"说，无怪乎《魏书》和《隋书》都认为道教劫数说类似于佛教。杨坚是佛教信徒，对此当然明白。因此，其所采用的年号，主要乃取佛教之"劫"说，采"圣皇启运，像法载兴"之意。

后来继登皇位的隋炀帝曾经透露："高祖受命之符，因问鬼神之事。"其实，古代帝王并没有真正的宗教信仰，只有功利主义的"鬼神"

迷信。杨坚一辈子迷信谶纬符箓，上台时又曾经得到许多道士的帮助，因此，使用一个盗自佛教的道教年号，可谓八面玲珑，充分表现出利用各种宗教为政治服务的态度。

随后，杨坚命主管官员奉册前往南郊祭天，派少冢宰元孝矩代太子杨勇镇守洛阳。少内史崔仲方劝说隋文帝废除北周的六官制，恢复汉魏时代旧有的职官制度，文帝采纳这一建议，任命相国府司马高颎为尚书左仆射兼纳言、相国内郎李德林为内史令，封周静帝为介公，北周宇文氏的诸藩王一律降低爵位为“公”。

隋文帝与北周的大夫荣建绪旧有交情，杨坚在准备接受禅位时，荣建绪已被任命为息州刺史，正要去赴任。杨坚对他说：“暂时逗留将会与您共取富贵。”荣建绪明白杨坚这句话的用意，不以为然地严肃回答说：“明公的这一旨意，不是在下所要闻知的。”

原北周上柱国窦毅的女儿，听说随公接受禅让的消息，自己跳至堂下，捶胸叹息说：“恨我不是个男儿，不能解救舅氏（宇文氏）的祸患。”窦毅和襄阳公主急忙捂住女儿的口，说道：“不要乱说，当心会灭掉全族。”窦毅因此对女儿另眼看待，待女儿长大后，嫁给唐公李渊。

虞庆则进言劝隋文帝杀尽宇文氏，高颎也违心地表示赞同，只有李德林一人再三谏争，以为不可如此。隋文帝为此变脸说道：“您是个书生，不足以议论此事。”最后，隋文帝决定诛杀宇文氏家族。李德林也由于这次谏争而官位再也没有得到升迁。五月，隋文帝又暗中派人杀害周静帝，埋葬在恭陵，命族人宇文洛为后嗣。

上台伊始，杨坚就召见崔仲方和高颎，讨论确定正朔与服色事宜。崔仲方采用通行的五行相生理论，说道：“晋为金行，后魏为水，周为木，皇家以火承木，得天之统。又圣躬载诞之初有赤光之瑞，车服旗牲，并宜用赤。”意思就是：周为木行，在东方，木生火，隋朝取代北周，战隋为火行。在南方，属于夏季，色尚赤，赤为火色；而中央为土，属于黄色。经过反复研究论证，文帝君臣一致认为大隋王朝的旗帜、牺牲祭祀之类应该偏向赤色。在衣着方面，上到君主下到朝臣应该着黄色，唯一的区别就是，皇帝佩戴有十三个金环的腰带，这种金环的腰带，精美绝伦，但没有实质作用，只是代表皇权的一件道具。

开皇元年（581年）六月便正式下诏规定：“初受天命，赤雀降祥，五德相生，赤为火色，其郊及社庙，依服冕之仪，而朝会之服，旗帜牺牲，尽令尚赤，戎服以黄。”君臣常服则用黄色，史称“隋代帝王贵臣，多服黄纹绫袍、乌纱帽、九环带、乌皮六合靴。百官常服，同于止庶，皆着黄袍及衫，出入殿省”。皇帝的朝服也和百官无异，“唯带加十三环，以为差异，盖取于便事”。

卢贲又奏请改变北周的旗帜，并亲拟嘉名，刨制青龙、驺虞、朱雀、玄武、千秋、万岁之旗；而李德林则以为北周承袭北魏的车舆都不合古制，尽请废除，文帝准奏，只保留北魏太和年间仪曹令李韶所制定的五辂（五辂就是一种车辕上有五根横梁的大车）。

杨坚出身于北周，而他所改革的却是北周制度。当时，太子庶子、摄太常少卿裴政曾上奏道：“窃见后周制冕，加为十二，即与前礼数乃不同，而色应五行，又非典故。……且后魏已来，制度咸缺。天兴之岁，草创缮修，所造车服，多参胡制。故魏收论之，称为违古，是也。周氏因袭，将为故事，大象承统，咸取用之，舆辇衣冠，甚多迂怪。今皇隋革命，宪章前代，其魏、周辇辂不合制者，已敕有司尽令除度，然衣冠礼器，尚且兼行。……既越典章，须革其谬。……今请冠及冕，色并用玄，唯应著帻者，任依汉、晋。”制曰：“可。”于是定令，采用东齐之法。

隋代周兴，首先要破除的就是沉渣泛起的胡俗，恢复传统的汉族制度。

581年七月七日，文帝身穿黄袍，在大殿上接受文武百官的朝贺；大臣们也都穿上了刚刚赶制的新衣。隋朝代替北周，文帝敏锐地认识到只要在民族政策上有所作为，就可以得到百姓的认同。早在文帝辅政期间，他就带头改回了汉姓，为恢复汉文化的民族政策开了个头。文帝登极后，当然还要进一步破除陋习。

在改变舆服的背后，人们强烈地感受到新王朝迥异于前代的立国原则，这就是隋文帝杨坚所确立的“易周氏官仪，依汉、魏之旧”的基本政策，亦即裴政所奏请的“任依汉、晋”的方针。恢复少数民族政权以前的中国制度文化，是隋朝君臣的共识，意在重新构建以汉族为主体的强大统一的国家。

自北魏太和十七年（493年）南齐秘书丞王肃北奔为孝文帝制定礼仪国典，将南朝前期所继承发展的汉、晋文物制度移植于北朝时，它已经和中原保存的传统文化融合而适应于北朝的社会政治。此后，又经过大儒的改定，成为北齐的制度。因此，杨坚虽然高举恢复汉制的旗帜，远溯汉、魏，其实是近取，在北齐的基础上创建新制，也就是“于是定令，采用东齐之法”。文帝的这一改革，对当时新建的隋朝来说，有着极为重要的意义。

政治改革，三省六部

开皇元年（581年）二月，隋文帝废除了北周实行的六官制度，对现有的政治制度作了彻底的改革。

当初，宇文泰的军队主要出自边镇军将，其军事实力远远比不上雄踞山东的高欢，文化上更难与儒学深厚的南朝相比。宇文泰比谁都清楚，要想和山东的高欢以及南朝抗衡，除了军事实力外，更重要的是要在文化上超过他们。因此，宇文泰让谋臣苏绰、卢辩和裴政等人制定礼仪制度，按照《周礼》模式设置了六官制度。

六官官名和天、地、春、夏、秋、冬六种自然现象有关：中央设立大冢宰，即天官；大司徒，即地官；大宗伯，即春官；大司马，即夏官；大司寇，即秋官；大司空，即冬官。这六位长官，各司其职，其中大冢宰权力最大，即“五府总天官”。

这种出于权宜之计而穿凿拼凑的制度，实行不久就难以为继。同时，这种政治体制存在着一定的弊端。首先，除皇帝外，大冢宰官最高，管辖其他五官，拥有一人之下万人之上的权力，此时的大冢宰时刻威胁着皇权。所以，周武帝亲政后，大冢宰便不再居大，变为和其它五官平级的官，六官皆直接听命于皇帝。到宣帝时，设置大前疑、大右弼、大左辅和大后丞四辅官，四官之间互相牵制，不分高下。同时，四辅官又是管理百官的官。

然而，北周制度建立在分封诸国的基础上，这与宇文泰谋求中央集权的意图大相径庭。因此，他严格限定六官制度仅适用于部分中央机构，不利于宇文氏集权者，则根据需要杂行胡汉旧制，即《周书·卢辩传》所谓："于时虽行《周礼》，其内外众职，又兼用秦汉等官。"北周统一中原之后，当年那种军事立国的特定环境改变了，和平时代当然无法继续维持战时的军政体制。何况在北齐制度的对照下，北周官制更显得不伦不类，其被摈弃已是大势所趋。

隋文帝亲历过宇文护专权的时代，将六官制度的弊端看得清清楚楚。就是因为这种制度存在诸多弊端，才让宇文护肆无忌惮连杀两帝，权倾朝野。文帝认为官职制度必须要改革。君臣经过商议，以北齐的官制为基础，革旧图新，取长补短，吸收南朝三省制度的优点，重新制定了一套适合隋朝发展的政治体制，最后确定为三省六部制。

所谓"三省"，包括尚书省（管理全国政务）、门下省（审查政令及封驳）、内史省（起草政令），三省长官都是宰相，此外，还有秘书省、内侍省（宦官），与尚书、门下、内史并称五省。五省中前二省权力最大，二省中又属尚书省最为重要，它是国家最高行政机关　其下设吏部、礼部、兵部、都官部、度支部、工部六部。每部设尚书为长官，总管本部政令等。

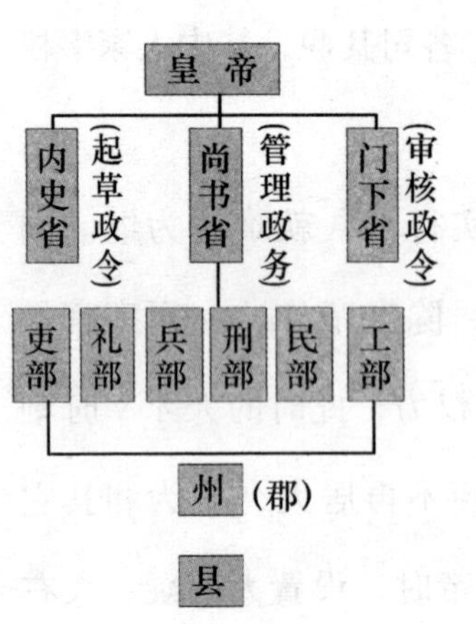

三省六部制

吏部，掌管全国官吏的任免、考核、升降和调动，兼掌文官的选授考课。

礼部，掌管学校、祭祀、礼仪和对外交往。

兵部，掌管全国武官的选拔、兵籍和军械等。

都官部，掌管全国的法律、断狱诉讼等司法事宜（583年改为刑部）。

度支部，掌管全国的土地、户籍以及赋税、财政收支等。

工部，掌管各种工程、匠、水利、交通等有关政令。

尚书省为最高行政机构，设尚书令一人，左、右仆射一人，为正副长官。由于尚书令是皇帝之下的最高官级，对皇权很有威慑力，从某种意义上说，尚书令最接近原来意义上的大冢宰，文帝在自己的皇帝生涯中，从没任命任何大臣担任此职。尚书令在隋唐两代几乎都是空缺。这几乎成为隋唐两代的惯例，故左、右仆射为尚书省实际长官，其中尤以左仆射为重。仆射之下设左、右丞各一人，都事八人，于都省办公，分司管辖。下设吏部、礼部、兵部、都官部、度支部和工部六部，每部设尚书一人，为其首长。左、右仆射与六尚书合称“八座”，构成尚书省的领导核心。改以往的郎曹为司，置于部之下，每部一律设四司，亦即：吏部辖吏部、主爵，司勋、考功四司；礼部辖礼部、祠部、主客、膳部四司；兵部辖兵部、职方、驾部、库部四司；都官辖都官、刑部、比部、司门四司；度支辖度支、户部、金部、仓部四司；工部辖工部、屯田、虞部、水部四司。共二十四司，每司置侍郎主其事，凡三十六人。

门下省主要掌管封驳，百官奏事或颁布诏令须经门下审阅，因此，它成为承上启下联系皇帝、内史和尚书省的桥梁。门下省有纳言（即侍中，因避隋文帝父亲杨忠名讳，改称纳言）二人，给事黄门侍郎四人，为正、副长官，其下有录事、通事令史各六人，分管具体事务。南北朝均于门下

省之外再设集书省，主掌献纳谏议，职掌颇与门下重复，故隋文帝将其并入门下省，置散骑常侍、通直散骑常侍、谏议大夫、散骑侍郎、员外散骑常侍、通直散骑侍郎、给事、员外散骑侍郎、奉朝请等侍从官员。门下省统领城门、尚食、尚药、符玺、御府、殿内六局，仍担负内侍工作。

内史省（即中书省，因避隋文帝父亲杨忠名讳而改）主要负责制定诏令，置监、令各一人，旋废监，置令二人、侍郎四人，为内史省正、副长官。下设舍人八人，通事舍人十六人，分掌具体事务，属员有主书十人、录事四人。

此外，还有秘书省，主管国家经籍图书与天文历法；内侍省掌管宫内事务，与尚书省、门下省、内史省并为五省，但负责国家政务的是上述三省六部。

三省制实现了宰相制度的重大变革。三省主官，秦汉时原来都是为皇帝服务的宫官，曹魏时，尚书、中书省发展成为独立的机构，门下省大约也在西晋时成立。经过长期的发展演变，尚书省成为国家政务的执行机关，而中书、门下两省则成为承上启下出纳帝命的枢要机构，宫官变为朝官，取代了原来三公太尉、司徒、司空为宰相的职权。南北朝时期，国家机器只有通过三省才能运转。在此基础上，隋朝全面实行三省制，宰相由三省长官共同担任，与此相应，废除了三公府及其僚佐，使三公完全成为荣誉职位。如此，宰相不再是只对皇帝负责的百官之长，而是中央最高部门的代表，领导机构宰相制完全取代了秦汉以来的个人开府宰相制，使得宰相职务制度化，有力地防止出现个人专权的情况。

除了三省长官为当然宰相外，皇帝还可以任命其它官员参与朝政。早在开皇初年，隋文帝就让其侄杨雄以右卫大将军的身份参与朝政，“雄时贵宠，冠绝一时，与高颎、虞庆则、苏威称为‘四贵’”，开他官参知政事的先例。至其晚年，又以女婿兵部尚书柳述“参掌机密枢”。而炀帝亦沿袭此例，任命纳言苏威与左翊卫大将军宇文述、黄门侍郎裴矩、御史大夫裴蕴、内史侍郎虞世基参掌朝政，时人称为“五贵”。“五贵”包括门下、中书两省的负责人，宇文述和裴蕴则为他官。综观以上诸例，隋代主持朝政者，一般由三省长官、军事部门负责人和皇帝任命的他官组成。

隋立国初年，创规立制，百废待兴，故皇帝躬亲庶务，日理万机，容易让人产生尚书省居主导地位的错觉，其实不然。《隋书》卷十二《礼仪七》记载：“周武帝时，百官燕会，并带刀升座。至开皇初，因袭旧式，朝服升殿，亦不解焉。十二年，固蔡征上事，始制凡朝会应登殿坐者，剑履俱脱。其不坐者，敕召奏事，及须升殿，亦就席解剑乃登。纳言、黄门、内史令、侍郎、舍人，既夹侍之官则不脱。其剑皆真刃非假。……又准晋咸康元年定令，……惟侍臣带剑上殿。”

旧体制下，三公主政务，九卿在其领导下负责具体执行。现在，新的宰相制虽然完全取代了三公，但是，庞大的行政机构依然保存下来。因此，出现了尚书六部与九寺机构并立重复的现象。隋文帝建国之初，注意力集中于改革至关重要的宰相制，无暇顾及于此，“故隋氏复废六官，多依北齐之制。官职重设，庶务烦滞，加六尚书似周之六卿，又更别立寺、监，则户部与太府分地官司徒职事。礼部与太常分春官宗伯职事，刑部与大理分秋官司寇职事，工部与将作分冬官司空职事。自余百司之任，多类于斯，欲求理要，实在简省。”

行政部门机构重叠，分工不清的矛盾暴露出来后，隋文帝随即进行了调整改革。从突出三省作用、加强集权的思路出发，他采取了并省诸寺的办法。开皇三年（583年）四月，废光禄寺及都水台入司农，废卫尉入太常尚书省，废鸿胪亦入太常。然而，光是裁并机构还是解决不了六部与诸寺合理分工的问题，所以，开皇十二年（592年）又复置光禄、卫尉和鸿胪三寺，翌年，都水台亦告恢复。

开皇三年（583年）四月，隋文帝明确尚书左、右仆射的分工，规定左仆射分管吏、礼、兵三部，右仆射分管都官、度支和工部三部，改度支为民部，都官为刑部，使之更加整齐规范；将内史省通事舍人增加至二十四人。开皇六年（586年），尚书省二十四司又各增加员外郎一人，作为副职，充实日常事务部门。

三省六部制度最大的好处就是，其中有审议封驳这一环节，可使各种决策少出差错。文帝通过三省六部制度，形成了一套适合新王朝的政治体制，取得了巩固和加强中央皇权的巨大胜利。

三省六部制度，是隋文帝官僚制度改革中很成功的一项。新政府的领导班子成员中，三名宰相都是政治新秀，而且全是汉人。六部高官中苏威出身世代官僚家庭，是鲜卑化的汉人；韦世康为韦孝宽的子侄，与文帝是世交；元晖、元岩是西魏宗室；长孙毗为关中世族；杨希尚是弘农杨氏，文帝的本家。隋文帝实行的三省六部制度，开创了中国封建社会政治体制的新阶段，这是隋朝对后世的一大贡献。历经唐、宋、元、明、清各朝，中国封建社会政治体制都是在三省六部制基础上的充实完善，基本都是沿着隋文帝确定的政治体制路线进行的。

定《开皇律》，改革兵制

北周宣帝时，法令严苛，并制定《刑经圣制》。当时，杨坚就觉得这部法典残酷混乱，造成的结果是“内外恐怖，人不自安”，于是向宣帝提出“法令滋章，非兴化之道”，但没有被宣帝采纳。

隋朝建立后，隋文帝马上命令：“尚书左仆射、渤海公高颎，上柱国、沛公郑译，上柱国、清河郡公杨素，大理前少卿、平原县公常明，刑部侍郎、保城县公韩潜，比部侍郎李谔，兼考功侍郎柳雄亮等，更定新律。”并择其善者而从之，制定《开皇律》。参加编撰《开皇律》的人员还有于翼、李德林、裴政、苏威、赵芬、王谊和元谐七人，通前计十四人。在这十四人中，高颎、李德林、苏威、郑译和裴政为主要编撰者。《隋书·裴政传》记载；“（裴）政采魏晋刑典，下至齐梁，沿革轻重，取其折衷。同撰著者十有余人，凡凝滞不通，皆取决于政。”由此可知，《开皇律》兼收博采南北各朝法律之优点，以河清三年（564年）定的北齐律为样本，拣选淘汰而成。

《开皇律》有十二篇，每篇各一卷，分别为：名例律、卫禁律、职制律、户婚律、厩库律、擅兴律、贼盗律、斗讼律、诈伪律、杀律、捕亡律、断狱律。十二篇之制，直接继承北齐律，篇目也大体沿袭北齐律名，略有改动。而主要的改动是根据律文性质归类排列，注重法律的内在联

系，使之明了有序。这样，隋法便清楚地分为法律总则、实体法和程序法，表明隋代立法技术的成熟。

隋律的突出特点，在于加强君主集权，维护官僚贵族等级制及其利益。这种倾向性主要体现于“十恶”和“八议”的规定。“十恶”规定，凡犯有谋反、谋大逆、谋叛、恶逆、不道、大不敬、不孝、不睦、不义、内乱罪者，须加重惩罚，不得宽赦。这十条重罪可以大致分为三类，即危害国家政权与皇室罪（谋反、谋大逆、谋叛、大不敬和不义）、破坏宗法秩序罪（恶逆、不孝、不睦和内乱），以及特别恶劣残忍的犯罪（不道），强调“忠孝治国”，把国看作是放大了的家，皇帝为绝对的家长。在国与家的关系上，则特别规定“唯大逆谋反叛者，父子兄弟皆斩，家口没官”，突出忠君报国的至高无上地位。

北周和北齐，对于特别严重的犯罪均有专门规定，北周“重恶逆、不道、大不敬、不孝、不义、内乱之罪”，北齐则“列重罪十条”。隋律直接继承北齐律，参酌增删，创设“十恶”之制，反映出隋文帝重整社会秩序、大力加强中央集权的意图。

隋文帝在把儒家礼教法律化的同时，也给予官僚贵族相当的法律特权，即所谓议亲、议故、议贤、议能、议功、议贵、议勤和议宾的“八议”规定。“其在八议之科，及官品第七已上犯罪，皆例减一等。其品第九已上犯者，听赎”。在颁行新律的诏书中，隋文帝强调“贵砺带之书，不当徒罚，广轩冕之荫，旁及诸亲”，表明对于身份性贵族和受教育的士人，其法律适用不同于一般庶民。这样，《开皇律》的性质就更加明显。

在刑名上，隋文帝同样对前代法律做了大刀阔斧的改革。《开皇律》规定的刑名有五种，可以归纳为四类：第一，死刑，分斩和绞两种，绞刑可以全尸，故视为较轻。第二，流刑，有一千里、一千五百里和二千里三等，并且还要在流放地分等服劳役二年、二年半和三年；服刑时还要加杖一百、一百三十和一百六十。第三，徒刑，有一年、一年半、二年、二年半和三年五等。开皇前期，流刑和徒刑所服劳役可在官府“居作”执行，也可以“配为戍卒”，到了开皇十三年（593年），则原则上改为充军“配防”。第四，身体刑，分杖刑和笞刑两种，杖刑从六十到一百五等，每等加十下，笞刑亦分五等，从十至五十，每等加十下。

最初的《开皇律》有一千数百条，显然接近于一千五百三十七条的北周律，而非九百四十九条的北齐律。而《开皇律》的框架结构，主要取法北齐律，这是因为北齐律“法令明审，科条简要”的缘故。但是，在具体规定上，应该也吸收了不少北周律条文。《旧唐书·刑法志》记载：“隋文帝参用周、齐旧政，以定律令，除苛惨之法，务在宽平”，指明了《开皇律》的来源，所以说“北魏、北齐、隋、唐律为一系相承之嫡统，而与北周律无涉也”。

在隋文帝的督励下，《开皇律》当年就编修完成，10月12日，文帝下诏在全国颁行。开皇三年（583年），隋文帝在批阅刑部奏文时，看到断狱数目尚在万件以上，被深深地震住了。这一切显然是由于前代苛法尚未尽除，新律过于严密，使人举手触禁，动辄犯法。于是，他找来纳言、民部尚书苏威，礼部尚书牛弘主持修改律文。据《隋书》记载，参加这次修订的应该还有赵轨和源师。这次修订，将前代81条死罪、105条流罪，千余条酷刑以及灭族等条文都一概废止。文帝还废除了以下几种酷刑：宫刑、车裂、枭首、鞭刑、孥戳、连坐等。这些流行上千年的野蛮刑罚被彻底废除，天下为之一清。

摒弃前代酷法，也包括修正刑讯、诉讼和审判的规定。以往官司讯囚，法无规定，故法官狱吏滥施酷刑，往往屈打成招，冤狱迭出。现在，《开皇律》把刑讯也纳入法内，规定讯囚时拷打不得超过两百下，行杖不得换人，还规定刑具的样式。在诉讼方面，除了正常的公诉外，允许自诉，对于刑事犯罪还要求相互纠告，纠告有赏，知情不告有罚。而且，还允许逐级上诉，“乃诏申敕四方，敦理辞讼。有枉屈县不理者，令以次经郡及州，至省仍不理，乃诣阙申诉。有所未惬，听挝登闻鼓，有司录状奏之”。开皇二年（582年）下诏，全国各地死刑犯，不准在本地处决，必须送到大理寺（相当于最高法院）复审，审查完毕再送尚书省奏请皇帝裁决。

在审判上，要求秉公执法，对于舞文巧诋的官吏，还作了“反坐”的规定。重大案件，特别是死刑案件，要求上报中央再三复审。开皇六年（586年）规定：“命诸州囚有处死，不得驰驿行决”。开皇十二年（592年）又规定：“诏诸州死罪不得便决，悉移大理案覆，事尽然后上省奏裁。”到开皇十六年（596年）八月，则进一步规定为：“决死罪者，三奏而后行刑。”

这次修改法律，还确定了一些进步的司法原则。例如，要求“断决太狱，皆先牒明法，定其罪名，然后依断”，开皇五年（595年）更明确规定“自是诸曹决事，皆令具写律文断之”。同时，设置律博士弟子，协助判案。开皇五年发生律生舞文弄法的事件后，隋文帝鉴于前代设律官枉法出入的弊端，取消大理寺律博士、尚书刑部曹明法和州县律生，随后规定“诸州长史以下，行参军以上，并令习律，集京之日，试其通不”，督励执法官员学习法律，以求依法办案。《开皇律》对魏晋以来的南北各朝法律多有厘革，取精用宏，“自是刑网简要，疏而不失”，成为我国法制史上的一大里程碑。

隋文帝一朝，涌现出一批刚正不阿、敢于秉公执法的司法官员，如李谔、郎茂、荣毗、梁毗、薛胄和上述赵绰、刘行本等人。其中，在文帝时期以执法公允著称的郎茂，到炀帝时竟“不敢措言，唯窃叹而已”，足见这些法官能够有所作为，得益于隋文帝的信任与法治精神。

隋文帝本人十分重视司法审判，把执法公正作为政治清明的保证，常抓不懈。开皇年间，他经常审理案件，特别是在秋季判决犯人之前，曾多次“亲录囚徒”，以避免出现冤案。国子博士何妥以其亲眼所见，称赞文帝“留心狱讼，爱人如子，每应决狱，无不询访群公，刑之不滥，君之明也”。其行为无疑起到很大的表率作用，同时也给臣下无形的压力，警策他们认真执法。

当然，不少时候隋文帝也不顾法律规定，任情擅断。隋文帝滥加处罚的对象，主要是针对官吏，目的在于树立皇帝的权威。所以，他的行为并没有对整个法律体制造成伤筋动骨的破坏。隋文帝虽然重视法律的权威，要求臣下遵循。然而，他本人始终把法律置于皇权之下，对他而言，权大于法，法律必须服从于权力。

君权至上的思想，还表现于《开皇律》的比律论罪原则方面。隋文帝大幅度删减律条的做法经常受到称赞。其实，条文多寡与法律性质并无必然联系，条文过简有时反而造成律无正条或罪刑不明确的情况。当这种情况出现时，《开皇律》规定可以比引类似律文来定罪，即隋侍御史刘子翊所谓：“律云‘准枉法’者，但准其罪，‘以枉法论’者，即同真法。律以弊刑，礼以设教，‘准’者准拟之名，‘以’者即真之称。

‘如’‘以’二字，义用不殊，礼律两文，所防是一。将此明彼，足见其义，取譬伐柯，何远之有。”

罪刑不确定固然有利于君主操纵法律，但它也给官吏弄法打开方便之门，造成官僚个人分享国家权力的后果。对于热衷于集权的人，政治权力的诱惑使他失去政治远见，不懂得政治权力必须通过制度与法律权威来保障。《隋书》卷三十三《经籍二》记载：“隋则律、令、格、式并行”，并载明存有《隋开皇令》三十卷、目录一卷，《隋大业令》三十卷。《隋书·苏威传》也说：“隋承战争之后，宪章舛驳，上令朝臣厘改旧法，为一代通典。律、令、格、式，多威所定，世以为能。”由此可知，隋朝的成文法典还包括令、格、式等，都是根据隋文帝的命令而制定，远大气魄的“一代通典”，大体由同班人马编撰而成。只是《开皇律》先行完成，而其它三种法典则要到第二年，即开皇二年（582年）七月才颁布实行。

《唐六典》卷六《尚书刑部·刑部郎中》“令”注道：“隋开皇命高颎等撰《令》三十卷：一、《官品》上，二、《官品》下，三、《诸省台职员》，四、《诸寺职员》，五、《诸卫职员》，六、《东宫职员》，七、《行台诸监职员》，八、《诸州郡县镇戍职员》，九、《命妇品员》，十、《祠》，十一、《户》，十二、《学》，十三、《选举》，十四、《封爵俸廪》，十五、《考课》，十六、《宫卫军防》，十七、《衣服》，十八、《卤簿上》，十九、《卤簿下》，二十、《仪制》，二十一、《公式上》，二十二、《公式下》，二十三、《田》，二十四、《赋役》，二十五，《仓库厩牧》，二十六、《关市》，二十七、《假宁》，二十八、《狱官》，二十九、《丧葬》，三十、《杂》。隋文帝在开皇三年（583年）废郡，因此，《唐六典》所记载的是开皇二年颁行的令。

从《开皇律》中，可以看出，隋朝令、格、式以行政法为主，以官僚体系为前提而制定，通过职官制度所表现的国体，是整个成文法典的核心。在法令中也有一部分民法方面的内容。但是，对于个人、家族、财产和交易等，是从公法的角度，即从国家对社会的控制和维护国家政权的安定出发，纳入严格的等级与身份体制之内，而不是去规定并保护社会成员相互之间的各种关系。隋朝法典反映了统治者力图通过政治权力重新整合并控制长期分裂的社会，大力加强中央集权的官僚制目标，它同时也规定了后世政治发展的方向。

隋朝的《开皇律》继承了魏晋南北朝以来法律建设的所有积极成果。文帝对法律制度的改革，标志着中国封建时代刑法法典的体制已经趋于成熟，奠定了此后中国法律体制的基本框架，是中国法律制度史上重要的里程碑。隋朝的《开皇律》可以说是《唐律》，乃至《大明律》和《大清律》的蓝本。

隋文帝在对律法做了改革之后，对当前的府兵制度也做了重大的改革，这项改革为后来发展经济，增强国力的政策打下了基础。

府兵制度形成于两魏、北周时期，它是北方少数民族部落兵制和汉魏以来汉族征兵制及士兵制在特定历史条件下相融合的产物。府兵的前身是宇文泰的十二军，由原贺拔岳部、李弼部和随从孝武帝入关中的部门宿卫军所组成。十二军的官兵来源，主要来自原六镇的鲜卑军户。六镇军户向往早期部落兵的生活，宇文泰迎合他们这一心理，将魏晋汉族政权长期以来所实行的军民分籍制度与北魏中期实行的八部大人制度相结合，逐渐地创建出一种新的军事制度，即所谓府兵制度。

宇文泰令部下官兵全部一律改为鲜卑姓，部属和将领同姓。这样一来，主将与部属既是血缘上的宗长，又是部落意义上的酋长，全军由宇文泰统领。经过这一改革，军户地位有所提高，有助于提高官兵的士气和战斗力。

魏文帝大统十二年（546年），“初选当州望，统领乡兵”（《周书·郭彦传》），使府兵制越出了部落兵制的范围，开始把乡兵纳入府兵系统中。实施的结果，加强了国家政权对地方豪强武装的控制，体现出“兵农合一”的趋势。大统十六年（550年），宇文泰在六军的基础上，对中央直属军进行重新编组，“籍民之有材力者为府兵”，府兵至此已确立。

据《资治通鉴》记载，府兵由宇文泰任总揆，督中外诸军，下属六个柱国大将军，每个柱国大将军下属二大将军，共十二大将军，每个大将军还各统领开府将军二人，共有二十四个开府，每开府各领一军。据《北史》所载：“每大将督二府，儿二十四员，分团统领，是为二十四军。每一团仪同二人。”又《周书》记载，府兵中领兵军官有大都督、帅都督和都督等，府兵的基本组织有军团、旅、队等。大都督为一团的长官，帅都督为一旅的长官，都督为一队的长官。当时的府兵以每府2000人计，共为48000人。

府兵成立之初，军人不负担其它赋税徭役，家属随军聚居。直至周武帝宇文邕时，府兵因多为六镇鲜卑和关陇豪右的部曲，无有农耕习惯，府兵不参加农业生产劳动，“兵”和“农”是分离的。待至周武帝大量扩大府兵兵源，大量均田制度下的农户充当府兵，情况开始发生变化。因此，按府兵所在地区而划分的军府便应运而生。从此，府兵平时参加农业生产劳动，农闲时进行军事训练，战时执行作战任务，基本上完成了由兵农分离至兵农合一的转变。

开皇十年（公元590年）五月，文帝下诏书对府兵制进行了大刀阔斧的改革。首先，根据诏令，所有人口户籍一律移交给地方政府管理，军人的户籍、计账，一律与普通百姓一样，隶属于州县。这便使得大量挂名军人成为当地的实际居民。军人与百姓一样，在均田制之下，获得份额土地，进行劳作，正常缴纳赋税。经过改革，府兵制度下的士卒，分了田地，有了户籍，生活获得了保障，也一定程度上减轻了国家的负担，这对于国家的管理和社会的安定都有很大的好处。从此以后，军户这样一个特殊的阶层在社会上不复存在。这道诏书，回顾了自西魏、北周实行府兵制以来的历史背景，并在新的历史条件下，以诏令的形式对府兵制进行改革，最终从法律上变兵民分治为兵民结合，完成了兵农合一。

第二，军人按照军府制统一管理，依旧履行军人应有的职责。所以，文帝在改革府兵制的时候，非常注意不能削弱军队的战斗力。军府统领沿袭旧制，即不改变统领府兵的方式。

在府兵的统率方面，隋文帝沿用魏、周的十二大将军之遗制，以十二卫为中央军事管理机关。每卫统领一军，设大将军一人、将军二人，辖骠骑府、车骑府。分设骠骑将军，车骑将军，再下为大都督、帅都督、都督，形成了统一的指挥管理系统。十二卫大将军为府兵的最高将领，皆直接隶属于皇帝。后又有重大的改革，一是将各种类型的禁兵纳入十二卫系统，通称“禁卫兵”，从而与西魏、北周时期府兵、禁军的自成体系有所不同。二是把北周时掌握军队实权的上柱国、柱国等职务变为勋爵。三是通过增加十二卫大将军、将军以及骠骑将军、车骑将军编制数额的办法，使其品位普遍降低二三级，以削弱、分散将军的权力。在十二卫之外，又设置东宫十率，作为太子的典兵机构。平时，十二卫实际上负担宿卫和征战双重任务。战时，由皇帝临时任命行军元帅或行军总管担任最高指挥官，并组成相应机构，实行统一指挥。这种在“总管”前加“行军”二字的做法，意为战时指挥官，战事结束后自动罢除，与平时各区域的总管并不相同。这样的改革，无疑加强了中央对武装力量的控制。

第三，文帝偃武内容还包括罢除山东、河南及北方缘边地区新设置的军府。这些军府皆由于战争需要而设，往往被叛乱者利用。现在罢除山东、河北及北边新置军府，从而使军事力量更加集中于京师。这样做，可防止出现割据的局面。国家趁机消化掉很多私人武装，在一定程度上打击了土豪贵族的势力，对巩固政权是有益的。

隋文帝对府兵制度的改革，使府兵制与均田制度紧密地结合起来，落实了兵农合一，使隋王朝的武装力量得以加强，并且实现了军事统率权集中于皇帝一人，中央集权因此得到进一步加强。隋文帝对府兵制的改革，是对西魏、北周时期府兵制度的继承和发展，并为唐代所继承，对后世有着深远的影响。

构建新都，创立科举

文帝对中央官制和地方官制进行了天翻地覆、大刀阔斧的改革，必然侵害到数以万计的贵族官员的利益。而要想让国家长治久安，就必须有贤才来治理国家，这就涉及了如何选拔人才。

在中国历史上，封建统治阶级曾采用过多种方式选拔官员，如夏、商、周采用的是世袭制。汉朝以“察举”和“征辟”制取代世袭制，但由于掌握选官大权的官僚们注重门第，官官相护、弄虚作假，不可能到民间“征辟”人才。最后，“察举”和“征辟”到的人才全是官僚、世家大族的关系户。甚至，“举秀才，不知书；举孝廉，父别居”，所谓“秀才”，可能根本没念过书；而以孝子身份做官的，竟不养自己的父母。也就是说谁有关系谁就可以被推荐。从这种情况来看，汉朝的“察举”和“征辟”，也无非是做做表面文章。

魏晋南北朝实行“九品中正制”。中央和地方州县分为“上中下”各品各级，一共九个等级，不同等级的人才出任不同级别的官职。各级设置专门的“中正官”，负责考评各地人才的等级。中正官是一个有实权的官，谁上谁下，都靠他决断。世代高官的家族收买了“中正官”，等到考核官员的时候，让中正官给自家的孩子和亲戚评个较高的品级。这样一来，就造成了“上品无寒门，下品无世族”的现象。

隋朝开国时，官场选拔人才采用的依然是“九品中正制”。这种不合理的现象首先引起山东世家大族的不满。山东地盘属于原北齐，北齐灭亡后，山东各大家族在北齐当的官就不算数了，他们的地位远不如没什么文化的北周官员和贵族们。后来隋朝建立，文帝任命的官员主要是出身关中的贵族、豪门或武将。一贯以与孔孟同乡而自豪的山东士人，书读得多，信奉“学而优则仕”的原则，认为只要具备深厚的儒学根底就理应赢得厚禄高官，因此士人们一直要求按照真才实学选拔官吏。

开皇二年（582年），文帝顺应山东士人的要求，命令选拔“贞良

有才望者”担任官职。次年，文帝取消了实行了三百余年的“九品中正制”，废除了各级中正官的职务，朝廷接管选拔官吏的人事权。

开皇七年（587）正月十九日，文帝下令：“制诸州岁贡三人。”隋初举荐人才已不通过中正官，现在又进一步固定下来，而且规定为“岁贡”，亦即常举。

于是，各州贡士集中在京城，参加朝廷举行的分科考试。当时比较明确的科目有秀才和明经科。

韦云起“隋开皇中明经举，授符玺直氏”，可知明经科在开皇中业已存在。隋朝事迹可考的秀才，现已知有十一人，分别是李宝、王贞、杜正玄、杜正藏、刘焯、仲孝俊、侯白、杜正伦、许敬宗、赵孝跔、赵构。秀才是传统科目，受到尊崇，隋代亦是如此，杜正玄举秀才，宰相杨素曾说“周、孔更生，尚不得为秀才”，故“隋代举秀才止十余人”。

进士科在隋朝已经创立，“如侯君集、孙伏伽，皆隋之进士也”。然而，至关重要的进士科设置时间，却意见纷纭。进士科开皇说最直接的证据是《房玄龄碑》所载：“公讳玄龄年十有八，俯从宾贡”，恰与《旧者书·房玄龄传》之“年十八，本州举进士”一致，故清代学者陆增祥指出：“至碑云年十有八，俯从宾贡，言举进士也。”房玄龄七十岁（《新唐书》本传载为七十一岁）死于贞观二十二年（648年），据此推算，则其举进士在开皇十五（595年）或十六年（596年），而碑文字“州”，恰是文帝时代地方政制，炀帝时改州为“郡”，由此证明隋文帝创置进士科是十分有力的。

“进士科与俊、秀同源异派，所试皆答策而已”，考对策比较切合实际，文帝曾经因为田地不足，均田制实施困难，而将此课题作为策问，让四方贡士作答。可知其对官吏的铨选，颇注重实际能力。

由于进士科是新设科目，所以不如秀才、明经科荣耀，在隋朝，最为显耀的仍是秀才科。开皇十五年（595年）贡举考试，“时海内唯正玄一人应秀才，余常贡者，随例铨注讫”，足可证明。杜正玄敢于应秀才考试，说明地方贡士可以投试不同科目。而且，还说明当时各科并考，科举制度的雏形已具。

各地贡士会考于京城，贡举及第后，还必须参加吏部铨选考试，合格后方予授官。资格考试与选官考试分离的规定，一直为后世所继承。唐朝还进一步将吏部考试完善为身、言、书、判四项。开皇三年（583年），中央收回地方官吏的任免权。平陈以后，教育与选举制度的发展，又使得中央掌握了人才的培养与官吏的选拔。至此，人事制度方面的中央集权制完全确立。

国家主持人才的考选，则世族把持的九品中正制度成为多余。开皇十五年（595年），文帝下令“罢州县乡官”。文帝废郡时，将主持地方吏选的州都、郡正之流，连同地方官都黜为不理时事的“乡官”，现在又进一步将其废除。中央系统的中正官也在此期相应地废除，自曹魏创立以来沿用数百年的九品中正制度终于被废除，科举制度成为不可阻挡的历史潮流。当然，开皇时代的选举制度和唐朝发展成熟的科举制度还有所不同，它虽然具备了科举制的许多特征及功能，但仍处在演变之中。北周尚武少文，军人执政，不但“公卿类多武将”，而且，“诸功臣多为本州刺史”。隋朝虽然比较注意官员的文化成分，但其文化取向于实用主义，故有“高祖之世，以刀笔吏类多小人”之讥。故以北周以来铨选的源流考察，文帝废除九品中正制亦属必然。

平陈当年，配合文治政策的实施，文帝任用大世族出身的卢恺主持吏部。卢恺与吏部侍郎薛道衡、陆彦师等人力图扭转隋朝选官不论出身的局面，“凡所任人，颇甄别于士庶”，他们得到宰相苏威的暗中支持。但是，其做法毕竟与既存的选官制度相抵触，招来许多非议和不满。开皇十二年（592年）七月，因为修定乐律的争论，国子博士何妥控告苏威在朝中勾结朋党，事件涉及卢恺，朝中平时对铨选的不满顿时爆发出来，卢恺被罢黜为民，薛道衡配防岭表，牵连百余人，甄别士庶的铨选自是夭折。而真正否定卢恺、薛道衡等人铨选办法的实为隋文帝。

隋朝创立科举考试的初衷是从民间选拔人才。这一考试方式，相对于世袭、举荐等制度，无疑是一种相对公平、公正的方法，给中小地主阶级和平民百姓通过科举入仕提供了一个公平竞争的平台。但是，任何制度都会有人钻空子，隋朝的科举也一样。然而，不管怎样说，文帝这些改革，都具有划时代的意义。

随着各项制度改革的顺利进行，建造一座新都城，成为隋文帝的构想。

自汉丧乱以来，长安屡遭兵乱，都城破败。开皇二年（582年），他在营建新都诏书里说：“羲农以降，至于姬刘，有当代而屡迁，无革命而不徙。”也就是说，从三皇五帝直至汉代，没有帝王不迁都的。《隋书·礼仪一》记载：“初，帝既受周禅，恐黎元未惬，多说符瑞以耀之。其或造作而进者，不可胜计。”

唐宋时，流传着这样一则故事：长安朝堂，即旧杨兴村，村门大树今见在。初，周代有异僧，号为枨公，言词恍惚，后多有验。时村人于此树下集言议，枨公忽来逐之曰：“此天子坐处，汝等何故居此。”及隋文帝即位，便有迁都意。其实，他早就看好了一块风水宝地，位于汉都城东南面，属北周京兆万年县，名为龙首山。“南直终南山子午谷，北据渭水，东临浐川，西次沣水”。龙首原上树木挺拔，林荫茂密之间隐然有股王气。隋文帝连夜找来高颎和苏威，商议迁都大计。但如此浩大工程，要调拨大批劳役和巨额财物，对于建立不久的隋朝并非易事。君臣仔细策划，筹算通宵，却始终没有作出决定。次日，身任门下省通直散骑常侍的术士庾季才叩见，呈上奏文道：“臣仰观玄象，俯察图记，龟兆允袭，必有迁都。且尧都平阳，舜都冀土，是知帝王居止，世代不同。且汉营此城，经今将八百岁，水皆咸卤，不甚宜人。愿陛下协天人之心，为迁徙之计。”文帝君臣相顾愕然，半晌，文帝才说道：“是何神也！”

庾季才精通天文地理，善于观察形势。当年就是他断定隋代周越，宜在甲子。结果一切顺利，他因此声名大振，跻身门下要职。况且，从天象找依据的，并不止庾季才一人，秘书省掌管天文的太史也赶来奏报：“当有移都之事。”随后德高望重的太师李穆上了一道长长的表文，从天意人望到历史与现实的各个方面，阐述迁都的深刻意义，言辞恳切。文帝阅后，动情地说“天道聪明，已有征应，太师民望，复抗此请，则可矣”，迁都大计这才慎重地决定下来。

开皇二年（582年）六月十八日，朝廷正式下诏，命左仆射高颎、将作大匠刘龙、钜鹿郡公贺娄子干和太府少卿高龙叉等人主持营建新都。另外，还任命宇文恺担任营新都副监。到了年底，新都已经初具规模，皇城富阙超出一丈八尺高的城墙，隐约可见。十二月六日，文帝高兴地命名新都为大兴城。

开皇三年（583年）三月，新都落成，前后仅用十个月的时间。三

月十八日，文帝黄袍常服，率百官隆重迁入新都。新都东西广十八里一百一十五步，南北长十五里一百七十五步，面积为八十四平方公里。大城东、西、南面各开三座遥相对应的大门，纵横交错的道路把全城划分成整齐的长方形区块。坐在最北面的宫城大兴殿上往南眺望，中央的昭阳门街把皇城分为左右两部分，栉比安置着各级中央官署；穿出皇城，一百五十多米宽的朱雀门街将大城一分为二，东为大兴县，西为长安县，各领五十四坊以及各占两坊地的东、西市。全城南北共置十三列坊，象征一年十二个月再加闰月；皇城之南，东西排四行坊，象征春夏秋冬四季，每行设九坊，表现《周礼》“王城九逵之制”。整个布局，既巧妙又暗合古礼。

在新都的布局上，“自两汉以后，至于晋、齐、梁、陈，并有人家在富阙之间。隋文帝以为不便于民”，于是在宫城南面创建皇城，安置中央衙署，“不使杂人居止，公私有便，风俗齐肃”，宫城皇城外面，根据高低亲疏的权力关系，布列官僚宅第和寺观，再远的里坊才是百姓的居住区。北面仰望帝居，犹如众星拱极，仔细察看，官署民居各得其所，秩序井然，繁华之中，处处透露森严的等级。从政治角度去构思都城的布局，“实隋文新意也”。

第四章 勤政恤民行节俭　亲临四方拒封禅

隋朝初建，百废待兴。心怀大志的隋文帝杨坚，一心励精图治，虽然身为一国之君，但却躬行节俭，勤政爱民，为后世君王做了垂范。不仅如此，为了更好地体恤百姓疾苦，隋文帝杨坚还亲临四方，巡省天下，拒不封禅。正是他的这一番努力，才为后来的“开皇盛世”打下了坚实的基础。

躬行节俭，勤劳思政

文帝是我国历史上以节俭著称的皇帝之一。他以身垂范，天下人都以节俭为荣。隋文帝的躬行节俭，见于《隋书·高祖纪》以及《隋书·食货志》的记载。他的“躬履俭约”，同他的勤于政务是互为补充的，这就是《隋书·高祖纪》中所说的“每旦听朝，日昃忘倦，居处服玩，务存节俭”。据《隋书·食货志》记载：“六宫咸服浣濯之衣”，皇室的六宫之中，嫔妃、皇子所穿的服装，都是经过多次洗换的旧衣裳。

“乘舆供御有故敝者，随令补用，皆不改作。”皇帝车驾及御用物品，有的因年久而破损，隋文帝总是令人随时补好，一律不另行制作新物。

“非享燕之事，所食不过一肉而已”，隋文帝的日常饮食，除了举办宴会的特殊场合外，平素所食用的不过仅仅是一道肉食而已。

“有司尝进干姜，以布袋贮之，帝用为伤费，大加谴责”，主管皇帝饮食的官员，在隋文帝用餐时进献干姜，因为是用布袋贮藏的，被认为过于破费，遭到隋文帝的严厉谴责。

“后进香，复以毡袋，因笞所司，以为后戒焉”，后来在焚香敬礼的时候，因为用了毡袋盛香，有关官员被罚笞打，以为后来的警戒。

官场陋习是最难整治的，尽管文帝三令五申，力诫奢靡浮华，使官僚们有所收敛，但是，只要稍有机会，他们便又故态复萌。相州刺史豆卢通，出自鲜卑名门，又是文帝的妹夫，难免自恃贵胄，不太把禁令当回事。他一上任就忙着上贡绫文布，弄得文帝好不尴尬，于是命人把贡品抬到朝堂，当场焚毁。

开皇年间，文帝重用苏威，曾对朝臣称赞道：“我不得苏威，何以行其道？”可见期望之深。苏威的父亲苏绰，“性俭素，不治产业，家无余财”，一心襄助宇文泰勤俭建国。苏威生活在这样的家庭里，自然深受影响，也以清明政治为己任。苏威曾入宫议事，见到宫中幔钩乃用银打造，便对文帝大谈节俭美德，说得文帝为之动容，下令将宫内旧有的雕饰一概撤除销毁。至于整顿文风，更是直接继承苏绰的思想。文风是社会风气的尺度，当年苏绰就想由此入手以救时弊，亲自摹仿《尚书》作“大诰”，定为文翰格式，颁布推行。

隋文帝画像

隋文帝对子女要求也很严格。太子杨勇装饰了一具漂亮的蜀铠，文帝见后很不高兴，教训他说：“我闻天道无亲，惟德是与，历观前代帝王，未有奢华而得长久者。汝当储后，若不上称天心，下合人意，何以承宗庙之重，居兆民之上？吾昔日衣服，各留一物。时复看之，以自警戒。今以刀赐汝，宜识我心。”意思是说：有一次，他的儿子杨勇在朝见杨坚时，把铠甲装饰得特别漂亮，杨坚看了很不高兴，唯恐他逐渐养成奢侈的作风，便告诫他说："历观前代帝王，没有奢华而能够长久的。你现在身为太子，如果不上称天心、下合人意，怎能继承宗庙作万民之主呢？我将过去的衣物各留一件给你，你要常看看它，用来告诫自己。现在再赐给你一把刀，希望你能理解为父的心意。"还有一次，他的儿子杨俊因不遵从训导，生活奢侈，被杨坚一气之下免去官职。很多人都为杨俊讲情，杨坚一概不允，并斥责杨俊说："我戮力关塞，创此大业。作训垂范，希望臣下遵守它，不犯有过失。你是我的儿子，却在败坏我的训导，我真不知该怎样责罚你。现在，先免掉你的官职，希望你能够醒悟自悔。"杨俊死后，杨坚立即下令将他生前置办的奢侈之物全部焚毁，丧事务从节俭。王府的僚佐请求为杨俊立块碑，杨坚却说："要想留名，只需一卷史书就足够了，用石碑干什么？如果子孙不能保家，石碑白白地让人拿去做镇石。"

据记载，隋文帝的躬行节俭，在上层统治集团确实产生了良好的影响，收到了"令行禁止，上下化之"的良好效果。隋文帝在位的25年中，社会上节俭成风，即所谓"开皇仁寿之间，丈夫不衣绫绮，而无金玉之饰，常服率多布帛，装带不过以铜铁骨角而已。"

隋文帝不仅"其自奉养，务为俭素"，使得统治阶级上层不敢肆意争侈，而且主张在民间百姓中也要提倡节俭的风气。正月十五禁止"归游"便是其中一例。据《隋书·柳彧传》记载，柳彧任尚书虞部侍郎，"彧见近代以来，都邑百姓每至正月十五日，作角抵之戏，递相夸竞，至于糜费财力，上奏请禁绝之，曰：'臣闻昔者明王训民治国，率履法度，动由礼典。非法不服，非道不行。道路不同，男女有别，防其邪僻，纳诸轨度。

窃见京邑，爰及外州，每以正月望夜，充街塞陌，聚戏朋游。鸣鼓聒天，燎炬照地，人戴兽面，男为女服，倡优杂技，诡状异形。以秽嫚为欢娱，用鄙亵为笑乐，内外共观，曾不相避。高棚跨路，广幕凌云，袨服靓妆，车马填噎。肴醑肆陈，丝竹繁会，竭赀破产，竞此一时。尽室并孥，无问贵贱，男女混杂，缁素不分。秽行因此而生，盗贼由斯而起。浸以成俗，实有由来，因循敝风，曾无先觉。非益于化，实损于民。请颁行天下，并即禁断。”

这种“安有由来”的民间节日，它的产生和存在是不以人们的意志为转移的。柳彧的描绘和评论，只能代表极少数的强调“正统”的士人大夫们的观点和主张。柳氏虽为河东大族，但柳彧一支早就避迁矩南，寓居襄阳，到其父柳仲礼兵败被俘，才由梁归周。柳彧熟悉南朝奢靡颓废以亡国的诸多事例，深以为戒，故其上疏，亦属情理中事。从奏折的内容来看，柳彧担忧的并非奢靡，而是背礼。贵贱不分，男女混杂，这才真正让他坐立不安。文帝主张对社会实行集权、等级、循礼、有序乃至刻板的管理，所以柳彧的建议，立即得到文帝的赞同，照准执行。

由此可知，提倡俭朴不能光从生活作风这样低的层次去理解，还应该从政治的角度去把握，而且，它还具有整顿官风的意义。也就是说，不仅生活作风要朴素，而且，政治作风也要朴实，摈弃浮夸，故当时人就曾说过：“及大隋受命，圣道聿兴，屏黜轻浮，遏止华伪。”

开皇四年（584年），文帝通令全国，公私文翰，一律据实撰写。隋朝负责监察百官的治书侍御史李谔曾对魏晋以来的官场文风有一段精辟的描述：“降及后代，风教渐落。魏之三祖，更尚文词，忽君人之大道，好雕虫之小艺。下之从上，有同影响，竞骋文华，速成风俗。江左齐、梁，其弊弥甚，贵贱贤愚，唯务吟咏。遂复遗理存异，寻虚逐微，竞一韵之奇，争一字之巧。连篇累牍，不出月露之形；积案盈箱，唯是风云之状。世俗以此相高，朝廷据兹擢士。禄利之路既开，爱尚之情愈笃。于是闾里童昏，贵游总卯，未窥六甲，先制五言。至如羲皇、舜、禹之典，伊、傅、周、孔之说，不复关心，何尝入耳。以傲诞为清虚，以缘情为勋绩，指儒素为古拙，用词赋为君子。故文笔日繁，其政日乱。”

但文帝的一番苦心，并不为积弊已久的官场所理解，置之脑后，目为虚文。这年九月，泗州（今江苏省宿迁市东南）刺史司马幼之按照惯例，精心写了篇奏义，组词造句颇为讲究，派人进京送呈文帝。文帝接过奏文，还没看完，就龙颜大怒，随即罢免并将司马幼之治罪。尽管文帝再三禁止不切实际的浮华文风，结果仍然治标不治本。不久，李谔又上疏说："有些士大夫炫耀功绩、出身以谋求进身做官，没有廉耻之心，请求明示其罪，加以黜退，以矫正社会风气。”他的奏章文风朴素、平实，于是，隋文帝杨坚立即诏令将李谔前后的奏章颁布天下。这对于扭转当时浮夸的文风起到了积极的作用。

不仅如此，文帝以身垂范，不偏袒自己的亲朋或者旧部，使得有关机构对百官的监察不必过多顾忌人情关系，只要发现违法者都可以放开手脚去严惩。

张威是隋朝开国功臣，勇武过人，曾在蜀地打败王谦的叛军，文帝非常器重他，委以青州总管的重任。张威居功自傲，在青州大置产业，多牟不义之财。

文帝听到消息，并不偏袒张威，而是依据法令，将张威革除为民，财产充公。后来，文帝巡泰山途经洛阳时，召见张威，仍对此事记忆犹新，遗憾地说道：“自朕打下天下，都对你委以重任，朕对你可谓用心良苦。可是你为什么做些祸国殃民之事呢？”张威听了文帝的这番话，羞愧难当。文帝对官员严密监督，凡有受贿者，必遭严惩。为了考验官吏，甚至还暗派人向一些官吏行贿，这些官吏一旦受贿就立即处死。同时，文帝建立了一套对官吏的考核制度，对廉洁的官员，多加赏赐，还加官封爵，诏告天下。

隋文帝还表彰清廉官吏，弘扬俭约的作风。长安附近的新丰县县令房恭懿，身为父母官，两袖清风，不该拿的钱绝对不沾边。他家里的仆人很少，妻子亲自下田，和普通的村妇没什么两样。文帝听说后，便下诏通报表扬，并予以物质奖励，“赐物四百段”，后又“赐米三百石”。房恭懿将皇上赏赐之物全部用来赈济百姓。当房恭懿进京述职时，文帝亲自和他探讨为官之道，房恭懿慷慨激昂，句句说在理上，文帝越发觉得此人难得，之后就升了他的官。文帝又将房恭懿的事迹向各州县官员通报，并说：“房恭懿体恤国家，爱护百姓，此乃大隋王朝的栋梁，朕若不赏赐于他，上天宗庙必当责罚朕，各位卿家应该以他为榜样。”

贝州刺史库狄士文，为官清廉，安贫乐道，不占公家的一分钱。由于从来不搜刮民脂民膏，他的家庭状况和普通百姓差不多，无一余钱。他的儿子因为吃不饱，就吃了官家之饼，库狄士文发现后，把儿子铐上枷锁，杖打一百，真正做到了严于律己。为了秉公执法，他闭门谢客，拒绝与亲戚朋友来往，防止他们利用自己职位之便办出格的事情。在贝州，他敢于揭发贪官污吏，即使贪污一尺布、一升米都不行，一旦发现，便严加追究。文帝听说，对库狄士文大加表彰。

隋文帝深知，治国不仅需要廉洁、爱民的官员，还需要敢于维护正义的官员，故文帝对执法严正的官吏也十分看重。

有一次，刑部侍郎辛直穿了条红色裤子，以为穿红裤子就能官运亨通。文帝认为他是以妖法惑众，十分生气，下令将他处死。司法大臣赵绰看不过眼，说："依据法律，辛直不足以定死罪，臣不敢奉旨。"

文帝大怒说："朕看你是只顾怜惜他而不顾及自己的死活了！"于是下令将赵绰和辛直一并拉出去斩了。临刑前，文帝问赵绰还有何话要说。赵绰答道："臣一心执法，不敢惜死，只是陛下宁可杀臣，决不可枉杀辛直。"赵绰被剥去衣服，准备推出问斩，文帝又派人来问赵绰想好了没有？赵绰坚定地回答："执法一心，不敢惜死。"

文帝非常气恼，转而一想，终于明白赵绰宁可牺牲生命也要维护法律的尊严，其精神可嘉，立刻下令释放赵绰，免辛宜一死。次日在朝堂上向赵绰表示了歉意，又给他发了奖金。总之，文帝的勤政恤民，兢兢业业，厉行节俭，惩贪奖廉，把大隋王朝引上了安定团结之路。

隋文帝杨坚似乎不好虚名，唯务实际。他不许封禅，以表彰自己的功德；他制订雅乐，以抑制淫靡之音。贺若弼撰写了《御授平陈七策》送给杨坚，他连看也不看，便说："公欲发扬我名，我不求名。公宜自载家传。"这一席话，表现了杨坚不尚虚浮的作风。

杨坚崇尚节俭、厌恶浮华的性格是他不平凡的经历影响而成的。他在一次次激烈的政治斗争中拼搏取胜，轻易得天下是各种机遇的巧合。但是，杨坚本人明白，无论是政治资本，还是威望，都是自己在积累中逐步形成的。而节俭的作风，是杨坚在积累中发现的治国良策。

西汉史学家司马迁曾经说过，治理国家"善者因之，其次利道之，其次教诲之，其次整齐之，最下者与之争。"在治理统一大帝国的指导思想与政策措施方面，我国的政治家很早就总结出因势利导的原则，重在从时代的高度进行协调与引导，而不是以个人主观意志教条地强制社会，阻遏其发展。

然而，文帝过于强调政治的社会功用，把许多根本与政治不同范畴的问题提到政治的高度去认识和处理，造成政治的扩大化及其对社会生活没有太多理性的干预，缺乏宽容的态度与兼收并蓄的气度，不承认精神文化、社会生活乃至经济活动的多样性，使得社会物质与精神文明颇为单调刻板，甚至扼杀了不少本应得到正常发展的社会文明。

亲临四方，体恤疾苦

隋文帝的勤于政事，并不以听政于朝为满足。为体察民间疾苦，他曾多次车驾出巡，亲临民间。据史书记载：

开皇四年（584年）二月，隋文帝亲临陇州（治所在今陕西陇县）视察。同年四月，上大将军贺娄子干奉命出兵迎击吐谷浑。隋文帝对视察陇州的所闻所见，难以忘怀。因而在击退吐谷浑后，鉴于陇西地区经常遭受吐谷浑的侵掠，而又未设村坞壁垒，他命令贺娄子干“勒民为堡，仍营田积谷”（《资治通鉴》），体现了他对陇西地区百姓的关怀。

五月，因“渭水多沙，深浅不常”，民夫深深以此苦，隋文帝于六月训令宇文恺率水工凿渠300余里，命名为广通渠。同年九月，“幸霸水，观漕渠，赐督役者，帛各有差”。同时，关中地区发生饥馑，隋文帝车驾

临幸洛阳。

开皇七年（587年）十月，隋文帝车驾临幸同州（治所在今陕西大荔）视察。后又临幸储州（治所在今山西水济）视察。

据《隋书·高祖本纪》和《资治通鉴》记载，开皇十四年（594年）夏，京师长安劳生地震，关内各州大旱，百姓闹饥荒。文帝派遣大臣察看皇百姓的疾苦，大臣拿百姓充饥的豆屑和杂糠给文帝看，文帝把这些食物摆在朝堂上让文武百官逐一看看，自己流泪自责，说对不起百姓，宣布一年内不喝酒不吃肉，和老百姓同甘苦、共患难。

为了减轻关中人民的负担，文帝亲自率领众官员去较为富庶的洛阳救灾，许多百姓搀杂于皇家卫队中间，卫士们非常紧张，唯恐冲撞皇帝。没想到文帝下令不得驱赶、威吓百姓。路难走的地方，文帝还命令左右暗中帮助挑担的灾民通过。遇见扶老携幼行路艰难者，自己先引马避开，闪在路旁，让百姓们先过，自己再走。见有负担重物的，隋文帝无不令左右侍从人员扶助他们。

文帝曾经担任过地方官，了解民间疾苦和官场的取巧舞弊，所以，他并不偏信公文汇报，以免受其蒙蔽，而是强调做细致的工作。即位后他频频派遣使者到各地巡省风俗，自己也经常出巡，“路逢上表者，则驻马亲自临问”，直接了解基层的情况。他派出巡省的使者，不但要采听风俗和民间疾苦，而且还负有明察暗访“吏治得失”的职责，以利于清明政治，渐臻大治。

隋文帝体恤百姓，体现在他即皇帝位后所施行的轻徭薄赋、宽政慎刑的一系列方针政策之中，如推行均田，减免赋税、设义仓、赈济灾民、躬节俭、勤政事、亲临四方等。

开皇十年（590年）六月，隋文帝下令，凡年满冠十者，“免役收庸”，减轻百姓的负担。开皇十二年（592年），有关部门向隋文帝上言说：“府藏皆满，无所容，积于廊庑。”同时，另开辟左藏院收藏财物。隋文帝为此下诏书说：“宁积于人，无藏府库。河北、河东今年田租三分减之一，兵减半功，帽全免。”尽管事实上隋文帝并没有真正做到“宁积于人，无藏府库”，但他能在诏书中承认藏粮于民的必要，并为此而减免部分赋税，是值得肯定的。

杨坚在位的开皇年间，为了取悦民心，对百姓的赋役负担是比较轻的。卫如兵役，北周实行“十二丁兵制”，按照这种制度，每个18岁以上、64岁以下的男丁每年要服一个月兵役。隋文帝将军人成丁的年龄提高到21岁，将十二丁兵制改为每年二十日役。开皇九年，隋灭陈，杨坚下令，因江南初定，免征这个地区十年赋税。开皇十年，又因“宇内无事，益宽徭赋。百姓年五十者，输庸停役。”开皇七年，“户口滋盛，中外仓库，无不盈积。所有赉给，不逾经费，京司帑屋既充，积于廊庑之下。高祖遂停此年正赋，赐黎元。”正是杨坚的轻徭薄赋，给劳动人民提供了安居的前提，也提高了劳动者的生产积极性，于是造就了隋朝开皇年间社会稳定、农业发展的繁荣盛世。

至于不赈济灾民的地方官员，隋文帝则一律予以罢免。齐州刺史户赉，于文帝有护命之功，文帝即位后主管宫禁宿卫，后出任太常卿，又相继出任州刺史、虢州刺史，在怀州刺史任上，修利民渠，“民觞其利”。数年后，户赉转任齐州刺史。在齐州刺史任上，卢赉在百姓饥饿、“谷米踊贵”的情况下，“闭民糶而自粜之”（《隋书·卢赉传》），隋文帝将其罢官为民。

自古以来，天灾对一个国家的破坏是巨大的。如果国家政治腐败，世道离乱，民怨太深，百姓走投无路就会揭竿而起，最后的结果只能是朝廷土崩瓦解，改朝换代。文帝非常清楚这一点，为人君的职责就是使百姓在丰年得以温饱，凶年不致填于沟壑。亲力亲为，体恤百姓，以求江山稳泰。

巡省天下，亲录囚徒

隋文帝不仅亲自巡幸四方，体察民情，还经常派使臣巡省风俗，以及时地了解民间下情，教化百姓；选拔人才，考察吏治，以行赏罚。据《隋书·高祖纪》所载，开皇三年十一月，隋文帝“发使巡省风俗”，并为此上进州书说：“朕君临天下，深切思考治理国家的方法，以求使百姓感受教化，以‘为政以德’来取代‘为政以刑’，访求和表彰乡间里的善行。凡属民间的真伪实情，都想闻知。诏令派出的使者，所到之处，要赈恤受灾百姓。扬镳分路，将及四海，如果具有文才武略，尚未被人所知，则应当按照对待贤才的礼遇，派人迎至京师，朕将予以选拔录用。其中如有志向节操超越常人者，亦应派使前往加以表彰，使令他们的善良行为能够劝勉他人。凡属远近官府吏治，遐迩风俗人情，巨细均应记录，还之日向朕奏闻。以求不出户庭，坐知万里。”

这道诏书，道出了隋文帝派使巡省天下的任务和目的，即借此来了解地方的官府吏治、风土人情、百姓疾苦，并为国家发现和选拔人才，表彰善人善事，施德政，重教化，从而达到天下大治的目的。

开皇五年八月，隋文帝“遣十使巡省天下”。仁寿元年（公元601年）六月，隋文帝“遣十六使巡省风俗”。至于隋文帝在位期间随时派使持节巡省地方，考察吏治，代表天子施以赏罚的事例更是多得不胜枚举。

例如尚书虞部侍郎柳彧，因多次上疏言事而受到赏识，隋文帝特命他“持节巡省河北五十二州”，他“奏见官吏赃污不称职者二百余人”，收到了“州县肃然，莫不震惧”（《隋书·柳彧传》）的良好效果。隋文帝嘉奖柳彧，赐给他绢布200匹、毡30领，拜仪同三司。一年过后，加员外散骑常侍官衔。元寿初年，隋文帝又命柳彧“持节巡省”，由于出色地完了巡省的使命，当柳彧回到京师后，隋文帝又赏赐给他绢150匹。

隋文帝体恤百姓还表现在亲录囚徒上。隋文帝对刑法所进行的改革，除了健全法律制度外，隋文帝对于司法工作特别是审讯和断案尤为重视。史书曾多次记载他“亲录囚徒”，而亲录囚徒的主要目的在于了解全国断狱情况，即《隋书·刑法志》所说的“帝又每季亲录囚徒，常以秋分之前，省阅诸州申奏罪状。”

所谓“录囚”，即讯视记录囚徒的罪状，亦即审核对罪犯的审订记录和判刑等案卷文书。据《汉书·隽不疑传》载：“隽不疑每行县录囚徒，还，其母辄问不疑：‘有何平反？活几何人？’隽不疑言：‘多有所平反’，母喜，笑为饮食。语言异于他时，或亡所出，母怒，为之不食。故不疑为吏，严而不残。”始元五年（前82年），有人冒充戾太子，朝臣不敢辩，他以儒经决事，收捕追治，终发其伪。以此名重当时。

隋文帝的“亲录囚徒”，其目的之一在于平反冤狱。据《隋书·高祖纪》记载：开皇二年五月乙酉日，“上亲省囚徒”；开皇二年十月丁卯日，“上亲录凶徒”；开皇四年九月已巳日，“上亲录囚徒”；开皇十年七月庚辰日，“上亲录囚徒”；开皇十二年八月戊戌日，“上亲录囚徒“；开皇十七年三月辛酉日，“上亲录囚徒”；开皇十八年十一月甲辰日，“上亲录囚徒”；除“亲录囚徒”外，《高祖纪》还有三次“降囚徒”的记载。

在开皇七年十月庚申日之下记载：隋文帝“行幸同州（治所在今陕西），以先帝所居，降囚徒”。隋文帝在位的前十八年中，有关“亲录囚徒”、“降囚徒”的记载，平均两年一次。“降囚徒”即对罪犯从轻处罚。隋文帝对触犯律法者在处理上尤为慎重。为此，隋文帝在开皇十六年八月丙辰日特发布训令：“决死罪者，三奏然后行刑。”

巡行天下，亲录囚徒不仅让隋文帝对民间的疾苦有了更深的了解，也更有利于他的施政治国，对隋王朝的稳定起到了一定作用。

孝治天下，拒不封禅

开皇初年，纳言苏威曾对文帝说：“臣先人每诫臣云，唯读《孝经》一卷，足可立身治国，何用多为！”提出以孝治国的伦理原则，深得文帝赞同。

当时，各个阶层、各种学派基本上都接受孝悌伦理，具有最为普遍的意义，即所谓“自天子至于庶人，孝无终始，而患不及者，未之有也”。魏晋丧乱以来，儒家理论受到猛烈冲击，唯有孝却更受尊崇，各朝各代统治者无不把孝抬高到至高地位，强调“五刑之属三千，而罪莫大于不孝。”然而，在统治阶级内部，父不慈，子不孝，骨肉相残，刻毒已极，其惨烈之状，屡见不鲜。在封建统治内部，经过实用主义改造的孝道，被扭曲以致走到反面，成为压抑甚至扼杀人性的专制政治工具。

隋朝初年，国子博士何妥当场批驳苏威道：“苏威新学，非止《孝经》。顾父若信有此言，威不从训，是其不孝。若无此言，面欺陛下，是其不诚。不诚不孝，何以事君！且夫子有云：‘不读《诗》无以言，不读《礼》无以立。’岂容苏绰教子独反圣人之训乎？”并且指斥苏威虚伪不诚，本身就不合乎孝道，岂能信任？内史令李德林也以为，孝是人的天性，根本用不着人为地灌输说教。后来，其见解竟成为遭贬黜的罪名，文帝数落他道：“朕引孝治天下恐斯道废阙，故立五教以弘之。公言孝由天性，何须设教。然则孔子不当说《孝经》也。”

文帝曾对群臣评论苏威道：“世人言苏威诈清，家累金玉，此妄言也。然其性狠戾，不切世要，求名太甚，从己则悦，违之必怒，此其大病耳。”然而，以爱慕名利和人格的诚信作为尺度去衡量官员，未免太过书生气了。所以，对何妥所言，文帝一笑置之。然而，对李德林的批评，文帝却深以为然。

李德林认为孝是一种天性，确实直击要害。李德林本人，是有名的孝子，父亲去世，他亲驾灵车，归葬故里，时值严冬，他只穿单薄的蓑衣，赤着脚，跋涉而至，让州里人感铭至深。后来，母亲去世，他辞官还乡，哀泣五天，粒米未进，因而大病一场，遍体疮肿，几致丧命。李德林和何妥都非出身于北周。李德林为北齐名士，齐亡后入周，隋文帝赖其筹划布置而顺利篡周。何妥虽是西域胡人后裔，但出生在繁荣的梁朝，以才学著

称于世，江陵陷落后入周，大得周武帝赏识。李德林和何妥都不是反传统的偏激人物，大概他们都看不惯源于北周的军事管制体制，以及看不起关中土生土长的政治人物狭隘的排外性和功利主义的短视。像苏威这种缺乏政治想象力的人物，关中有才华的人士也不看重他，如杨素就“视苏威蔑如也”，鲜卑贵族元善甚至当面对文帝说：“苏威怯懦”，没有宰相的才具。然而，苏威主张的对社会生活的各个方面进行无所不至的干预管理，却与察察为明的隋文帝性格相合。

苏威所主张的孝治，其实就是文帝的思想。他曾亲临国子学祭奠孔子，在隆重的仪式上，令国子祭酒元善讲《孝经》，并结合现实，大加阐扬。讲毕，文帝亲自为之授奖，赐绢百匹，衣一袭。开皇初年，功臣之子田德懋因父亲去世而还乡治丧，在父亲墓旁搭庐守制，哀毁骨立。文帝一听说，马上将此事作为楷模，颁布玺书予以嘉奖道：“朕孝理天下，思弘名教，复与汝通家，情义素重，有闻孝感，嘉叹兼深。”派遣员外散骑侍郎元志前往吊祭。不久，又下诏旌表其门，厚加赏赐。通过这些事例，文帝明确向世人宣告“孝治天下”的政治主张。

对于隋朝来说，贯彻孝治以移风易俗，成为提高中央权威的重要手段，具有深远的政治意义。太原文水郭俊，家族七世共居，和睦相处，据说其孝义感天，以致乌鸦都和喜鹊同巢，猪狗则互相哺乳。地方官发现这一奇迹，上报朝廷。文帝欣然相信，特地派遣大臣前往其家慰问，治书御史柳彧在巡省河北时，专门旌表其德。原北周治下，世族多以孝道和骑射相标榜。京兆韦师，阅读《孝经》后，掩卷感叹道：“名教之极，其在兹乎？”弘农杨尚希十八岁时，在太学讲《孝经》，让听讲的周太祖惊奇不已，赐其鲜卑姓普六茹氏。北周在关中推行的这一套，竟远承秦国绪风。

商鞅教秦孝公耕战之术，秦国丞相吕不韦总结道：“凡为天下，治国家，必务本而后末。所谓本者，非耕耘种殖之谓，务其人也。务其人，非贫而富之，寡而众之，务其本也。务本莫贵于孝。人主孝，则名章荣，下服听，天下誉。人臣孝，则事君忠，处官廉，临难死。士民孝，则耕耘疾，守战固，不罢北。夫孝，三皇五帝之本务，而万事之纪也。夫执一术而百善至、百邪去，天下从者，其惟孝也。”这也是隋文帝所希望达成的目标。

《孝经·广扬名章第十四》说道：“子曰：‘君子之事亲孝，故忠可移于君。事兄悌，故顺可移于长。居家理，故治可移于官。’”在儒家学说中，《孝经·天子章第二》所谓：“爱敬尽于事亲，而德教加于百姓，刑于四海，盖天子之孝也。”韩非子曾道：“母之爱子也倍父，父令之行于子者十母；吏之于民无爱，令之行于民也万父母。父母积爱而令穷，吏用威严而民听从，严爱之策亦可决矣。且父母之所以求于子也，动作则欲其安利也，行身则欲其远罪也。君上之于民也，有难则用其死，安平则尽其力。亲以厚爱关子于安利而不听，君以无爱利求民之死力而令行。明主知之，故不养恩爱之心而增威严之势。故母厚爱处，子多败，推爱也；父薄爱教笞，子多善，用严也。”

韩非子认为，上对下的恩爱纯属妇人之仁，只会滋长下属简慢之心，败事有余。所以，他坚决主张用威严代替仁爱，以法、术、势临下，使之产生畏惧之心，由惧生敬，“则人主虽不肖，臣不敢促也”。在其理论中，不但忠孝是下级绝对服从上级的片面义务，而且，爱敬之类也不例外，由此形成极度专制的理论。

东汉时代的《大戴礼记·曾子大孝俯第五十二》说道：“身者亲之遗体也，行亲之遗体，敢不敬乎？故居处不庄，非孝也；事君不忠，非孝也；莅官不敬，非孝也；朋友不信，非孝也；战阵无勇，非孝也。五者不遵，灾及乎身，敢不敬乎？”这种国家伦理的孝道，十分投合隋文帝的想法，他就曾对臣下说道：“礼主于敬，皆当尽心”，要求群臣忠诚于他。开皇三年（583年）七月，文帝特向全国通令嘉奖在反对尉迟迥战争中倾家荡产、佑护忠臣的济阴郡（今山东省曹县西北）省事杜猷：“行仁蹈义，名教所先，厉俗敦风，宜见褒奖。”所以，文帝提倡的孝道完全是国家的统治伦理，提倡臣下百姓学习的《孝经》，就是在灌输忠君思想。

当年，文帝还是北周丞相时，李安向他密告其叔与北周赵王一道谋反，使文帝得以借机诛锄北周五王。后来，文帝下诏褒奖李安道：“先王立教，以义断恩，割亲爱之情，尽事君之道，用能弘奖大节，体此至公。往者周历既穷，天命将及，朕登庸惟始，王业初基，承此浇季，实繁奸宄。上大将军、宁州刺史、赵郡公李安，其叔璋潜结籓枝，扇惑犹子，包藏不逞，祸机将发。安与弟开府仪同三司、卫州刺史、黄台县男悊，深知逆顺，披露丹心，凶谋既彰，罪人斯得。朕每念诚节，嘉之无已，懋庸册赏，宜不逾时。但以事涉其亲，犹有疑惑，欲使安等名教之方，自处有地，朕常为思审，遂致淹年。今更详按圣典，求诸往事，父子天性，诚孝犹不并立，况复叔侄恩轻，情礼本有差降，忘私奉国，深得正理，宜录旧勋，重弘赏命。”

隋文帝大力提倡孝道，目的在于培育不受制约的君权，以及专制君主领导下具有高度权威的政府。隋朝正直的大臣李谔曾向文帝上疏道：“臣闻古先哲王之化民也，必变其视听，防其嗜欲，塞其邪放之心，示以淳和之路。五教六行为训民之本，《诗》《书》《礼》《易》为道义之门。故能家复孝慈，人知礼让，正俗调风，莫大于此。”这样一来，政治专制便得到伦理的支持。

为了更好地笼络人心，稳定国家政权，隋文帝除了勤政节俭、亲临四方等之外，还拒不封禅。

开皇九年（公元589年），朝野上下都以平定南陈、天下太平为由，请求隋文帝到泰山举行封禅大礼。隋文帝认为南陈刚刚平定，隋朝的盛世尚未到来，而且举行封禅大礼要耗费很多财力，因而严辞拒绝，并下达诏书说：“岂可命一将军除一小国，遐迩注意，便谓太平。以薄德而封名山，用虚言而干上帝，非朕攸闻。而今以后，言及封禅，宜即禁绝。”同年冬十一月，考使定州刺史豆卢通等人又上表请求封禅，隋文帝依然不予允许。

开皇十四年（594年），关中大旱，民饥，文帝使令关中灾民就食于洛阳。闰十月，隋文帝行幸洛阳，登洛阳城北邙山，陈叔宝随从侍，并赋诗一首：日月光天德，山河壮帝居。太平无以报，愿上万封书。

陈叔宝为隋文帝歌功颂德，不顾关中饥民相继来洛阳就食的事实，说什么现在已是太平盛世，应当到东岳泰山封禅，并且向隋文帝上表请求封禅。此时的隋文帝与六年前严辞禁绝封禅的态度不同，在接到陈叔宝的上表之后，“优诏答之”。不久，晋王杨广率百官上表直言，坚持请求到泰山举行封禅典礼，隋文帝命牛弘创定封禅的礼仪。礼仪既成，隋文帝审视之后说：“兹事体大，朕何德以堪之，但当东巡，因致祭泰山耳。”

在天下受灾的情况下，隋文帝不取封禅之名，以东巡的名义，行封禅泰山之实。同年十二月，隋文帝车驾东巡。开皇十五年（595年）正月，隋文帝车驾到达齐州（治所在今山东济南市），筑坛于泰山，“柴燎祀天”，以对天旱“谢罪不咎”，礼仪如同南郊祭天时的礼仪，又亲祀青帝坛，赦天下。

第五章 镇抚四夷大一统 和睦远邦显韬略

隋文帝杨坚建立隋朝之初，内忧外患，边疆形势告急。面对陈朝、突厥、吐谷浑、高宝宁这四面的威胁，隋文帝杨坚采取了镇抚结合、远交近攻和各个击破的策略，最终平定了陈朝，消除了危机，并实现了中国的统一。这些无不显示出隋文帝的雄才伟略。

四方告急，睦邻政策

开皇元年（581年）二月，杨坚即皇帝之位。隋文帝即位之初，隋朝东面是高宝宁，漠北是突厥，西面是吐谷浑，南面是陈朝，形势十分危急。面对这样的形势，隋文帝实行了睦邻政策，以暂时稳定局势。靺鞨（或靺鞨）、契丹是居于隋朝东北地区的民族，隋文帝在位期间臣属于隋朝，隋文帝对他们亦采取友好政策，对于他们内部各部之间的攻伐严以谴责，劝他们同突厥友好相处，主张实行睦邻政策。隋文帝的这一政策对于安定隋王朝边境、密切隋王朝同靺鞨、契丹的经济文化联系，起到了积极的作用。

三月，文帝任命贺若弼为吴州总管，驻扎广陵（今江苏省扬州市西北）；韩擒虎为庐州总管，驻扎庐州（今安徽省庐州市）。贺若弼曾在韦孝宽的手下为将，攻打过陈朝江北之地，威名远扬。而韩擒虎在平定尉迟迥的叛乱时，屡次击败陈朝将领萧摩诃。

文帝下诏给安徽寿州总管元孝矩，部署了南线的作战方针："一定要'志存远略'，服从大局，把陈朝打败即可返回。"面对陈军老将陈纪、任忠、萧摩诃等的攻击，一方面文帝调派上柱国长孙览和元景山为行军元帅，对陈发起进攻，另一方面派高颎奔赴前线，节度统军。高颎上前线主要是掌控全局，监督诸将不要贸然激战以保存实力。为安定局势、积蓄力量、等待时机，隋文帝并没有立即对南陈采取军事行动，而是于开皇二年二月，诏令高颎班师，把准备南下的军队撤回北方。当时，隋文帝询问南征将帅的人选，高颎推荐贺若弼和韩擒虎，把两人安置在南部边境的战略要地，让他们暗中经营策划。隋文帝下令高颎班师后，一方面集中精力实行各项改革，恢复和发展经济，增强军事实力，为日后统一南方积蓄力量；另一方面出于权宜之计，对陈朝采取睦邻友好政策。

开皇元年（581年）九月，隋军组织精兵对陈朝发起进攻，在长孙览、于凯、源雄和贺若弼等大将的率领下，初战告捷，江北失地迅速收复。到年底，隋军在长江口岸布阵。隋军越战越猛，陈军大败，退居江南。陈宣帝本想收复淮南等地，没想到遭此大败，不久就病逝了。陈宣帝一死，陈朝内部大乱。隋军看到陈朝内部大乱，想趁机渡江，一举荡平陈朝。高颎动之以情，晓之以理，开导诸将："仁义之师，礼不伐丧，绝不趁人之危。"费了一番唇舌，才把诸将渡江灭陈的想法给压下去。新皇帝陈叔宝每日里饮酒作诗，不理朝政。为了表达诚意，他派使者去隋朝示好，归还以前攻占的城池。为对陈宣帝的病死表示哀悼，隋文帝于二月诏令高颎班师，撤回南征军队，并派遣使节赴陈国吊唁，在慰问的信函中自称姓名，末尾有"顿首"的字样。然而陈后主的答谢却非常傲慢，在书信的末尾写道："您的统辖之内，如果一切都治理得很适宜，宇宙之内就太平安定了。"隋文帝读信后十分不满，把书信拿到朝廷上给大臣们看，并向高颎征询攻取陈国的策略。

隋文帝在处理同东、西突厥的关系上，虽然也曾多次出动军队，但彼此间的战事和伤亡有限。隋文帝采纳长孙晟的策略，利用东西突厥内部各部间的矛盾，时而挑拨离间，笼络其中一方，使之归顺朝廷；时而孤立、打击另一方，并不被其中的某一方所利用。有时采取远交近攻的策略，同时，又往往伴之以和亲政策，使东西突厥始终未能联合成统一的势力，未能对隋王朝的边境安全构成严重威胁。历史表明，隋文帝对匈奴的政策是正确的，达到了预期的效果。在这种政策之下，隋王朝同突厥的交流和文化往来日益密切。突厥的马、羊大量输入内地，汉人的丝织品、瓷器也大量传入突厥。事实表明，隋文帝所实行的是北和突厥的政策，隋文帝时期隋与突厥的关系，友好往来是主导的方面。

突厥的祖先是以狼为其图腾的，阿史那氏的部落出现一个名为阿贤设的首领，率领部落从洞穴中走出来，世代臣属于茹茹（即柔然）。到首领大叶护时，突厥渐强。北魏末年，首领伊利可汗，率兵击铁勒，大败铁勒，降服万余家，势力渐强，并向茹茹主求婚。茹茹主大怒，派使者辱骂。伊利斩杀来使，率部众击败茹茹。伊利可汗死，其弟逸可汗立。逸可汗死，立其弟木杆可汗。“木杆勇而多智，遂击茹茹，灭之，西破挹怛，东走契丹，北方戎狄悉归之，抗衡中夏。后与西魏师入侵东魏，至于太原。”

《突厥传》又载：“其俗畜牧为事，随逐水草，不恒厥处。穹庐毡帐，被发左衽，食肉饮酪，身为裘褐，贱老贵壮。官有叶护，次设特勤，次俟利发，次吐屯发，下至小官，凡二十八等，皆世为之。有角弓、鸣镝、甲、槊、刀、剑。善骑射，性残忍。无文字，刻木为契。候月将满，辄为寇抄。谋反叛杀人者皆死，淫者割势而腰斩之。斗伤人目者偿之以女，无女则输妇财。”

五世纪中叶，突厥被柔然民族征服，被迫迁居金山（今阿尔泰山），成为柔然的附庸。六世纪，北魏爆发六镇起义，其后分裂为东、西魏。柔然曾帮助北魏镇压起义军，后利用东、西魏的矛盾坐收渔利。突厥乘机拓展疆土，势力波及到中亚。随着越来越强大，突厥断绝了与柔然的附属关系。同时，屡屡骚扰北朝的边境地区，朝廷曾多次发兵征伐，但多无功而返。

在北齐与北周对立的时候，两国为压倒对手，均争相拉拢突厥。北周一年要向突厥进献绢帛上万段。北齐也是倾其所有，以换得一时安宁。此时的突厥趁北周占弱势的时候，帮助北周打北齐。后来北周明显占据优势，他便转而又帮助北齐。周武帝亲政后，国势强盛，亲率大军一举消灭北齐。之后，齐定州刺史、范阳王高绍义投奔突厥，想借助突厥的力量卷土重来，进而消灭北周，光复北齐。他钵可汗立即证高绍义为齐国皇帝，北方的齐人统统归他管辖。

宣政元年（578年）四月，他钵可汗的大军屯居幽州（今北京），企图南下，攻打北周。北周派柱国刘雄去抗击，北周大败，刘雄战死。武帝大怒，亲率大军北伐，不料病死在征途中。他钵可汗趁机进犯酒泉，但没有深入中原。由于不管北周还是北齐统一北方，对于突厥来说，直接的经济损失就是不能继续坐收渔翁之利了，于是企图借北周政局还不稳定之机，帮助北齐复辟。北周也不是省油的灯，气势越来越盛，突厥感到前所未有的危机。对于突厥的侵略特点，北周君臣非常了解。当时的情景，北周的统帅杨忠看在眼里，向周武帝分析："其实突厥就是想趁火打劫，他最大的目的就是坐收渔翁之利。如果咱们坚持作战，突厥势必要败。"杨忠分析得非常恰当，不然会影响儿子文帝杨坚对突厥的态度。

大象二年（580年）二月，朝廷将赵王宇文招的女儿千金公主嫁给突厥的他钵可汗，由长孙晟护送。虽然此时还是北周，但杨坚已经辅政了。和亲的条件是突厥交出高绍义，他钵可汗没有同意。此时，恰好爆发了尉迟迥、司马消难和王谦三方叛乱。其中势力最大的尉迟迥，北边勾结北齐残余势力高宝宁，南边又把江淮之地送给陈朝，希望陈朝帮助自己一起攻打刚刚辅政的杨坚；司马消难甚至把自己的亲儿子做人质，向陈朝求援，内外勾结。尉迟迥等三方叛乱被平定后，文帝决定以武力征服突厥。

他钵可汗在位十年，于开皇元年（581年）冬病逝。临终前，他钵嘱咐自己的儿子说："我的哥哥不立儿子而把汗位传给我，我死之后，你千万不要和大逻便（他钵的侄儿）正面交锋。"他钵病逝后，一部分人想立大逻便为可汗，可是他的母亲地位卑贱，众人不服；部分人愿意推举庵罗为汗，因为他是他钵可汗的儿子，其母地位尊贵。争论之间，一个叫摄图的人说："若是立庵罗为可汗，我当率众人侍奉他；如果立大逻便为可汗，我等必将誓守边疆，用大刀长矛和他相见。"摄图年长，且英武有才干，众人对他的话都很信服，终于立庵罗为可汗。大逻便没有被立，心中非常仇视庵罗，经常派人辱骂他，最后，庵罗把汗位让给摄图。就这样，摄图成了新可汗，号沙钵略可汗。沙钵略即位后，按照突厥风俗续娶去年才嫁过来的千金公主为可贺敦。之后庵罗迁至独洛水（今土拉河），称第二可汗。沙钵略怕大逻便闹事，便以他为阿波可汗，令他统帅原部众。又有沙钵略的叔叔玷厥，居住在突厥国的西部，称达头可汗。以上四个可汗各自统领自己的地盘，分别居于突厥的四面。其中沙钵略英勇而深得民望，北方各族都顺从他。突厥内乱刚刚平息，使得突厥暂时无暇顾及刚刚改朝换代的隋朝。这个时候，出使突厥的长孙晟回京。

长孙晟是原北周的官员，善弓箭骑射，号称神箭手，沙钵略见到他，大加赞叹。盛情难却，长孙晟就在突厥住下来，教沙钵略子侄们射箭。有一次，沙钵略和长孙晟出去打猎，突然看见天空中有两只大雕争夺一块肉，撕扯在一起。随行的士兵都想表现表现，就争先恐后地把箭对准天空中飞翔的大雕。由于雕飞得非常高，速度又快，谁也射不中。没想到长孙晟搭上箭，拉满弓，策马飞奔，望空中，只嗖的一箭就把两只雕全部射了下来。随行人一齐喝彩，都赞长孙晟为神手将军。

由于长孙晟的英勇，其名声在突厥越来越响。其实长孙晟是利用和突厥子弟打猎的机会，时刻观察突厥的山川、地理、沟壑。没多久，他就把突厥的地形地貌铭记于心。他平时又借着和突厥子弟闲聊的机会，从他们的喜好或怨恨的话语中，熟知了突厥各部众的强弱和内部矛盾。

待到突厥大举入寇，长孙晟上疏说："今华夏虽然安定，戎虏却时而入寇。出师讨伐，时机尚不成熟；弃而不顾，又经常骚扰边境。所以应当秘密地运筹对策，制定出抵御的策略。玷厥（即达头可汗）与摄图（即沙钵略可汗）相比，兵虽强却位属其下，表面上从属于摄图，实际上内部的矛盾已经很深。从中挑动，二人必将相互攻战。处罗侯，本是摄图的弟弟，势力甚弱，但他却想尽办法笼络众人之心，国人都爱戴他。因此，处罗侯遭到摄图的嫉恨，心中十分不安，想要弥补同摄图的裂痕，又心怀疑虑恐惧。再说阿波可汗，他踌躇不定，对摄图甚为畏惧，受其牵制，准备依附于何人，尚未拿定主意。如今当采用远交而近攻的策略，离间强者而联合弱者，向玷厥派出使臣，说和阿波可汗，如此则摄图必将回兵自防其土地。再联络东方的处罗、奚、释，则摄图必将分部众，还兵防御东方。如此，突厥内部猜嫌，离心离德，十几年过后，趁机讨伐，必可一举攻灭他们。"

隋文帝读过奏书，十分喜悦，因而召见长孙晟并同他交谈。只见长孙晟在文帝面前"口陈形势，手画山川，写其虚实，皆如指掌，帝深嗟异，

皆纳州之”。接着，长孙晟分析突厥的内部矛盾：“如今的突厥有四个可汗：沙钵略、庵罗、阿波、达头。另外还有一个处罗侯，此人是沙钵略的弟弟，也很难对付。虽然沙钵略可汗最强势，但是其他三汗和他并不是一条心，各有打算，互不信任。我们只要采取‘远交而近攻，离强而合弱’的计谋，让他们的矛盾日益激化，只要他们窝里斗，咱们就有制胜的把握了。”长孙晟口述形势，文帝听后大加赞叹，并采纳长孙晟的建议。

根据长孙晟的意见，针对突厥，隋文帝决定养民备战，停止对突厥岁贡。为北部边防的安全，又调令北部边境加强防备，修缮长城。命上柱国、武盛人阴寿镇守幽州，京兆尹虞庆则镇守并州，对突厥的入侵进行防备。后隋文帝命汾州（今山西省吉县）刺史韦冲修筑长城，命崔仲方修建了绵延七百里的一段长城，这样一来，大隋的国防更为坚固。

同时隋文帝利用突厥内部不和的机会，在其内部进行离间。文帝派遣使臣联络达头，赠送绣有狼头的大旗。狼头是突厥各部落的图腾，赠此物以示尊重。沙钵略听到消息后，感到不解：“大隋给达头送旗，怎么对我没一点表示呢，分明没把我放在眼里。”于是就派使者到隋朝打探。此时，达头使者也在，文帝故意让达头使者坐在上位。沙钵略看到达头和隋朝关系如此密切，心里更加不舒服，立即派兵对付达头。接下来，长孙晟又去联络处罗侯，处罗侯是沙钵略的弟弟，性格奸诈且势力甚微，力量远不及哥哥沙钵略，他一方面想尽一切办法笼络族人之心，另一方面与隋朝联盟。其实，处罗侯早就和长孙晟达成共识。这次长孙晟来访，处罗侯非常高兴，盛情款待，他视长孙晟为知己，彻底与哥哥沙钵略决裂。

沙钵略听到消息，连夜派兵戒备处罗侯。自此，沙钵略与达头、处罗侯之间关系日益紧张，矛盾更加激化。文帝利用突厥内部矛盾激化的间隙，迅速做好应对突厥的准备。

当突厥汗位之争尘埃落定，内部大致安稳后，沙钵略便找了个理由攻伐隋朝。于是，沙钵略与原北齐营州刺史高宝宁联合出兵，入侵隋朝边境。而此时，尉迟迥、司马消难和王谦三方叛乱平定后，司马消难投靠陈朝，陈朝趁机越过长江攻打大隋，迅速占领安徽一带，陈朝军队似乎势不可当。这时，西部的吐谷浑也来侵犯隋朝。

吐谷浑原是辽东鲜卑的一支，晋朝末年民族大迁徙的时候，迁到西面，在河西走廊一带定居下来，建立吐谷浑国，势力逐渐强大，据有今青海、新疆南部。吐谷浑与北周时有兵戎相见，也采取了远交近攻的政策，一方面频频遣使向北齐示好，另一方面则不断攻打河西、陇一带，向北周挑衅。北周曾多次回击吐谷浑，曾于建德五年（576年）大败吐谷浑。

大隋初建，百废待兴，要做的事太多，要打的仗也太多。吐谷浑趁着大隋忙乱之际，向隋发动进攻，以报建德五年之仇，在弘州（今甘肃省临潭县）一带挑起事端。文帝觉得弘州这个地方地广人稀，不利战事，便放弃了此地。不料，吐谷浑再次攻打凉州（今甘肃省武威市）。此时的大隋四面受敌，形势危急。

镇抚四国，各个击破

开皇初年，吐谷浑出兵入侵弘州，隋文帝以元谐为元帅，其余将领有行军总管贺楼子干、郭竣和元浩等。元谐率步骑兵数万人出击吐谷浑，吐谷浑国王夸吕征发国中的全部士兵，自曼头至于树墩，骑兵络绎不绝，夸吕所属的河西总管、定城王钟利房也率兵前来抵抗，皆被元谐击败。隋军追击三十余里，斩杀俘虏万余。夸吕大为恐惧，率领亲兵远逃。按照计划，元谐不再追击，派使者到吐谷浑，招其投降。善后事宜安排妥当后，隋军撤回，命大将贺楼子干驻扎凉州（今甘肃省武威），防止吐谷浑再次进犯。不久，夸吕又前来入寇边境。旭州刺史皮干信出兵抵拒，被夸吕击败，皮干信战死。汶州总管梁远率精兵出击，斩首千余级，夸吕逃奔。不久，夸吕率众入寇廓州（今青海贵德南），被州兵击败逃走。

夸吕在位多年，屡屡因喜怒无常，“废其太子而杀之”。后来，所立太子惧怕被废辱，便谋划拘执夸吕向隋朝投降，于是，他向隋朝边境的官吏请求援兵。河间王杨弘请求率兵应援，隋文帝不予允许。吐谷浑太子的阴谋泄露，被其父夸吕所杀，立少子为太子。

开皇六年（586年），太子惧怕被父夸吕诛杀，率15000人投奔隋朝，请求派兵迎接，为此，隋文帝对左右大臣道：“吐谷浑的风俗，有异于常人的伦理，父既不慈，子复不孝。朕以德训人，怎能成就嵬王诃的恶逆，我当用做人的正道教导他。”

于是，隋文帝对嵬王诃派来的使者说：“朕受命于天，抚育四海，希望使所有的人都能向往仁义。况且父子之训的情感，本出于天性，何得不相亲相爱？吐谷浑王是嵬王的父亲，嵬王是吐谷浑王的太子。父亲有所不是，做儿子的需进行劝谏。如果劝谏而不听从，当令近臣亲戚从内外用委婉的话进行劝说。若再不听从，便哭泣劝谏。人都是有感情的，如此定能使父亲感动省悟。切不可暗中谋划非法的事，落得个不孝的名声。嵬王既然是一片好意，想要来投奔朕，朕惟有教嵬王为臣子之道，不可能向远方派出兵马，助他做恶逆的事。”嵬王听到使者的回报后，便中止了投靠隋朝的谋划。

开皇九年（589年），隋文帝平定南陈，势力强盛，夸吕大为恐惧，逃跑据守险隘，不敢再骚扰隋朝边境。开皇十一年（591年），夸吕其子伏立为吐谷浑王，伏兄子无素奉表向隋以藩自称，向隋朝贡献特产，请求献女儿充实隋天子的后宫。隋文帝说：“这并非是至诚之意，不过是权宜之计而已。”于是，隋文帝没有答应吐谷浑王献女的请求。开皇十二年（592年），隋文帝派刑部尚书宇文弼安抚慰问吐谷浑王。开皇十六年（公元596年），隋文帝以光化公主为吐谷浑王妻，伏上表称公主为天后，文帝不予允许。

吐谷浑是隋王朝西部边境的强敌之一，夸吕曾多次率众入寇边境，隋文帝派兵将其击退。隋文帝西和吐谷浑的政策，亦有助于隋王朝消除在西部的威胁。对四面的威胁，隋文帝采取了各个击破的策略。宇文阐被害后，隋文帝少了后顾之忧，于是下令还击突厥。

开皇二年（582年）四月，隋朝大将韩僧寿，在鸡头山（今甘肃省平凉一带）与突厥遭遇，杀得敌人溃不成军；上柱国李充，在内蒙古狼山和阴山斩杀敌人数千。这只是两场小规模的战役。五月，高宝宁引领突厥大军攻入平州（今河北省卢龙北）。同时，沙钵略动员五大可汗，武装40万大军，杀入长城以南，揭开了大规模战争的序幕。六月，上柱国李充在马邑（今山西省朔州市）击败突厥军，突厥再攻兰州，凉州总管贺楼子干击溃突厥军。捷报频传，文帝大喜，下诏奖励有功者。

十月，西北长城沿线突厥越来越猛，攻破重要木峡、石门两关，之后分兵南下，越过六盘山，向渭水、泾水流域挺进，长安暴露于突厥兵烽之

前。此外，东部战线也遭受重创，高宝宁大军攻破长城，进入幽州，打败隋将李崇。就在此时，文帝因日夜操劳，一病不起，只好让太子杨勇驻扎咸阳（今陕西省荥阳县）。

十二月，文帝派沁源公虞庆则驻扎弘化（今甘肃省庆阳县），防备突厥入侵。行军总管达奚长儒率兵两千出击，和沙钵略可汗在周盘（今甘肃省青阳县南）相遇，突厥有十余万人。

达奚长儒边战边退，军队一次次被突厥冲散，又一次次聚拢来。达奚长儒镇定自若，指挥作战，与突厥激战3天，会战14次。达奚长儒身先士卒，身上多处受伤。在这样的气势下，突厥军大乱，于是隋军解围撤退。

文帝听到达奚长儒的英雄事迹后，大为感动，下诏擢升他为上柱国。而此时的长孙晟在突厥进行的“反间计”成功，形势渐渐朝着有利于大隋的方向发展。沙钵略继汗位时，突厥内部矛盾非常激烈，叔侄之间，兄弟之间互相猜忌。外部局势也很不利，东方高句丽与突厥为了争夺契丹等族，屡屡发生战争。突厥面临着前所未有的内忧外患。而隋朝的猛烈反攻，也让突厥每前进一步都要付出沉重的代价。

在突厥与隋战事紧张之时，长孙晟却出现在沙钵略的侄儿染干面前，悄悄地对染干耳语了几句。话说到一半，染干已颜色大变，急忙冲进沙钵略帐中，涨红着脸说：“据密报，北方铁勒造反，正准备袭击我牙帐。”沙钵略信以为真，急急忙忙地撤回了漠北。突厥被长孙晟的一个“谣言”给吓退了，强大的突厥不战而败。

开皇三年（583年）春天，突厥再次南下掠夺。开始只是小股人马，到了四月，突厥大军浩浩荡荡进犯隋朝。文帝下诏历数突厥桩桩罪恶之后，发兵征伐突厥。隋文帝下达讨伐突厥诏书后，任命杨辩为行军元帅，分八路出塞进击。杨巍督率总管李充等四将出兵朔州道（今山西朔县），与沙钵略可汗相遇于白道（今内蒙呼和浩特市北）。总管李充对卫王杨爽说："突厥贪求速胜，必定轻视我军而没有防备，如用精兵袭击，可以击败他们。"众将领对于李充的建议大多持怀疑态度，唯有长史李彻表示赞成。于是，杨爽拨给李充士兵5000，向突厥发起突然袭击，果然把敌兵打得大败。为逃脱危险，沙钵略抛弃了所佩带的金甲，藏于草丛之中逃遁。突厥军中无粮，粉碎兽骨用以充饥，再加上遇到疾疫，突厥军队死亡甚多，强盛的突厥由盛转衰。

此后，幽州总管阴寿率步骑兵10万出兵卢龙塞，进击高宝宁。高宝宁求救于突厥，突厥正在防御隋军，无力救援。后高宝宁弃城逃奔漠北，和龙各县全部平定。阴寿悬重赏购买高宝宁的人头，又派人离间他部下的心腹人物，高宝宁逃奔契丹，被部下所杀。

五月，隋行军总管李晃进军摩郡度口，击败突厥军队。隋秦州总管窦荣定率领9位总管的步骑兵共3万人出兵凉州（治所在今甘肃武威），于高越原与突厥阿波可汗相拒，阿波屡战屡败。前上将军、京兆人史万岁，因犯罪被发配到敦煌（今甘肃敦煌西）充当戍卒，此时，他到窦荣定的军门，请求报效国家。窦荣定很早便闻知史万岁的大名，见到后十分高兴。双方将要交战，窦荣定派人对突厥说："士兵们有什么罪过，驱使他们死于疆场，只应双方各派出一名壮士以决一胜负。"突厥同意，派出一名骑兵出阵挑战。窦荣定派史万岁出阵应战，史万岁策马飞奔，将那名突厥骑兵斩首而还。突厥大惊，请求结盟，引兵离去。

长孙晟当时在窦荣定军中任副将，他派使臣对阿波可汗说："摄图每次前来，交战都是大获全胜。而可汗才领兵交锋，立即遭到失败而逃奔，

这是突厥的耻辱。况且摄图与可汗相比，军事力量本来相当。如今摄图天天获胜，受到众人的崇敬；可汗出师不利，为突厥带来耻辱。摄图必定将罪名加在可汗的头上，实现他长期以来的计谋，消灭可汗在北方所设立的牙帐。愿可汗认真地为自己考虑一下，能抵御住摄图吗？”阿波可汗果然派使臣前来商议，长孙晟又对阿波可汗的来使说：“如今达头可汗与隋朝联合，而摄图不能制止，可汗为何不依附隋朝，连接达头可汗，相互合作，转为强盛，这才是万全之计啊。怎可以丧兵负罪，回到摄图那里受他的杀戮和侮辱呢？”阿波可汗听过使臣的汇报，认为长孙晟讲得在理，便派使臣随同长孙晟进京朝见隋文帝。

阿波可汗与隋朝讲和，沙钵略可汗听说后大怒，便发兵进攻阿波可汗的牙帐，虏掠其众并残忍地将阿波可汗的母亲杀死。无家可归的阿波可汗只好奔向西面的达头可汉，借兵10万，东击沙钵略，收复了故地和数万民众。达头可汗遂与阿波可汗联合起来，占有西域一带，史称西突厥。沙钵略可汗和弟弟处岁侯则在东部，称东突厥。于是，突厥正式分裂。

突厥内部的相继内乱，连兵不已，都各自向隋朝派出使者求和并请求援兵。隋文帝一概不予允许。六月，突厥军队侵掠幽州，隋军转战十余日，死伤甚多，于是退守砂城。突厥大军围城，城墙荒废倒塌，难以固守，早晚苦战，军中又无粮食补给，只得于夜晚出城掠夺敌军的六畜、粮食来充饥。突厥担心隋军夜袭，做了周密的防备，每天于夜间结阵防范。幽州总管李崇的军队困苦饥饿，夜间出城劫掠，总会遇到敌军的截击，死亡殆尽。待到天明，从城外逃回城中的尚有百余人，然而大多已身负重伤，无力再与敌人作战。突厥想要逼迫隋军投降，派使者对李崇说：“如果前来投降，设你为特勤（突厥的高级官员）。”李崇自知难免一死，便向士卒们下令说："我丧失军队，罪该万死，今日效命疆场，用来报效国家。你们待我死后，暂且向敌人投降，然后分散逃走，想办法返回乡里。如能见到皇上，禀告我李崇的这番心意。"于是，李崇举刀突入敌阵，又杀死二人，被突厥乱箭射死。七月，任命隙州刺史周摇为幽州总管，命李崇的儿子李敏承袭父亲的爵位。八月，隋文帝派尚书左仆射高颎出兵宁州道（在今甘肃泾川东北），内史监虞庆则出兵原州道（在今宁夏南部），攻击突厥。

开皇十四年（584年）二月，突厥归顺隋朝，西突厥的达头可汗派使者到隋朝致歉。九月，东突厥沙钵略可汗在和隋朝的几次激战中，损失惨重，已处于苟延残喘的地步，遂向隋朝求和。沙钵略的夫人千金公主也放下杀父的仇恨，自动请求改姓杨。文帝派徐平和前往突厥，以正规的礼仪认千金公主为干女儿，改封大义公主。晋王杨广请求趁突厥内乱出兵袭击，隋文帝不予允许。此时，西突厥的达头可汗见自己的死对手沙钵略和隋朝关系有所缓和，也随即向隋朝请求和亲，文帝答应了和亲的请求。从此，隋朝和突厥以翁婿互称。

其实，沙钵略骨子里并不是真心降服大隋，他虽和文帝翁婿相称，却根本没把大隋放在眼里，仍以突厥汗国的君主自居。后来，文帝派尚书右仆射虞庆则和车骑将军长孙晟出使突厥颁发招降诏书。

当虞庆则率领使节到达突厥沙钵略可汗的牙帐时，沙钵略陈兵接待，陈列宝物，坐着接虞庆则，声称有病而不能起身，并且说："自我父辈以来，从不拜见他人。"虞庆则对于沙钵略的傲慢无礼提出指责，并晓之以礼。千金公主在一旁私下对虞庆则说："可汗豺狼成性，过于相争，将会咬人。"副使长孙晟见沙钵略奉诏不肯起身答拜，便进前说："突厥与隋具是大国天子，可汗不起身，安敢违意。可贺敦（突厥可汗的妻子称‘可贺敦’）为帝女，那么可汗便是大隋皇帝的女婿，怎可以不尊敬妇翁。”在长孙晟的理喻之下，沙钵略笑着对自己的显贵们说道：“须拜妇公，我从之耳。”于是跪受玺书。沙钵略说：“能作为大隋天子奴仆，是得力于虞仆射啊！”便向虞庆则赠马千匹，并以叔伯妹妹嫁与虞庆则为妻。

沙钵略致书隋文帝之时，正是他被西突厥达头可汗与阿波可汗联兵所困扰之际。他又畏惧东方的契丹，便派使臣向隋朝告急，请求率部众渡大漠以南，寄居于白道川（今内蒙古呼和浩特市北）内。隋文帝下令允许，并命令杨广率兵救援，给予衣食，赐给车服鼓吹。有了隋朝的援助，沙钵略可汗率兵西击阿波可汗，将阿波击败擒获。隋军参与攻击阿波，击败后将俘获全部给予沙钵略。沙钵略十分高兴，与隋王朝订立和约，以碛（沙漠）为边界。沙钵略为此向隋文帝上表，表中有“伏惟大隋皇帝，真皇帝也”，“永为藩附”、“北面之礼，不敢废失。当令侍子入朝，神马岁贡，朝夕恭承，惟命是亲”等语。后“沙钵略大悦”，于是“岁时贡献不绝”。

开皇七年（587年），沙钵略可汗去世，隋文帝为此“废朝三日，遣太常吊禁焉”，赐布帛5000段。沙钵略因其子雍虞间懦弱，遗令其弟叶护（“叶护”是突厥的高级官职）处罗侯为可汗。雍虞间派使者迎接处罗侯，要立他为可汗。处罗侯悦：“我突厥自从木杆可汗以来，多是以弟弟代替哥哥，以庶子夺取嫡子的王位，失于先祖构法，不敬重侵惧嫡长，你应当继承可汗王位，我不会介意拜见你。”“叔与我父，共根连体。我是枝叶，怎可以使根本反而服从于枝叶，叫叔父屈从于卑幼呢？况且这是先父的遗命，怎可以废置呢？愿叔父不要再疑虑了。”雍虞间再三辞让说。

最终处罗侯立为可汗，是为莫何可汗。莫何可汗立雍虞间为叶护，派使者上表隋文帝汇报此事。隋文帝派车骑将军长孙晟持节封立处罗侯为莫何可汗，并赏赐鼓乐、幡旗等物。处罗侯“勇而有谋”，立为可汗后，以隋王朝所赐给的旗鼓西征阿波可汗。西突厥因处罗侯得到隋朝的援兵，各部落大多前来归附，生擒阿波可汗。不久，处罗侯上疏隋文帝，请示对阿波是否处以死刑，文帝令大臣们议论此事，乐安公元谐请就地斩首，武阳公李克请押至京师，斩首示众。

隋文帝询问长孙晟：“卿的意见如何？”“若是突厥背信弃义，须用刑罚来整治。如今是兄弟之间自相残杀，阿波的罪恶并非背叛大隋国家。趁着阿波困穷的时候，将他押来杀戮，恐怕并非安抚远方的方法，不如使双方都能保存下来。”长孙晟回答。“骨肉之间相互残杀，这对教化最为有害。应当对阿波存留教养，以表明朝廷的宽大为怀。”左仆射高颎赞成长孙晟的意见，隋文帝也表示赞同。高颎向隋文帝敬酒，说道：“自轩辕以来，獯粥（匈奴、突厥的远祖）多为边患。今远穷北海，皆为臣妾，此之盛事，振古未闻，臣敢再拜上寿。”自此，突厥力量逐渐衰弱，彻底向大隋臣服。

开皇八年（588年）十二月，莫何可汗率兵西进，攻打邻国，被飞箭射中而亡。东突厥立雍虞间为可汗，是为都蓝可汗。都蓝可汗继立后，每年都派使者向隋天子朝贡。开皇十三年（593年），隋文帝将平定南陈时所获的大屏风赐给大义公主（即千金公主）。大义公主虽然受到隋文帝赐姓改封的厚遇，但心中总是以北周皇室的公主自居。彭公刘昶先前娶北周皇室的公主，亡命之人杨钦逃亡到突厥后，诈称刘昶同他的妻子想要作乱反隋，派我杨钦秘密告知大义公主，发兵侵扰隋朝边境。都蓝可汗信以为真，便不按时向隋朝贡，经常骚扰隋朝边境。隋文帝派车骑将军长孙晟出使突厥，私下观察动静。大义公主接见长孙晟，出言不逊，又派同她私通的胡人安遂迦与杨钦谋划，蛊惑煽动都蓝可汗。

长孙晟回到京师长安，将所得情报向隋文帝禀告，隋文帝派长孙晟再次出使突厥牙帐，要求引渡杨钦，都蓝可汗不予交出，说道："查遍客栈，没有此人。"长孙晟贿赂可汗帐下的达官，得知杨钦的住所，便在夜间将杨钦捉住，交给都蓝可汗，并趁机揭发大义公主同胡人安遂迦私通的事情。突厥国人都以此为莫大的耻辱。都蓝可汗逮捕安遂迦等人，一同交付长孙晟处理。

隋文帝为长孙晟所获得的成功感到十分高兴，加授他开府仪同三司的官衔。内史侍郎裴矩请求前往突厥劝说都蓝可汗，让他杀死大义公主。这时，属于北方的处罗侯儿子染干，号称突利可汗，派使者到长安求婚。隋文帝派裴矩对使者说："应当杀死大义公主，才能答应这门亲事。"突利可汗于是向都蓝可汗说大义公主的坏话，都蓝可汗一怒之下，将大义公主杀于帐中。

都蓝可汗因此向隋文帝上表求婚，朝廷议论时准备答应这一请求。这时，长孙晟说："臣观察雍虞间（都蓝可汗）反复无常，不讲信义，因为与玷厥（达头可汗）有嫌隙，所以想依重朝廷。即使同都蓝可汗和亲，最终他还是会叛离而去。再说他如果娶了公主为妻，必定会仰仗朝廷的势力，玷厥，染干（突利可汗）必将受他的征伐。待到都蓝可汗强大后反叛，恐怕就很难制服了。况且染干是处罗侯的儿子，平素有归服朝廷的诚意，至今已经一代，不久前曾来京求婚，不如答应染干的请求，招令他南迁。染干兵少力弱，容易驯服，可使令他抵挡雍虞间，作为边境上的屏障。”隋文帝认为长孙晟的意见很好，便派长孙晟前往突厥，安慰晓谕染干，答应他娶隋公主。

开皇十七年（597年），突利可汗派使臣来长安，隋文帝令使者居于太常寺，然后将宗室女儿安义公主嫁给突利可汗为妻。隋文帝为离间突厥各部，对突利可汗施以厚礼，先后派牛弘、苏威、斛律孝卿为使臣出使突厥，突厥亦派使入朝。为此，雍虞闾大怒道：“我，大可汗也，反不如染干。”于是不再向隋朝进贡，多次骚扰边境。

开皇十八年（598年），隋文帝令蜀王杨秀出伐雍虞闾。开皇十九年（599年），隋文帝命汉王杨谅为元帅，以尚书左仆射高颎出朔州（治善阳，今山西朔县），尚书右仆射杨素出灵州（治回乐，今宁夏灵武西南），上柱国燕荣出幽州（治蓟县，今北京城西南），三路进击突厥。都兰可汗得知隋军来攻，与达头可汗结盟，合兵掩击突利，双方在长城下展开激战，突利可汗大败。都兰尽杀突利的兄弟子侄，然后率部渡河进入蔚州（治灵丘，今属山西）。突利可汗的部落失散逃亡，与长孙晟带领五百名骑兵向南败走。待到天明，行走约百余里，又收拢骑兵数百名。突利可汗与他的部下谋划说：“如今兵败后入京朝见，不过是一个降人罢了，大隋天子还能礼遇我们吗？玷厥虽然与都蓝可汗一同前来攻击我们，但彼此一向无有冤仇。如果前往投奔，必能存恤救济我们。”

四月，长孙晟与突利可汗到达京师长安，隋文帝十分高兴，任命长孙晟为左勋卫骠骑将军，持节护卫突厥。十月，隋文帝封突利可汗为启民可汗，突厥归附于启民可汗的有男女万余人。这时，安义公主已经去世。隋文帝又派长孙晟持节护送宗室女义成公主嫁与启民可汗为妻。长孙晟上奏说：“染干的部落归附的人越来越多，虽地处长城之内，还是受雍虞间的掠夺，不得安居。请将他们迁徙到五原（治所在令内蒙古河套地区五原南），以黄河为同守的屏障，在夏州和胜州之间划出400里的地区，令他们居住。”

隋文帝采纳了长孙晟的这一建议。派上柱国赵仲卿在这一地区驻军2万人，来防御达头可汗的侵扰；命代州总管韩洪等人统率步骑兵1万人镇守恒安（今山西大同市西北）。达头可汗率10万骑兵前来人寇，被韩洪率军击得大败。赵仲卿自乐宁镇出兵截击，斩首千余。

在隋军击败达头可汗的有利形势下，隋文帝派越国公杨素出兵灵州（治所在今宁夏灵武西南），行军总管韩僧寿出兵庆州（治所在今甘肃庆阳），大将军姚辩出兵河州（治惭在夸甘肃临夏东北）等，攻击都蓝可汗（雍虞间）。

在隋朝各路大军尚未出塞之前，都蓝可汗被部下所杀，达头自立为步迦可汗，国内大乱。长孙晟上言于隋文帝说：“如今官军已临近敌境，多次立有战功，敌虏内部自相叛离，一旦主被杀，趁此机会招降安抚，可使突厥全部降服，请求派染干的部下分道招抚突厥全境内的部众。”隋文帝采纳了长孙晟的这一建议，投降隋朝的突厥部众果然很多。

开皇二十年（600年）四月，突厥达头可汗率兵侵驰边塞，隋文帝调令军队向突厥进击。长孙晟任秦州行军总管，率领降服的突厥人，接受晋王杨广的节制。长孙晟认为突厥人饮用泉水，容易施行投毒的计策。于是派人在上游投毒，突厥人饮用后多中毒而死。突厥于夜间率兵遁逃，长孙晟趁机追击，斩首千余级。史万岁率军出塞后，到达大斤山，与突厥的军队相遭遇。达头可汗闻知史万岁率军前来，恐惧而退走。史万岁率兵急驰，大破敌军，斩首千级。乘胜追漠北数十里。之后，隋文帝又派赵仲卿为启民可汗修筑金河（今内蒙古托克托东北）、定襄（今山西大同市东北）两座城池。都蓝可汗被杀后，启民可汗已全部占有东突厥的故地。

仁寿元年（601年）正月，突厥步迦可汗入侵边塞，代州总管韩洪下恒安（今山西大同市东北）被突厥击败，废为庶人。五月，突厥男女九万人前来投降隋朝。十一月，诏令杨素为云州道行军元帅，长孙晟为受降使者，挟启民可汗向北方进击步迦可汗。仁寿三年（603年）九月，突厥步迦可汗部下大乱，附属的铁勒、仆骨等余部背叛步迦并投奔启民可汗。步迦由于部众逃散离去，便向西投奔吐谷浑。西突厥势力从此衰落，而东突厥启民可汗年年朝贡隋天子。

至此，隋文帝征服了吐谷浑、高宝宁和突厥三国势力。之后，陈朝成为隋文帝统一的最后一个障碍。

平陈谋略，誓师出征

开皇初年，朝廷就曾讨论过伐陈，隋文帝任命元寿为专使，前往淮浦监修船舰，显然是为渡江伐陈预作准备。到开皇四年（584年）元寿改督漕渠工役才结束。当时，不少人向文帝建议伐陈，老将梁睿在平定益州王谦之乱后，就向文帝献策，请缨平陈。文帝回信婉拒，指出："朕初临天下，政道未洽，恐先穷武事，未为尽善。……王者体大，义存遵养，虽陈国来朝，未尽藩节，如公大略，诚须责罪。尚欲且缓其诛，宜知此意。"

文帝暂时搁置伐陈请求是有充分道理的。隋朝刚刚立国，人心不安，社会未稳，在军事上，渡江水战又非北军所长，难有胜算。再者，隋朝当时四面受敌，更是不可轻易发动战事。

隋朝之前从未断绝与陈朝的关系，陈宣帝病逝，隋朝随即以“礼不伐丧”宣布停止军事行动，而后，又于六月派遣专使入陈吊唁，大大缓和了与陈朝的关系，为北御突厥争取到平稳安定的南面形势。

早在开皇元年（581年）九月，正值突厥进犯，文帝曾经仓促地发动过一次伐陈战役，高颎在前线负责节制诸军。隋军在湖北一带取得了一些战果，但为了保存实力对付突厥，就匆忙撤军了。开皇三年（583年）四月，文帝再次派遣兼散骑常侍薛舒、兼通直散骑常侍王劭到陈朝。隋使频频而至，逼使陈后主不得不于十一月派遣散骑常侍周坟、通直散骑常侍袁彦前来回聘。此后，双方每年互派使节的形式固定了下来，文帝完全取得南北交往的主动权，巧妙地将陈朝纳入隋朝精心制定的长期战略之中。同时，“陈郢州城主张子讥遣使请降，上以和好，不纳”；翌年八月，“陈将夏侯苗请降，上以通和，不纳”，一再拒绝陈将归降，以示隋朝对保持友好关系的高度重视与坚定立场。开皇四年（584年），文帝派遣名儒薛道衡出使陈朝，临行前特意叮嘱道：“朕且含养，置之度外，勿以言辞相折，识朕意焉。”在致陈朝国书中，文帝自称姓名，顿首，卑辞厚礼，造成陈后主的错觉，不由得自大起来，回书竟称：“想彼统内如宜，此宇宙清泰。”文帝还将陈朝的回书传示朝臣，群情激愤，大收鼓舞士气之效。开皇五年（585年），陈将湛文彻进攻和州。对此，隋军只是坚守拒敌，并不主动出击，而且，每次捕获陈朝间谍，都厚给衣马，以礼遣还，造成陈军误解，麻痹轻敌，浑然不把隋军当回事。

文帝的一系列精心安排，营造了隋陈友好的太平表象，其实，在内部，文帝无时不在考虑平陈方案，为此，他积极向臣下密询计策。

高颎计谋频用，杨素、贺若弼、崔仲方等人亦争相献策。虢州刺史崔仲方知道文帝迷信天命，便先引经据典阐述一通陈朝当灭的五行运历道理，然后笔锋一转，提出对陈用兵的军事部署道："今唯频武昌已下，蕲、和、滁、方、吴、海等州更帖精兵，密营渡计。益、信、襄、荆、基、郢等州速造舟楫，多张形势，为水战之具。蜀、汉二江，是其上流，水路冲要，必争之所。贼虽于流头、荆门、延州、公安、巴陵、隐矶、夏首、蕲口、盆城置船，然终聚汉口、峡口，以水战大决。若贼必以上流有军，令精兵赴援者，下流诸将即须择便横渡。如拥众自卫，上江水军鼓行以前。虽恃九江五湖之险，非德无以为固，徒有三吴、百越之兵，无恩不能自立。"崔仲方的方案，充分利用隋朝据有长江上游的有利条件，以上游水军牵制敌军，而在下游突破陈朝江防，避实捣虚，直取建康。

开皇五年（585年），后梁发生的一系列变故，加速了中国统一的进程。这年五月，后梁明帝萧岿去世，其子萧琮即位。萧岿依附北周，不为朝廷所重，到隋文帝登基，才大受礼遇，故颇怀感激。萧岿一死，嗣胤年幼，叔父权重，其动向令人担忧，故文帝特地下玺书给萧琮，以长辈的口吻颇加开导："负荷堂构，其事甚重，虽穷忧劳，常须自力。辑谐内外，亲任才良，聿遵世业，是所望也。彼之疆守，咫尺陈人，水潦之时，特宜警备。陈氏比日虽复朝聘相寻，疆埸之间犹未清肃，惟当恃我必不可干，勿得轻人而不设备。朕与梁国，积世相知，重以亲姻，情义弥厚。江陵之地，朝寄非轻，为国为民，深宜抑割，恒加饘粥，以礼自存。"

萧琮上台后，大概是为了表示对隋朝的忠诚，轻率地采取军事行动，派遣大将军戚昕统率水军攻打陈朝公安县城（今湖北省公安县西北），遭到挫折。其实，这时候，梁朝内部亲陈势力已经抬头，大将军许世武秘密召引陈荆州刺史陈慧纪，阴谋泄露，被萧琮诛杀。在这种不稳的形势下，文帝采取果断措施，征召萧琮的叔父萧岑入朝，拜为大将军，封怀义公，留在京城，不令归国。同时，复置江陵总管，加强对后梁的监视，控制局面。

开皇七年（587年），隋朝内外皆安，一统中国的条件趋于成熟。四月间，文帝于扬州开山阳渎，已经显露对陈用兵的意图。到了八月，文帝决定彻底解决后梁问题。他召萧琮入朝，同时，派遣以严酷出名的崔弘度为江陵总管，率军进驻江陵。诏令颁下，梁国震动，江陵父老送萧琮入京，无不相对悲泣道："吾君其不反矣！"萧琮的叔父萧岩及弟弟萧瓛等害怕遭崔弘度掩袭，抢先行动，招引陈荆州刺史陈慧纪率兵进至江陵城下，掳走居民而反叛，九月十九日，文帝闻讯，下令废除梁国，并派宰相高颎赶往江陵。此时，文帝接到陈朝出兵接应萧岩等叛逃的奏报后，下令大规模制造战舰，进入紧张的战备状态。

开皇八年（588年），文帝派驻扎在庐州的韩擒虎和驻扎在吴州的贺若弼两支精良的部队作为主力。韩、贺二人率领大军驻扎长江中下游，直接威胁到陈朝的首都建康，而陈朝的主力是萧摩诃和任忠的部队。部署完毕，隋朝开始进行战前的演练。贺若弼向文帝献上了《取陈十策》，文帝欣然接受。隋文帝采纳并施行高颎的策略，疲敝和耗损南方的军事和经济实力，计策果然奏效，南陈从此开始逐步陷入困境。

隋文帝在实施高颎的疲敝和消耗南方实力的策略同时，上柱国、御史大夫杨素，吴州总管贺若弼以及光州刺史高励、虢州刺史崔仲方等人，向隋文帝献平定江南的策略。崔仲方等人在上疏中说："当今只须在武昌（今湖北噪鄂城）以下，于蕲州（治所在今湖北蕲春）、和州（治所在令安徽和县）、滁州（治所在今安徽滁县）、方州（治所在今江苏六台）、吴州（治所在今江苏扬州市）等地再增加精兵，秘密地经营谋划；同时在益州（治所在今四川成都市）、信州（治所在今湖北宜昌市西）、簌州（治所在今湖北襄樊市）、荆州（治所在今湖北江陵）、基州（治所在今湖北钟祥西南）、郢州（治所在今湖北武汉市武昌）等地从速建造战船，大力张扬声势，加快制造水战的用具。蜀江和汉水是长江的上流，位于水陆交通的要冲，是兵家的必争之地。敌军虽然在流头、荆门、延州、公安、巴陵、蕲口、湓城配了许多战船，但终归要聚集在汉口（今湖北武汉市汝口）、峡口（长江三峡东端，今湖北宜昌市附近）两地，用水战来同我方进行大决战。如果敌人断定我军在上游驻有重兵，令精兵前来增援，那么，我军在长江下游便可以选择时机横渡长江；如果敌人拥兵不动来进行自卫，那么，我军在上游便可以擂鼓沿江而下，急速向下游进击。陈国虽然可以自恃九江五湖的险阻，可是陈后主不施德政，这些险阻也不会牢固。纵然有三吴、百越的军队，不施恩德于臣民，也就无法自立于当今之世了。"隋文帝认为崔仲方等人的平陈策略甚为可取，于是任命崔仲方为基州刺史，令他于汉水中游为筹划南下伐陈做好准备。

开皇八年（588年）三月十九日，文帝下诏伐陈。十月十九日，文帝离开京城到同州，回到他幼年的故居，瞻仰先父遗迹，四天后才起身东巡。这次回省，隋文帝实际上要在此下决心，作出最后的战略决断。在内心犹豫难决的时候，他想起了因病不能随从的内史令李德林，连忙下敕："伐陈事意，宜自随也。"追召李德林前来帮助决断。恰好高颎有事要回京城，文帝嘱咐他前去探望李德林，交代说："德林若患未堪行，宜自至宅，取其方略。"李德林抱病应召，提出自己的伐陈设想，大受重视，文帝专门派人将其方略送给晋王杨广，让其参照制订行动计划。在巡视归途，文帝以马鞭南指，对李德林许诺道："待平陈讫，会以七宝装严公，使自山东无及之者。"作出最后决断之后，文帝如释重负。十一月二十三日，文帝再回到冯翊（今陕西省大荔县），亲祠故社。伐陈一事，关系到整个国家的前途命运。前秦苻坚率百万雄师南下长江，企图一统江山，结果国破身死。从此以后，尽管北强南弱，却没有一位君主敢再轻举妄动。此时，文帝决心虽下，仍费斟酌。

隋军大举南征出发前，隋文帝在太庙举行盛大仪式，命令晋王杨广、秦王杨俊、清河公杨素三人分别为三路行军元帅。命晋王杨广从六合（今江苏六合）出兵，秦王杨俊从襄州（令湖北襄樊市）出兵，清河公杨素从永安（今四川奉节）出兵；又命令荆州刺史刘仁恩从江陵（今湖北江陵）出兵，蕲州刺史王世积从蕲春（今湖北蕲春）出兵，庐州总管韩擒虎从庐江（今安徽庐江）出兵，吴州总管贺若弼从广陵（今江苏扬州）出兵，青州总管燕荣从东海（今江苏连云港市东南）出兵。远征南陈的大军全部接受晋王杨广的节制调度。伐陈大军，东起大海，西至巴蜀，在漫长的战线上，越旗蔽空，战船满江，横亘数千余里。文帝任命尚书左仆射高颎为晋王元帅长史，尚书右仆射王韶为司马，军机大事都取决于高、王二人，由二人处置调度，无有任何阻滞和迟误。十一月，隋文帝亲自为南征将士们饯行。十二月，第一路行军元帅、晋王杨广率大军到达长江北岸。第二路行军元帅、秦王杨俊督率各军驻扎在汉口，节制调度长江上游的各军。

第三路行军元帅、清河公杨素率水军战舰，顺流直下三峡，进军车流头滩（今湖北茅坪境）。陈军将领戚昕，率青龙战舰百余艘、驻军数千人，守狼尾滩以遏制隋军的进路。狼尾滩地势险峻，隋将难以攻取。这时，杨素对将士们说："胜负大计，在此一举。"杨素决定在夜间发起袭击，亲自率领黄龙战舰数千艘悄悄地顺流而下，派开府仪同三司王长袭率领步兵从南岸袭击另一座营寨；令大将军刘仁恩率骑兵、步兵直扑北岸的白沙，在天亮以前赶到，对陈军发起攻击。这一战，戚昕败走，部众全部被俘虏，杨素初战告捷。

攻克建康，平定江南

开皇九年（589年）年初，隋文帝下令大军向南进攻。

灭陈战役还未发动时，吴州总管贺若弼就开始作过江的准备。为了过江顺利，贺若弼采用了麻痹敌军的战术，他叫人将老弱之马卖掉，用钱买了很多船，但把船都藏起来，只在湾内泊放五六十艘破船。陈朝的间谍将这种假象带回去，陈军误以为贺若弼军中无船。在军队换防时，贺若弼总是将声势搞得很大，将军队集中在广陵，大张旗鼓，多设营幕。陈军误以为隋军要渡江，急忙发兵防备，当他们剑拔弩张严阵以待时，却发现是隋军换防，虚惊一场。久而久之，陈军对隋军大集人马换防的形式习惯了，也麻痹了。为了进一步麻痹陈军，贺若弼还常让士兵沿江射猎，弄得人喧马叫，陈军对此也渐习以为常，毫无反映。

开皇九年（589年）正月初一，大江上迷雾四溢，乘着茫茫浓雾，贺若弼发兵渡江。隋军过江，陈军竟未发觉。正月初六，贺若弼军一举攻下建康北面门户，活捉了陈朝南徐州刺史黄恪。贺若弼在发动强大军事攻势的同时，要求部队纪律严明，秋毫不犯。

与贺若弼渡江同时，庐州总管韩擒虎也从和州横江浦渡江。守卫采石矶的陈军很快被韩擒虎军打败，采石矶落入隋军之手，与此同时，下游的行军元帅杨广也率大军屯于六合镇的桃叶山。当京口的败兵传来了京口陷落的消息，采石矶的守将徐子建也派人告知形势突变，陈后主才急忙召集大臣公卿商议对策。面对隋军的攻势，陈后主任命骠骑将军萧摩诃、护军将军樊毅、中领军鲁广达为都督，统兵保卫都城，并把南豫州刺史樊猛从姑孰调回京城，派散骑常侍皋文奏镇守姑孰。樊猛是陈朝著名猛将，有谋略，武艺高强，胆气过人。侯景之乱时，樊猛在青溪与侯景军短兵相接，厮杀一天，杀伤侯景军士众多。他所镇守的姑孰，是建康西南的门户，又面临隋名将韩擒虎的威胁，姑孰一失，建康难保。韩擒虎很快攻下姑孰，樊猛的妻子儿女尽被俘虏。

陈后主画像

隋军攻下京口、姑孰后，贺若弼军从北道，韩擒虎军从南道同时向建康进发。正月初七，贺若弼军进至建康东北的钟山，韩擒虎军也占据了建康西南20里的新林。

面对建康城的危急形势，陈朝大将任忠对陈后主说：“兵法认为：客以速战为贵，主以持重为贵。如今城内兵众粮足，应该固守，即使隋军兵临城下，也不出去与他交战。同时分兵隔断江路，让敌军彼此不能联络。然后给我精兵1万，战船300艘，渡江直攻六合。六合的隋军一定以为渡江的军队已被俘获，自然丧气。淮南的土著居民对我非常熟悉，我若到那里，他们必然会响应我。我再扬言直取桧州，断彼归路，隋军自然会撤走。等到春水一下，长江水涨，上游的周罗睺沿江支援，则建康万无一失。”对任忠的计策，陈后主听不进去，他总幻想着一战将隋军击退。任忠苦苦请求不要冒险决战，陈后主不听，便派鲁广达、任忠、樊毅、孔范、萧摩诃等人率军由南至北排开，“南北亘二十里，首尾进退不相知”。

贺若弼在山上，远远望见陈军阵势，知道大战在即，便与所率领的7个总管、甲士8000，冲下山去与敌决战。陈军虽倾巢而出，但诸将心思各异。萧摩诃因妻子与陈后主通奸，无心再战；任忠把贸然决战看作是冒险；孔范只是个会说大话取悦于陈后主的小人；只有鲁广达，率领士卒与隋军力战，杀退隋军4次进攻，杀死贺若弼手下军士200多人。在萧摩诃被擒、任忠溃败、孔范逃跑后，鲁广达也独木难支，后被俘虏。

任忠败回，向陈后主报告了决战失败的消息，并对他说：“陛下应该休战了，臣已无力再战。”陈后主拿出两捆金条，让他再招募士兵出战。任忠说：“再战无用。现在陛下只有准备舟楫，到上游周罗睺处。如果陛下愿往，臣当以死奉卫。”陈后主相信任忠，敕令他出外部署安排，让宫人装束以待出发。等了好久仍不见任忠到来，陈后主感到有些奇怪。当时，韩擒虎从新林进军攻击建康，任忠已带领数名骑兵赶到石子岗（今南京市雨花台）投降。南陈将领蔡征正领军守卫朱雀门，听说韩擒虎率兵即将到达，兵士因惧怕都望风而逃了。任忠投降后引导韩擒虎率兵直入朱雀门，守将想要与隋军交战。任忠向他们挥手说：“老夫尚且投降了，你们还抵抗什么？”陈军士兵闻言后都立即逃散。于是，城内的文武百官争相逃走，只有尚书仆射袁宪还留在殿中，尚书令江总等数人仍居于省中。陈后主对袁宪说：“我从来对待卿不如对待别人，今日深感追悔不及。”

隋军进入朱雀门，陈后主惊慌失措，想要逃走并躲藏起来，袁宪对陈后主讲：“北方兵马入殿，必定会无所侵驰，如今大事既已如此，陛下还想到哪里去安身？臣希望陛下端正衣冠，坐在正殿之上，依照当年梁武帝见侯景的做法去做。”陈后主没有听从袁宪的意见，下了御榻后便急驰而去。陈后主随从十余名宫人出了景阳殿，想要投井自尽，袁宪苦苦劝阻，后主不听。掌管宫内事务的后阁舍人夏侯公韵用自己的身体挡住井口，陈后主与公韵争执好久，才得以跳入井中。不久，隋军进入殿庭，向井中窥视并且大声呼喊，井下无人答应。这时，军士扬言要向井中投石头，这才听到有人喊叫。于是，军士向井中投入一根绳子。在向上提的时候，军士因为沉重而感到惊奇。待到拉上来一看，陈后主是把自己同张贵妃和孔贵嫔都系在同一条绳子上了。而沈皇后却像往常一样居于宫中，并不惊慌。太子陈深年方15岁，闭阁门而坐，太子舍人在一旁侍奉。隋军叩阁门而进入，见太子安坐如故，向隋军士慰劳说：“一路行军，不疲劳吗？”隋军士都向太子致敬。

贺若弼乘胜进军，到达乐游苑。这时，鲁广达还在督率余下的士兵苦战不止，杀死、俘获数百名隋军。直到日暮天黑，鲁广达才下令解甲休息，面向台城再拜而痛哭流涕，对部下说：“我一息尚存而不能拯救国家，负罪深重啊！”宫城中各门的守卫士卒见大势已去，争相逃走。后杨广因贺若弼在预定日期以前率兵与陈军作战，违犯了军令，将他逮捕并交给主管官吏。隋文帝闻知后，传令驿站召贺若弼入京，并在诏书中说：“平定江南，得力于贺若弼和韩擒虎。”于是赐给布帛万段，又赐贺若弼与韩擒虎诏书，赞美他们平陈的功绩。高颎因军功受到重赏，加上柱国官号，晋爵为齐公，赐布帛9000段。隋文帝慰劳他说：“您在伐陈后，有人说您想要谋反，朕已经把这个人杀了。君臣之间以道相合，并非是谗言所能离间的。”

隋文帝从容地命高颎与贺若弼议论平定南陈的事，高颎说：“贺若弼首先献平陈的10条计策，后来又于钟山苦战破敌。臣不过是个文官而已，怎敢与大将议论功劳？”隋文帝称赞高颎有谦让的风范。隋文帝在伐陈前，曾派高颎向上仪同三司李德林询问平陈方略，因而授权晋王杨广统辖全军。至此，文帝赏赐李德林的功劳，授予柱国、封郡公，赏布帛3000段。

当初，隋文帝的父亲杨忠迎司马消难，与消难结为兄弟，友情深厚，文帝以对待叔父的礼节侍奉他。等到隋文帝平定南陈，司马消难被押送到长安，隋文帝特地赦免他死罪，只是发配为乐户，20天后又免除处分，仍然按着旧时的恩情引见。不久，司马消难在家中去世。忠将鲁广达念及本朝的沦亡，伤感过度，患病后又不肯治疗，愤慨地死去。

又过了几天，隋文帝亲临广阳门，宴请将士，从门外一直到南郭城的大道两旁都堆满了布帛，按功劳等级给予不等的赏赐，共用去300余万段布帛。原陈国境内，10年免征徭役，其余州县免除当年的租赋。乐安公元谐在宴赏大会上对隋文帝说：“陛下的威望美德披及远方。臣下先前曾请求任命突厥可汗为候正，任命陈叔宝为令史，今日可按臣下的话办了。”

隋文帝回答说：“朕平定陈国，本是为了铲除恶逆，不是想要夸耀虚安。您所启奏的，实在不是朕的本意。突厥不了解山川形势，怎能担任报管的候正；陈叔宝整日昏醉不醒，怎能堪任驱使！”元谐闻听后，哑口无言地下去了。随后，晋封杨素为越公，任命他的儿子杨玄感为仪同三司，另一个儿子杨玄奖被任命为清河郡公，赏赐给他们布帛上万段，粟米万石。

随后，隋文帝派人将陈国灭亡的消息告诉给在京的陈国使臣许善心。许善心闻讯后于西阶之下，身穿丧服，放声痛哭。在草垫上面向东方默坐三天，寄信向陈后主表示慰问。第二天，隋文帝诏令许善心回到客馆，任命他为隋王朝散骑常侍，并赐给一套衣服。许善心大哭以尽表哀痛之心，然后入房更换衣服，出来后面北而立，垂泪接受隋文帝的诏令。过了一日，许善心朝见隋文帝，伏泣于殿下，悲哀得不能站立起来。隋文帝回顾左右，对侍臣们说：“我平定陈国，获得这样一位人才。既然能怀念自己旧日的君主，自然也就是我的忠臣了。”敕令许善心以通直散骑常侍的官职到门下省任职。

在蕲州的王世积，听说陈朝已亡，便将此消息告谕江南诸郡。陈江州司马听到这个消息后弃城逃跑，许多郡太守都到王世积处请降。至此，陈朝的长江防线被隋军全部突破，灭陈战役进入消灭陈朝境内残余力量的阶段。杨素与杨俊合军后，派大将庞晖南征至湘州（今湖南长沙）。州内将士，人无斗志，准备投降。不久，隋将薛胄、刘仁恩大兵压境。薛胄大败陈正理，攻破湘州州城。隋文帝诏令派使者巡视安抚原陈国的州郡，宣布废除淮南行台省。

灭陈以后，陈后主与他的王公百官全部被迸往长安。不久，杨坚举行了隆重的献俘仪式。陈后主及陈朝的王侯将相，手持图籍，由铁骑押送至太庙。杨坚坐在广阳门楼之上，命陈叔宝、太子及诸王28人和百官200多人跪于门下广场上，然后派人宣诏，责备他们君臣不能相辅，以致灭亡。随后，杨坚给陈后主丰厚的赏赐，多次召见他，令其班同三品。对待陈氏宗族方面，杨坚虽然对他们不放心，恐怕他们闹事，但也没把他们杀掉，而是将他们分置在边州，给其田业使他们能够生活，并按季节赐给衣物。

安置陈朝宗室的同时，杨坚对陈朝的降臣也进行处置。他的基本原则是诛奸任忠，像施文庆、沈客卿、阳慧朗、徐析这类奸佞，早在建康城一攻下就被杨广处死。陈朝降臣到长安后，杨坚认为孔范奸佞谄惑，王瑾刻薄贪鄙、嫉才害能，王仪候意承颜、倾巧侧媚，沈瑾险惨苛酷、发言邪谄，因此将他们定为四个罪人，流放边远地区。

隋文帝任命原陈尚书令江总为上开府仪同三司；任命原陈尚书仆射袁宪，原骠骑将军萧摩诃、原领军任忠等人，皆为开府仪同三司；原吏部尚书姚察被任命为秘书丞。隋文帝欣赏袁宪高尚的情操，下诏书将他列于江南群臣之首，任命他为昌州刺史。文帝又闻知原陈散骑常侍袁元友多次向陈叔宝直言正谏，提拔他为吏部的主爵侍郎。

隋文帝召见原陈国水师都督周罗睺，安慰并晓谕他，许诺给他以富贵。周罗睺回答说："臣蒙受陈氏的优厚待遇，本朝沦亡，自己无有什么节操可言。现得以免于一死，这已是陛下的恩赐，怎敢还希望得到富贵？"

隋文帝责备原陈国的君臣，唯独没有责及陈叔文。不久，陈叔文上表自我表白说："当初在巴州，已率先归降，请陛下知道这一情况，望得到异于他们的安置。"隋文帝对陈叔文的这一请求，心中感到厌恶，嫌他不忠于陈国，但出于笼络江南人士的考虑，仍然以陈叔文为开府仪同三司，任命他为宜州（治所在今湖北宜昌西北）刺史。

当初，原陈国散骑常侍韦鼎曾出访北周，遇见杨坚时认为他是个异乎寻常的人，因而对杨坚说："您日后定当大贵，大贵后天下复为一家；12年过后，老夫将献身于您。"待至陈后主至德初年，韦鼎任大府卿，将自己的田宅全部卖掉了。毛彪对韦鼎尽卖田宅一事感到不解，询问是何缘故。韦鼎回答说："江南的王气，至此气数已尽，我与您死后当葬于长安。"待到南陈被平定，隋文帝召韦鼎入长安，以他为上仪同三司。

开皇九年（589年）三月，隋文帝三路平陈大军的军事行动已胜利结束，南陈30州、100郡、400县全部并入隋王朝的版图。隋文帝下令将陈朝宫室全部夷为平地，开垦耕种，改在石头城（今南京市清凉山）设置蒋州。晋王杨广奉命班师回长安，留王韶镇守石头城，并委任他处理善后事宜。至此，隋王朝圆满地实现了中国南北几百来年分裂后的重归统一。

天下一统，交好远邦

隋文帝实现了南北的统一，然而，就在第二年，陈朝故境发生了大规模的叛乱。这次叛乱的起因是隋文帝的一封诏书。诏书中有这样一段话："丧乱已来，缅将十载，君无君德，臣失臣道，父有不慈，子有不孝，兄弟之情或薄，夫妇之义或违，长幼失序，尊卑错乱。朕为时王，志存爱养，时有臻道，不敢宁息。内外职位，遐迩黎人，家家旧修，人人克念，使不轨不法，荡然俱尽。兵可立威，不可不戢，刑可助化，不可专行。禁卫九重之余，镇守四方之外，戎旅军器，皆宜停罢。”

这就是杨坚所行“太平之法”的主要内容。这些内容主要包括两个方面：一个是用君臣、父子、兄弟、夫妇、长幼、尊卑这套儒家伦理道德观念规范人们的行为；另一个是去私人之刑，除私人之兵，削弱地方豪强势力，加强中央集权。这就触动了江南豪强的势力。杨坚诏书中要求戢私兵、去私刑，就是针对南方地方豪强的。

开皇十年（590年），婺州（今浙江省金华市）汪文进、越州（今浙江省绍兴市）高智慧和苏州沈玄懀等首先举起反旗，叛乱所及，包括婺州（治今浙江金华）、越州（治今浙江绍兴）、苏州（治今江苏吴县）、蒋山（今江苏南京东北的钟山）、饶州（治今江西渡阳）、温州（治今浙江温州）、泉州（治今福建福州）、杭州（治今浙江伉州）、交州（治今广东广州）等地。一场声势浩大的反抗运动爆发了。这场反叛席卷南方，他们“攻陷州县。陈之故境，大抵皆反，大者有众数万，小者数千，共相影响，执县令，或抽其肠，或脔其肉食之，曰：‘更能使侬诵《五教》邪！’”以上列举的只是较有势力与影响而能见诸史册者。其中，最主要的有汪文进、高智慧和沈玄懀，他们都自称天子，署置百官，而实力较小者则依附于他们，自称大都督等，尤其痛恨隋朝派来的地方官吏和强制灌输的《五教》。据此看来，他们起兵的目的根本不是要复辟陈朝。陈朝在江南之不得人心，在韩擒虎渡江时“江南父老素闻其威信，束谒军门，昼夜不绝”的情况，得到充分表现。所以，如此众多民众参加的反抗，不能视为对国家统一的反动，而是对隋朝统治的不满。

消息传来，隋文帝冷静地判断形势，丝毫不敢疏忽大意。十一月，他派遣刚回京升任内史令的杨素率大军出征。杨素治军极严，赏罚分明，每逢战阵，令士兵出击，不能克敌而退还者尽加杀戮，故战无不胜。派遣杨素前往江南镇压，并为他配属崔弘度、史万岁等骁将。杨素率水军出杨子津，克京口，破晋陵，发动强大的攻势。刚开始，战事进展比较顺利，经过几场苦战，击溃大股叛军的抵抗，扭转了江南的局势。但是，南方反叛的区域很广，响应者众多，所以，杨素的军队不久就像进入泥潭一般，必须与敌军逐个进行争夺，他亲自率领的部队在击破温州沈孝彻后，挺进天台，"逐捕遗逸寇，前后百余战"。其部将史万岁亦是"前后七百余战，转斗千余里"，艰难地向南推进。

在江浙地区，隋军虽然取得进展，但南方的情况却相当糟糕。泉州王国庆围攻泉州百余日，杀刺史刘弘，占领州城。番禺夷人王仲宣聚众造反，岭南首领多响应之，遂引兵进攻广州，广州总管韦洸勒兵出战，为流矢所中，战死军中。针对这种情况，文帝又做出了一项具有战略意义的决定，任命并州总管晋王杨广率师增援江南，任扬州总管，调秦王杨俊回任并州总管。晋王杨广曾是平陈统帅，又娶后梁公主为妃，与江南关系颇深。这些缘故，晋王广喜爱江南文化。派他回到江南，表明文帝在这期间对其江南政策有所反思，并开始进行战略性调整，亦即注意统治江南的策略，修正以往的高压政策，采取一些怀柔手段。

晋王广到达江都之后，一方面加强军事进攻，命令行军总管郭衍率精兵打入屯京口，与叛军接战，大破之，乘胜进"讨东阳、永嘉、宣城、黟、歙诸洞，尽平之"；另一方面则招降纳叛，进行招安。陆知命是吴郡富春人，陈灭后，废黜在家，"晋王广镇江都，以其三吴之望，召令讽谕反者。知命说下贼十七城，得其渠帅陈正绪、萧思行等三百余人。"

江南的反抗大约坚持到开皇十二年（592年）年中，至少持续了一年半以上。佛教文献记载："开皇十一年，江南叛反，王师临吊，乃拒官军，羽檄竞驰，兵声逾盛。时元帅杨素整阵南驱，寻便瓦散，俘虏诛剪三十余万。"

当时，江南人口约为六十万户，竟有三十余万人参加这场反抗，不难想象当年战事之惨烈。南方社会如此广泛参加的反隋斗争，不可能完全被军事力量所镇压。实际上，杨素回京后，南方的反抗斗争仍时起时伏地进行着。开皇十二年（592年），刘权被任命为苏州刺史，"于时江南初平，物情尚扰，权抚以恩信，甚得民和"；韦冲受命检校括州事时，还遇上陶子定和罗慧方聚众围攻婺州永康、乌程诸县，被他率部镇压下去。所以，杨素回京仅仅表明大规模的军事镇压告一段落。此后，江南大局由晋王广主持，绥抚政策占了上风。

对于江南豪族的反抗，杨坚也深知，平定地方豪强势力是统一南北的必要条件。杨坚派出大军，以杨素为行军总管讨伐江南叛乱。杨素率大军破京口，击晋陵，在浙江大破高智慧叛军，又在温州平定沈孝彻，一直打到福建，将高智慧擒住，斩于泉州，迅速平定了江南叛乱。江南发生的叛乱，是对隋朝统一南北的考验。杨坚派兵迅速地平定了这次叛乱，而隋朝统一南北的趋势也是不可逆转。

隋文帝统一了南北，平定叛乱之后，国家得到了稳定。此时的隋文帝为了让边疆更加稳固，对远邦采取了安抚的政策。这其中主要有高句丽、百济、新罗等国家。

北周时期，高句丽国王汤曾派使臣朝贡，周武帝宇文邕拜汤为上开府、辽东郡公、辽东王。隋文帝即位后，高句丽王派使臣至长安，隋文帝进授其为大将军，改封高句丽王。据《隋书·东夷·高句丽传》记载，高句丽国东西2000里，南北千余里，国都平壤，亦曰“长安城”。城东西6里，随山而筑，南临贝水（今朝鲜大国江），又有国内城、汉城，与平壤并列为都会，国人称为“二京”。高句丽与南方的邻国新罗，经常相互侵夺，战争不息。

开皇初年，高句丽王频频派使者入朝。待到平定陈朝之后，隋朝国势日强，高句丽王大为恐惧，在国内整治兵器军械，积蓄粮草，作据险守城的准备。开皇十七年（公元597年），隋文帝闻知高句丽王“治兵积谷，为守拒之策”，特赐给高句丽王长篇玺书一封：“朕受天命，爱育率土，委王海隅，宣扬朝化，欲使圆首方足，各遂其心。王每遣使人，岁常朝贡，虽称藩附，诚节未尽。王既人臣，须同朕德，而乃驱逼靺鞨，固禁契丹。诸藩顿颡，为我臣妾，忿善人之慕义，何毒害之情深乎？太府工人，其数不少，王必须之，自可闻奏。昔年潜行财货，利动小人，私将弩手，逃窜下国。岂非修理兵器，意欲不臧，恐有外闻，故为盗窃？时命使者，抚慰王藩，本欲问彼人情，教彼政术。王乃坐之空馆，严加防守，使其闭目塞耳，永无闻见。有何阴恶，弗欲人知，禁制官司，畏其访察？又数遣马骑，杀害边人，屡驰奸谋，动作邪说，心在不宾。朕于苍生，悉如赤子，赐王土宇，授王官爵，深恩殊泽，彰著遐迩。王专怀不信，恒自猜疑，常遣使人，密觇消息，纯臣之义，岂若是也？盖当由朕训导不明，王之愆违，一已宽恕，今日以后，必须改革。守藩臣之节，奉朝正之典，自化尔藩，勿忤他国，则长享富贵，实称朕心。彼之一方，虽地狭人少，然普天之下，皆为朕臣。今若黜王，不可虚置，终须更选官属，就彼安抚。王若洒心易行，率由宪章，即是朕之良臣，何劳别遣才彦也？昔帝王做法，仁信为先，有善必赏，有恶必罚，四海之内，具闻朕旨。王若无罪，朕忽加兵，自余藩国，谓朕何也！王必虚心，纳朕此意，慎勿疑惑，更怀异图。往者陈叔宝代在江阴，残害人庶，惊动我烽侯，抄掠我边境。朕前后诫敕，经历十年，彼则恃长江之外，聚一隅之众，昏狂骄傲，不从朕言。故命将出师，除彼凶逆，来往不盈旬月，兵骑不过数千，历代逋寇，一朝清荡，遐迩乂安，人神胥悦。闻王叹恨，独致悲伤，黜陟幽明，有司是职，罪王不为陈灭，赏王不为陈存，乐祸好乱，何为尔也？王谓辽水之广，何如长江？高丽之人，多少陈国？朕若不存含育，责王前愆，命一将军，何待多力！殷勤晓示，许王自新耳。宜得朕怀，自求多福。”

事实上，隋文帝在平定南陈后，国势日强，对于高句丽王的“治兵积谷”是不能坐视的。他的大臣们也有向高句丽用兵的意图，即所谓“开皇之末，国家殷盛，朝野皆以辽东为意”。不过，隋文帝对于高句丽，如同他对待突厥、吐谷浑一样，不主张轻易用兵，更不肯首先用兵，而是采用晓谕和威慑的政策，谋求边境上的安宁。

高句丽王汤得书后诚惶诚恐，将要奉表陈述并向隋文帝谢罪，不久患病而死。其子婴阳王元继位，派人向隋告哀，文帝照例遣使册封婴阳王为上开府仪同三司，袭爵辽东郡公。婴阳王赶忙恢复朝贡，于开皇十一年（591年）正月遣使朝贺，奉表谢恩，采取措施缓和与隋朝的紧张关系。此后，在开皇十二年（592年）到开皇十七年（597年）都遣使朝贡，双方关系表面上趋于正常。其实，双方的交往无非缓兵之计。

开皇十八年（598年），高句丽王元率领万余名骑兵入寇辽西，被营州总管韦冲击退。隋文帝闻知此事后大怒，任命汉王杨谅为元帅，总领水陆兵马进军讨伐，下诏令废除高句丽王元的爵位。当时，由于粮草供给不

继，六军给养缺乏，隋军师出山海关，又遇到疾疫，士气不振。但待到隋军进驻辽河，高句丽王元也感到恐慌惊惧，派使臣向隋文帝谢罪。于是，隋文帝下令罢兵，高句丽王元每年派使臣向隋天子朝贡。

百济国的祖先，出自高句丽国，汉代时已成为朝鲜半岛上的强国之一。隋开皇初年，百济王余昌派使臣向隋贡献特产，隋文帝拜余昌为上开府、带方郡公、百济王。百济国东西450里，南北900余里，南接新罗，北距高句丽，其都城日居拔城。百济官分文武，有16品，居民为新罗人、百济人、汉人和日本人。“俗尚骑射，读书史，能吏事，亦知医药、蓍龟、占相之术”。“有僧尼，多寺塔”，行南朝宋的《元嘉历》法，以建寅月为岁首。国中大姓有8族。“婚娶之礼，略同于华，丧制如高句丽。”可见，百济国的文化较为发达，受中国影响较大。

百济对隋朝平陈的态度和高句丽颇不相同。当时，有一艘隋朝的战船飘流到百济，百济威德王昌抓住机会，资送甚厚，并遣使入贺平陈。文帝大喜，下诏给百济使者，褒奖道：“百济王既闻平陈，远令奉表，往复至难，若逢风浪，便致伤损。百济王心迹淳至，朕已委知。相去虽远，事同言面，何必数遣使来相体悉。自今以后，不须年别入贡，朕亦不遣使往，王宜知之。”

当时，在朝鲜半岛，百济与高句丽世代为仇，屡相攻伐，但其军力不及高句丽，故经常处于守势，勉力支撑。为此，百济屡次遣使到中国来控诉高句丽，揭露其称霸东亚的野心，希望获得支持。开皇末，百济王还遣使请求充当向导，共同讨伐高句丽。于是，高句丽经常派兵阻断水陆通道，这使得隋朝与高句丽的矛盾加深了。而平陈以后内外形势的发展，都使得文帝必须正面处理东北亚政治关系。

新罗国在高句丽国东南，即西汉乐浪郡的故地。国内居民杂有汉人、高句丽人、百济人。其国王本是百济人，自海上逃入新罗，称王于新罗国。

开皇十四年（594年），新罗王金真平派使臣向隋天子贡献特产，隋文帝拜金真平为上开府、乐浪郡公、新罗王。新罗国先附庸于百济国，后来因百济征伐高句丽，高句丽人不堪忍受百济王的兵役和徭役，相继归附新罗，新罗因此而逐渐强盛。后来，新罗因袭百济附庸于迦罗国。新罗地多山险，虽然与百济嫌隙颇深，百济也无力图谋。

隋朝与朝鲜半岛三国的关系，同高句丽虽然有过一次战争，但也以和平相处为主，至于同百济、新罗两国，则堪称友好，经济文化方面的往来日益密切。

日本在古代亦称倭国，在百济、新罗东南，水陆3000里，于大海之中，依山岛而居。汉光武帝时，曾派使臣入洛阳朝见汉天子，自称大夫，接受光武帝册封。在魏晋南北朝期间，世代与中国相通。开皇二十年（600年），倭王姓阿每，字多利思比孤，号阿辈鸡弥，派使臣至长安朝贡。隋文帝令有关部门派人考察倭国风俗，其国设有职官、法律，有兵器而无征战。其民信佛法，从百济国求得从中国传去的佛经，开始使用汉人文字，尤信巫觋。新罗，百济皆以倭国为大国，多有珍宝，因而敬畏，经常通使往来。

隋王朝时期同东南亚交往较多的国家有林邑（今越南中部）、赤土（今马六甲）、真腊（柬埔寨）、婆利（今北婆罗洲）等国。隋文帝平定南陈后，林邑派使臣向隋天子进献特产，后来朝贡断绝。平定南陈后，隋王朝境内天下平定，群臣中有人向隋文帝进言，说林邑多有奇宝。于是，隋文帝于仁寿末年，派大将军刘方为欢州道行军总管，率领钦州（治所在今广西钦州东北）刺史宁长真、欢州刺史李晕、上开府秦雄等步骑兵万余人以及犯罪者数千人出击。林邑王率领徒众乘大象与隋军交战，刘方出师不利。后刘方施用计谋，于丛林中挖掘很多深坑，上面覆盖杂草，伪装起来，然后率兵挑战。林邑王梵志率全军布阵，交战后，刘方率军佯败逃走，梵志率兵追击，兵众多陷入坑中，转相惊骇，林邑军大乱。刘方趁机纵兵反击，大败林邑军队。梵志屡战屡败，不得不弃城逃走。刘方率军入林邑都城。刘方获胜后班师回国，梵志又恢复原有的故地。经过这次战争后，林邑王梵志派使臣向隋朝谢罪，从此林邑向隋朝朝贡不断，两国的经济文化往来有了进一步的加强。

隋文帝在位期间，陆路通过西域的丝绸之路，海路由南海经马六甲海峡、印度洋，同中亚、东南亚、西亚和欧洲的许多国家都有商业和文化往来。

在对待外邦的政策上，韦冲曾对隋文帝说："夷狄之性，易被反复，皆由牧宰不称之所致，臣请以理绥静，可不劳兵而定。"（《资治通鉴》）隋文帝深以为然。隋文帝在位25年的实践表明，他在处理同周边民族的关系上，基本上执行了"以理绥静"的既定方针，这也使得隋朝得到了一定的稳定。

第六章

偃武修文重礼教　发展经济开皇兴

隋文帝篡周自立，平定叛乱，多依赖武将。然而，当国家统一之后，更加需要能够治理国家的贤能之士。为了使国家强盛安定，隋文帝采取了偃武修文的政策；同时，为了发展经济，隋文帝还鼓励各业并举。这些强国策略的贯彻实施，使得隋王朝出现了前所未有的繁荣，这在历史上被称为“开皇之治”。

寓兵于农，崇文兴教

开皇九年（589年）四月，隋文帝发布了“天下大同、偃武修文”的诏书。诏书说：“往以吴越之野，群黎涂炭，干戈方用，积习未宁。今率土大同，含生遂性，太平之法，方可流行。凡我臣僚，澡身浴德，开通耳目，宜从兹始。丧乱已来，缅将十载，君无君德，臣失臣道，父有不慈，子有不孝，兄弟之情或薄，夫妇之义或违，长幼失序，尊卑错乱。朕为帝王，志存爱养，时有臻道，不敢宁息。内外职位，遐迩黎人，家家自修，人人克念，使不轨不法，荡然俱尽。兵可立威，不可不戢，刑可助化，不可专行。禁卫九重之余，镇守四方之外，戎旅军器，皆宜停罢。代路既夷，群方无事，武力之子，俱可学文，人间甲仗，悉皆除毁。有功之臣，降情文艺，家门子侄，各守一经，令海内翕然，高山仰止。京邑庠序，爰及州县，生徒受业，升进于朝，未有灼然明经高第，此则教训不笃，考课未精，明勒所由，隆兹儒训。官府从宦，丘园素士，心迹相表，宽弘为念，勿为跼促，乖我皇猷。朕君临区宇，于兹九载，开直言之路，披不讳之心，形于颜色，劳于兴寝。自顷逞艺论功，昌言乃众，推诚切谏，其事甚疏。公卿士庶，非所望也，各启至诚，匡兹不逮。见善必进，有才必举，无或噤默，退有后言。颁告天下，咸悉此意。”这封诏书表明他已经决定实施偃武修文的治国方针了。

开皇十年（590年）五月九日，文帝又下诏："魏末丧乱，郡县瓜分，役军岁动，未遑休息。兵士军人，权置坊府，南征北伐，居处无定，家无完堵，地罕苞桑，恒为流寓之人，竟无乡里之号，朕甚愍之。凡是军人，可认属州县，垦田藉帐，一同辅户。军府统领，宜依旧式。"

而且，诏令还宣布废除山东、河南以及北方缘边的新置军府。山东、河南军府，或是为了平齐而新立，或是齐亡之后增设，都出于一时的军事需要，至于北方缘边军府，完全出于防御突厥的需要。现在战乱平定，新置军府没有继续保留的需要，裁撤势在必然。因此，这些军府一置一废，国家趁机削弱乡村豪强势力，对国家的统一和社会的安定大有裨益。

事实上，自隋朝建立以来，文帝一直想方设法消除私人武装。开皇三年（583年）正月，他曾下诏："禁大刀长稍。"但是，当时严峻的内外军事形势决定了这一措施难以彻底贯彻。平陈以后，偃武修文的内外条件均已具备，这时候，文帝迅速调整国家战略方针，立即裁汰军队，寓兵于民，表现出他在历史转折关头具有敏锐的洞察力和卓越的领导能力。

此后，隋朝在全国加紧取缔非法武装。开皇十五年（595年）二月，下令除关中和缘边地带，国内私人拥有的兵器一律上缴，如敢私造，绳之以法。开皇十八年（598年）正月，又针对江南屡生民变的情况，发布禁令："吴越之人，往承弊俗，所在之处，私造大船，因相聚结，致有侵害。其江南诸州，人间有船长三丈以上，悉括入官。"这些措施与精兵政策相辅相成，起到防范武装反抗、削弱地方势力、维护国家稳定、促进经济发展的作用。

隋文帝在之前所做的偃武的举措，都是为后来的崇文兴教做准备。

北周尚武，朝贵几乎都出自行伍，形成蔑视文人的传统。隋朝虽然有所变革，但积习难击，内外形势也不允许国家从容取士，故其用人多为应付各级政府处理公文急需，注重实用，即所谓“近代左右邦家，成取士于刀笔”，而此时朝中更是以武官为主。

为了改变这样的局面，开皇二年（582年）十二月，文帝在指挥抗击突厥的紧张斗争中，仍不忘发展文教事业，专门赐给能通儒经的国子学生束帛，给予亲切的鼓励。这一举动，同样给主张文治的朝臣儒士以鼓舞。圣眷正隆的潞州（今山西省长治市北古驿）刺史柳昂抓住机会，上疏文帝，指斥动乱造成社会风气的败坏，请求在全国劝学行礼。柳昂出身河东望族，素有家学，其建议得到文帝的重视和采纳。开皇三年（583年）四月十八日，朝廷为此下诏：“建国重道，莫先于学，尊王庇民，莫先于礼。……朕受命于天，财成万物，去华夷之乱，求风化之宜。……古人之学，且耕且养。今者民丁非役之日，农亩时候之余，若敦以学业，劝以经礼，自可家慕大道，人希至德。岂止知礼节，识廉耻，父慈子孝，兄恭弟顺者乎？始自京师，爰及州郡，宜祗朕意，劝学行礼。”据记载，诏书发布后，“自是天下州县皆置博士习礼焉”。

开皇五年（585年）四月，文帝诏征山东义学之士马光、张仲让、孔笼、窦士荣、张黑奴和刘祖仁六人同至京师，被委任为太学博士。这次征召人才的范围相当广泛，不止限于上述六儒。原北齐南阳王博士房晖远为太常卿何妥所推荐，经吏部尚书韦世康推荐，被任用为太学博士。而且，征召的地域也不限于山东。

梁彦光任相州刺史，见当地人情险薄，欺诈成风，下决心革除其弊，出资延聘山东大儒，每乡立学，非圣哲之书不得教授。自己常在季月召集学生，亲加策试。有聪明好学、成绩优异者，升堂设馔，其余并坐廊下。

如有好诤讼、偷懒无成者，则令其坐于庭中，设以草具。当学生学业大成时，他亲自举行宾贡之礼，义于郊外设宴饯行，资助其上考。于是，“人皆克励，风俗大改。”

然而，这些儒士当中，也有所谓的御用文人，被文帝抬上国子祭酒高位的元善就是这样。国子博士何妥对元善的学界领袖地位很不以为然，知道元善集诸儒讲《春秋》，便去参加。元善见来者不善，私下对何妥说：“名望已定，幸无相苦，”可是，何妥不吃这一套，等元善开讲后，专门挑些古今有疑义的问题提问诘难，问得元善张口结舌，面红耳赤。

开皇九年（589年），隋文帝下令把“江南士人，悉播迁入京师”。开皇十年（590年）十一月七日，文帝亲临国子学主持隆重的释奠仪式。学礼完毕后，命国子祭酒元善讲演《孝经》。元善体察上意，把忠孝之义渲染铺陈，古今事例，信手拈来，头头是道。文帝听得龙颜大悦，大加称赞。接着，太学博士马光升讲《礼》，同样是条分节解，听众莫不推服。骠骑将军崔彭是文帝的心腹，一直负责宫中宿卫。文帝曾对他说：“卿弓马固以绝人，颇知学不？”崔彭回答道：“臣少爱《周礼》、《尚书》，每于休沐之暇，不敢废也。”文帝让他试讲一段，崔彭当即讲了君臣戒慎的道理，文帝颇予赞赏，不久即予提拔。

在文帝文治政策的积极推动下，隋朝的文教事业迎来了一个蓬勃发展的新时期。

编书修史，修订礼制

隋朝建立时，全国总共才有书一万五千余卷，且部帙之间，颇有残缺，与梁朝图书旧目相比，仅有其半。当时，牛弘上奏大声疾呼：“昔陆贾奏汉祖云‘天下不可马上治之’，故知经邦立政，在于典谟矣。为国之奉，莫此攸先！”文帝披阅牛弘的奏章，为之动容，深感忧虑。开皇三年（583年），为改变缺乏书籍的窘境，文帝派遣使者到民间征书，以金银、耕牛来奖励献书者，秘书省抄录校对完毕后，再将书籍物归原主。文帝还对保护文物投入大量的物力财力。经过一两年的收集，国家图籍才得稍备。

东汉时，曾让著名书法家蔡邕书写七经，刻为石碑。此后，曹魏时又立三字石经，弥足珍贵。北齐高欢曾将石碑自洛阳船运至邺都，途中因河岸塌方，损失近半。开皇六年（586年），文帝下令将石碑运到长安，放到秘书省内。这些石碑几经辗转，加之长途运送，文字难以看清了。文帝便让知名学者刘炫和刘焯对石碑进行校对，并对石碑进行修补。

南北统一无疑给图书文物事业带来大好的发展机会。隋军攻入建康时，高颎立即派专人封存陈朝图籍，尽数运回长安。至此，图书流散于南北各地的局面终告结束，经籍渐备，荟萃于京师。在此基础上，隋朝在宫内和秘书省建立皇帝与国家图书馆，对收集到的图书进行整理修缮。

南朝历代注重图书的收集整理，到梁武帝时，藏书三万余卷，诗文灿烂，震烁当世。而北齐奠基人高欢曾深怀忧惧道："江东复有一吴儿老翁萧衍，专事衣、冠、礼、乐，中原士大夫望之以为正朔所在。后萧绎竟迁怒于图书，尽付一炬，成为千古文化罪人。"所以，隋朝收得陈朝图籍，珍本、善本罕存，多为陈宣帝时代抄本，纸墨不精，书写低劣。为了抢救整理这批图书，文帝下令征召天下工于书法之士，于秘书省内补续残缺，编制目录，分为正、副二本，藏于宫中和秘书内、外之阁。经过这番整理，藏书达到三万余卷，恢复到梁朝水平，重新奠定了图书文化事业的基点。

对隋朝文献事业贡献最大者，当属许善心。许善心原为陈朝学者，才思泉涌，见多识广，家有藏书一万多卷。

开皇八年（588年），许善心作为陈朝使节访问大隋，刚好两国交战，文帝就拖着不许他回国。他被迫留在驿馆。陈朝灭亡，许善心身着丧服，面向东方默默垂泪。

开皇十六年（596年），有雀降临含章宫，文帝以为神鸟下凡，赐宴百官。许善心当场写下《神雀颂》，文采十足，文帝大赞其才华。第二年，敕令善心为秘书丞。许善心见秘藏图籍尚不完备，且多混乱，就废寝忘食地编起书来。他仿效梁朝文献目录学家阮孝绪的七类分法，将图籍分门别类，加以编纂。书籍编成之后，命名为《七林》。而且，他还奏请延聘李文博、陆从典等学者十余儿，在秘书省考订校正经史图书的错谬，把国家图书事业由征购收集、抄写复本推进到分类整理、校勘研究的新阶段。隋朝的文献整理工作见效很快，许善心功不可没。

在图籍整理的基础上，文帝关心并积极推进修史事业。

开皇十三年（593年）五月二十四日，文帝下诏："人间有撰集国史、臧否人物者，皆令禁绝。”开皇初年，对此尚未严禁。国子博士萧该与何妥一道“止定经史”，后因意见相左而遭谴，回家撰写《汉书》，“成为当时所责”。文帝在开皇六年（586年）亲加招揽的山东名儒张仲让辞官归乡后，著书十卷，逢人自吹此书若上奏皇上，他马上就会被请回京中当宰相。结果州县将此事上报，朝廷立刻命令将他处斩。随着中央集权的加深，隋朝从各个方面加强对社会生活的管制，自然要让精神文化屈从于政治需要，尤其要严格管制经常被利用为政治斗争工具的史书编撰。上述禁令得到严格的贯彻，即使是政府史官，也不准私人撰写史书。王劭是秘书省著作佐郎，因母忧去职，在家编修《齐书》，被人上告，文帝大怒，专门派人没收其著，亲自审读。王劭逢迎的功夫还真在学问之上，也不知书里写了些什么，只晓得文帝读后，不但转怒为喜，还如获至宝，连忙提拔他为门下省员外散骑侍郎，连升三级。

在此政策下，修史传统发生了根本性变化，即由过去的史家修史向政府史馆主持修史转变。开皇中，具体负责编修史籍的就是上述王劭，他自从私撰史书为文帝所知后，颇得宠信，任著作郎，出掌秘书省著作曹。其下有学者组成的修史班子，如刘焯“举秀才，射策甲科。与著作郎王劭同修国史，兼参议律历，仍直门下省，以待顾问”；刘炫“奉敕与著作郎王劭同修国史。仍直门下省，以待顾问”；王孝籍应召“入秘书，助王劭修国史”。这时，修史已完全属于国家事业，受到高度重视。其具体事务经常处于文帝的直接领导之下，编撰史书的人员都由文帝钦定，所修史书由文帝亲自指定，以诏书形式下达任务。

据《隋书·经籍志》记载，在唐初尚有著录的隋修史书有姚察撰《梁书帝纪》七卷，魏澹《后魏书》一百卷，牛弘《周史》十八卷，崔子发《齐纪》三十卷，王劭《齐志》十卷、《隋书》六十卷和《隋开皇起居注》六十卷等。隋朝修史由秘书省著作曹负责，有门下省官参加，亦即中枢机要部门参与其事。在文帝的主持和亲自督导之下，隋朝修史事业大有成绩。

在修订史书的同时，隋文帝也注重修订礼乐。

西晋将法律儒家化，加强了以礼入法的趋势。礼律并置、互为表里，已成为魏晋南北朝统治者与法学家的共识。隋朝律令格式依次编撰完成后，立即着手修礼。另外，《礼记·乐记》说："王者功成作乐，治定制礼。"孔子也说过："非天子，不议礼，不制度，不考文。……虽有其位，苟无其撼，不敢作礼乐焉；虽有其德，苟无其位，亦不敢作礼乐焉。"可见，制礼以告功成，树正统、明君德，这是一代开基创业的皇帝所拥有的神圣特权。开皇初，隋文帝打算修礼，秘书监牛弘上书称："制礼作乐，事归元首"，获得首肯。

隋文帝登基伊始，就曾修改了北周舆、服、仪、卫等部分礼制。《隋书·礼仪七》记载："高祖初即位，将改周制，乃下诏曰：'祭祀之服，须合礼经，宜集通儒，更可详议。'"当时，大臣高颎、崔仲方、卢贲、李德林、裴政等人纷纷献言，建议废除北周礼，用魏晋北齐礼代之，由此确定了后来修礼的基调。《礼仪》还记载："高祖受命，欲新制度。乃命国子祭酒辛彦之议定祀典。"可知当时隋文帝委以主持修改北周礼典的"通儒"，是出身于陇西的辛彦之。此后，百废待兴，国务繁忙，修礼工作暂无进展。秘书监牛弘知道文帝念念不忘修礼，便上疏建议全面编撰新礼，移风易俗，大治天下。其时，律令格式已经基本编就，与之配套的改定礼制自然提上了议事日程。于是，隋文帝让牛弘与辛彦之一起编撰礼典。

开皇三年（583年），牛弘继辛彦之出任礼部尚书，全面负责编撰新礼，同时明克让和崔赜诸儒也参加了礼制的修订。明克让出自南梁礼学名家，本人亦为当世所推重，梁亡后入周，先后当过麟趾学士和露门学士。崔赜出身于北方大族的博陵崔氏，其父为山东儒学宗师，本人亦是隋代一流文士。此二人参加修礼，显然是为了博采北齐及南朝后期新发展的礼制。

开皇五年（585年）正月，《隋朝仪礼》一百卷编撰完成。十一日，隋文帝下诏颁行。这部礼典包含吉、凶、宾、军、嘉五礼，"悉用东齐《仪注》以为准，亦微采王俭礼"，或"采梁及北齐《仪注》"，堪称北齐与南朝礼制的集大成。《隋朝仪礼》的颁布，标志着隋朝系统性礼法制度建设基本完成。隋礼对传统礼制亦多有改革创新。例如，隋朝将国家祀典分为大、中、小三种，厘清其等级，确定以昊天上帝、五方上帝、社稷和宗庙等为大祀，这些都与编修律令格式的指导思想一致，即通过祭祀天神以强调隋政权的正统合法性，助其实现中央集权的目的。

均田于民，改定税赋

自古道："仓廪实而知礼节，衣食足而知荣辱。"在中国这样一个农业国家，有远见的政治家无不把农业放在理政之首位，即所谓"《洪范》八政，以食为首"。

魏晋动乱，无辜百姓屡遭屠杀，户口锐减。幸存者或筑坞自保，或颠沛流离，造成社会的极度萧条。为了维持社会的稳定和军粮供应，统治者首先将军事体制扩大应用于民间社会，出现了国有土地制度全面推行的时代。在北魏，由于政府把实现拓跋族从游牧到农耕定居的战略性转变作为全面汉化的基石，所以强有力地推行国有化的均田制度。由国家来组织农业生产的制度，适应了遭到巨大破坏而生产力低下的特定历史时期和社会环境，其目的主要在于恢复经济、稳定社会和确保国家财政。因此，社会的基本政治经济条件没有发生根本性转变，则国有土地制度仍将在自身修正中具有活力。社会经济小繁荣，则均田制仍将在惯性作用下继续实行。隋朝就是在这种社会条件下，继续推行均田制的。

开皇二年（582年）七月，随着《开皇令》的颁布施行，隋王朝基本框架才大致完成。在《开皇令》公布之前，隋朝虽然捐弃了部分北周苛政，但基本上“仍依周制，役丁为十二番”。北周力役确有“丰年不过三旬”的规定，实施则见于周武帝保定元年（561年）之“改八丁是为十二丁兵”的规定。隋朝既然采行北周的“十二番”力役，自然也继承与之配套的均田制，暂作过渡，以便承前启后。

新制定的《开皇令》，对北周均田制度做了修改。从《隋书·食货志》有关均田制记载中“其丁男、中男永业露田，皆遵后齐之制”一句，可知在土地制度方面，文帝也坚持贯彻依北齐改北周制度的原则。从今日传世文献来看，北周均田制仅存“有室者，田百四十亩，丁者田百亩”之类极为疏阔的规定，远不如北齐周密完备，难以运作。而且，主持关中财政的苏绰曾对其子苏威说道：“今所为者，正如张弓，非平世法也。后之君子，谁能弛之？”连苏绰本人都觉得赋役过重，于心不安，则此等制度自难被隋朝所继承。

均田制是建立在等级基础上的，它首先保证国家官吏对土地的占有。《开皇令》规定："自诸王已下，至于都督，皆给永业田，各有差余。多者至一百顷，少者至四十亩。"比起北齐官吏通过拥有奴婢来获得永业田，隋朝的给田范围更加宽泛，甚至连用以酬勋的散实官"都督"都能分田。因此，马上就出现了百姓受田不足的严重情况。对此，民部尚书苏威建议，减少分给功臣的田地，以缓解百姓受田不足的局面。建议刚提出，立即遭到勋贵功臣的强烈反对，上柱国王谊趁文帝亲临其府的机会，当面对文帝说道："百官者，历世勋贤，方蒙爵土。一旦削之，未见其可。如臣所虑，正恐朝臣功德不建，何患人田有不足？"文帝靠宫廷政变上台，正需要拉拢官僚的支持，岂能轻易触动其既得利益，所以，他当即作出决定，压下苏威的建议。

从这件事可以看出，均田制实行已近百年，其性质发生了巨大变化。当初，北魏进入中原，控制着大量荒地，可以通过国家行为使劳动力和土地相结合，扶持自耕农。随着社会安定，生产恢复，上述均田制的作用也在日益减低。均田制的主要方面更接近于等级制的社会利益分配制度。以前国家稳定社会的重点在于扶助自耕农，现在则在于笼络官僚，即王谊所谓的"正恐朝臣功德不建，何患人田有不足？"

在这种制度下，官吏就拥有了永业田，他们还可以根据官品高低，在任期内获得职分田。京官职田，在京城近郊。而各地官吏，也按规定于所在州县城郊得到职分田，作为俸禄的一部分。至此，京官、外官职分田制度臻于成熟。除了永业田和职分田外，官吏还可以得到一大笔公廨钱，作为官署的办公费用。官署是政治、行政权力部门，依靠国家税收维持，本来就是老百姓供养的，现在让其直接介入经济活动，以权经商，官商勾结，“出举兴生，唯利是求，烦扰百姓，败损风俗，莫斯之甚”，妨碍行政公正，造成官风败坏的陋习，乃“因循往昔”。隋朝在职分田之外，恢复官署放贷的做法，实是对官吏作出的重大让步。

到了开皇十四年（594年），官署放贷更为猖獗，工部尚书苏孝慈挺身而出，直言上谏，请求予以废止，改为给官署田地。文帝也觉得有道理，遂于六月四日颁发诏令规定；“省府州县，皆给公廨田，不得治生，与人争利”，对官吏略加约束。可是，田租收入远远比不上以钱生钱来得轻巧丰厚，加之官吏所阻，他们暗里向朝廷施加压力。这样，到了开皇十七年（597年）十一月，文帝只好再次下诏：“在京及在外诸司公廨，在市回易，及诸处兴生，并听之。唯禁出举收利”。

开皇年中，民部侍郎上奏：“身死王事者，子不退田；品官年老不减地”，获得文帝的钦准。以前，文帝也曾多次赈恤牺牲的将士家属，如开皇元年（581年）九月，“战亡之家，遣使赈给”；开皇六年（586年）九月，“诏大象已来死事之家，咸令赈恤”等。郎茂的建议，使得这类赈恤制度化，勋田与官吏受田更加固定。而且，政府在缘边地带推行屯田，各地军府也都占有土地，这样一来，国家能够掌握并用于分给百姓的土地，十分有限。开皇三年（583年）正月，文帝“初令军人以二十一成丁”。这年，隋朝与突厥战事正艰，国家正是用人之时，文帝用提高成丁年龄的办法，缓解丁男受田的压力。而此时的政府严格户口管理，搜括出许多隐漏人口，却没有能力解决其土地问题，尤其在“京辅及三河，地少而人众，衣食不给。”

开皇四年（584年），是杨坚登上帝位的第四个年头。这一年，关西地区出现了少有的大旱。此刻的隋文帝杨坚，听到不时传来的灾情，坐卧

不宁。他吩咐左右出去看看灾情严重到什么程度，看看那些灾民靠什么度日。不久，出外巡视的人回来了，带回一些豆屑杂糠，并告诉他这是灾民赖以活命的东西，文帝心中不由忧虑起来，想起周静帝禅位诏书中的一段话："王受天命，叡德在躬。救颓运之艰，匡坠地之业，拯大川之溺，扑燎原之火，除群凶于城社，廓妖氛于远服，至德合于造化，神用洽于天壤。"杨坚登上帝位仅仅四年，根基未稳。他不由得想起北魏末年的六镇起义，它的直接起因就是六镇的军户及镇民饥饿无食。后来这些饥民被抢，进到河北"就食"，但河北诸州也连年遭受水旱之灾，"饥馑积年，户口逃散"，六镇饥民无食可就，又得不到朝廷的救济，走投无路，引发了河北地区的起义。那时杨坚虽还未出生，但他的岳父独孤信曾作为饥民而亲身参加了六镇及河北的起义。

国以民为本，民以食为命。农业兴，才能有饭吃，人民才安定。兴农才能同本，于是，杨坚加紧实施各项兴农措施。

首先，他在全国加紧推行均田制。均田制开始实行于北魏。魏孝文帝初期，水旱连年成灾，百姓被饥饿所困，四处流散。豪强们趁机兼并土地。主客给事中李安世描写当时土地不均的情况说："窃见州郡之民，或因年俭流移，弃卖田宅，漂居异乡，事涉数世。三长既立，始返旧墟，庐井荒毁，桑榆改植。事已历远，易生假冒。强宗豪族，肆其侵凌，远认魏晋之家，近引亲旧之验。又年载稍久，乡老所惑，群证虽多，莫可取据。各附亲知，互有长短，两证徒具，听者犹疑，争讼迁延，连纪不判。良畴委而不开，柔桑枯而不采，侥幸之徒兴，繁多之狱作。欲令家丰岁储，人给资用，其可得乎！"因此，李安世建议：重新均量土地，根据劳力配置相应的土地，使"细民获资生之利，豪右靡余地之盈"。有争议的田地，

“宜限年断，事久难明，悉属今主”。魏孝文帝根据这个建议，于太和九年（485年）十月，下诏实行均田制。

北魏均田制规定：男子年15岁以上，给不栽树的露田40亩；女子给露田20亩。若有奴婢，依照良人授田。若有耕牛，每头牛给田30亩，但只限于4头牛的田数。这种露田只给劳动者耕种，劳动者老了或死了，要将田还给国家。另外，每个成年男子给桑田20亩，这种桑田可世代继承，死后不归还国家，也不得买卖。但要在3年之内在田上种桑树50棵、枣树5棵、榆树3棵。若3年内种不足，则将桑田收回。不适于栽桑养蚕的地区，男子给麻田10亩，妇人给5亩，男子另加1亩以种榆、枣等树。麻田和桑田不同，耕种者死后，田地要退还国家，不得继承。

北魏实行这个制度，使农民重新得到部分土地，游离的劳动力重新与土地结合起来，这对恢复北方的农业生产起了一定的积极作用。但北魏的均田制实行得不是很彻底，在有些地方，特别是六镇地区并没有实行。即使在实行均田制的地方，地主豪强的大土地制仍在继续发展，买卖土地，甚至抢夺百姓土地的事时有发生，可见北魏均田制对恢复农业生产的积极作用是有限的。到北魏末期，由于社会动荡，均田制被彻底破坏，这点有限的积极作用也不复存在。

北魏灭亡后，北齐、北周分别继续实行均田制。北齐河清三年（564年）下令：每个成年男子给露田80亩，妇女给40亩。奴婢比照良人给田。耕牛一头给田60亩，限止4头牛。另外每个男丁给永业田20亩。永业田不还给国家，此外的田地都按规定退还。同时还规定了给田奴婢的数额：亲王300人，嗣王200人，第二品嗣王以下及庶姓王150人，正三品以上及皇宗100人，七品以上官80人，八品以下官至庶人60人。这个均田制度，显

然对官僚富人有利。高官不说，仅以一个八品以下的小官为例，如果他有60个奴婢，4头耕牛，就可以分到3840亩土地。所以宋孝王《关东风俗传》中说：在北齐，“又河渚山泽，有司耕垦，肥饶之处，悉是豪势，或借或请，编户之人不得一垄”。“其时强弱相凌，恃势侵夺，富有连畛亘陌，贫无立锥之地”，正说明北齐均田制是多么不彻底。

西魏、北周的均田制规定：已娶妻者，给田140亩，未娶者给田100亩。另外，10口以上人家给宅田5亩，9口以下给宅田4亩，5口以下给宅田3亩。18岁成丁受田，64岁年老还田。但南平关中地区地少人多，有资料表明，当时普遍存在受田不足的现象。

杨坚登帝即位后，立即重新颁布均田法。规定男丁受露田、永业田皆遵北齐之制，田宅3口人给1亩，奴婢则5口人给1亩。官吏受田，自诸王以下至于都督，皆给不同数量的永业田，多者100顷，少者40亩。此外又给职分田，一品官给田5顷，以下每品减少50亩，至九品为1顷。外官也给职分田。此外还有公廨田，以充公用。

开皇十二年（592年），文帝让百官商议此事，有人十分郑重地建议：把土地不足的“狭乡”百姓迁往地多人少的“宽乡”安置。其实，政府历来鼓励农民迁居宽乡，并给予优惠待遇。但农民还是不愿意迁徙，可知所谓宽乡大多是比较偏僻荒凉的地方。文帝又让各州进京汇报政绩的考使参加讨论，结果只是得到深切的关心。不仅如此，文帝转而让尚书将此作为考题，看四方贡士有何高见，然而，结果只是增加失望。

文帝只能在现有条件下对农民拥有土地的状况略加调整，他派遣使者到各地贯彻均田。使者回来报告，均田普遍不足，“其狭乡，每丁才至二十亩，老小又少焉”。既不能触动官僚阶层的利益，又不愿意放松国家对土地的管制，加上人口增长的压力，隋朝的均田制度只是徒有虚名。即便如此，农民实际拥有二十来亩田地，恰好只够均田规定中的永业田数额。永业田源于北魏的桑田，根据法令，必须种桑、枣、榆树。法令中的课民种桑，只是中国男耕女织观念下的劝农规定，所谓的桑田，绝非种桑之地，故北魏以后，桑田就径称为永业田，而且北魏均田令本身就规定“诸桑田皆为世业，身终不还，恒从见口。有盈者无受无还，不足者受种如法”，已经在一定程度上接近于桑田的实质。

所谓的桑田、永业田，就是农民原来拥有的土地，北魏初行均田制时，不承认土地私有，把所有土地统统作为国有土地。但是，在具体运作上，显然不可能把农民拥有的田地先收归国有，再来进行均田，而只能将这类土地首先纳入一定程度承认其私有的桑田系列，这就是法令上先受桑田的基本原则。在此基础上，国家再按照法令规定，将国有土地授于农民，补其差额。这样，田地可以分为两大类，一是农民原有的，二是国家授予的。国家给予的田地当然都要实行还受。实际上，均田制具有国有和私有土地的双重结构。

隋朝实行均田制之后，在此基础上向农民征租、征调，同时让成年农民为朝廷服役，这是隋代农民的三项主要负担。负担归负担，但总比北周轻多了。北周时期，苏威的父亲苏绰，制定了国家的赋税制度和徭役标准。他曾对年少的苏威说过自己制定的役法过重，给老百姓造成了沉重的负担，苏威谨记父亲的这些话，时时以减轻百姓的负担为己任。后来，苏威继承父业，成为大隋朝的民部尚书，掌管大隋王朝的经济大权。他暗下决心要实现自己的政治抱负，于是，奏请文帝轻徭薄赋，文帝赞同。

所谓的“租”，就是向国家缴纳田地出产的粮食。政府规定的租为3

石，文帝统一了度量衡，隋朝的斗较之旧斗要大，实际上隋朝的租，比北齐、北周的都要重。但是，隋朝的均田制使得农民要比北魏、北齐、北周均田农民晚交租调3年，晚服役3年，按照年头计算，隋朝的农民所获得的实惠还是比前几朝多一些，百姓对此很满足。

所谓的“调”，就是向国家交纳的纺织物，或绢或布或麻。据史料记载，隋朝的夫妇每年交纳帛一匹，粟245石。男孩子到了15岁还没娶媳妇，4人出一夫一妇的调额。耕田的男奴和女婢，8人出一夫一妇的调额，耕牛20头出一夫一妇的调额。在出产麻布的地区，一夫一妇每年还要交1匹麻布，其他如没娶妻的15岁男子、奴婢、耕牛，其所交数额如前类推。隋朝的调比北齐、北周要轻得多。

所谓的服力役，就是徭役，指为国家出力做事。早在北周的时候，百姓18岁至60岁，必须为国家服役，隋朝改为21岁至60岁，把开始服役的时间推迟了三年。北周规定，18岁至60岁的百姓每年服役一个月，隋朝改为20天。

开皇十年（590年），文帝下诏，超过50岁的百姓，不用亲自服役，可以用一定数量的纺织物代替。用实物代替劳役，可使50岁以上的农民继续参加农业劳动，以不误农时；而且，上交的替代物可以增加国家的收入，对国家也是有利的。

经过文帝的改革，隋朝农民的租、调、力役的付出量，较之前朝，在总体上有所减轻。但是这些政策也有弊端，“力役”百姓多能承受，而在“租”方面，只要有田地，就得交官租，不管天灾还是荒年，不管有没有收成，只要朝廷不发特旨，百姓再穷也得交到规定的数额，不交或者拖延，就会被拘押。

隋文帝实施的均田于民政策，减轻人民赋税徭役负担的诏令和临时减免赋役的措施，有其特定的历史背景。隋文帝制定了宽缓的赋役政策，并且提倡“躬履俭约”，不但即位后很少大动土木，连皇室和他本人都很俭约，均田和租调法令的推行，使得国家财政收入有所增加。财政盈余的大量增加，使得隋文帝的减免赋役有财政盈余的保障。无论如何，隋文帝为了减免人民赋役负担而采取的措施，是有利于社会经济的恢复和发展的。

“大索貌阅”，发展农业

北魏在太和九年颁布均田令的同时，颁行“家世一邻长，十邻立里长，五里一党长”的所谓“三长制度”。三长的职责除了推行均田、功课农桑、催督租课外，另一项重要职责便是建立户籍，检查户口。很显然，户籍制度如不健全，国家的均田和征收赋役都是难以顺利进行的。

在隋文帝的均田令中，首先便谈到“制人五家为保，保有长。保五为间，间四为族，皆有正。畿外置里正，比间正，党长比族正，以相检察焉。”可见。隋文帝把建立新的三长制度作为推行均田法令的前提条件。而“相检察”的含义，除了推行均田和征收赋役之外，建立户籍，检括户口便成了一项重要的内容。事实上。设置三长、检括户口、推行均田、征收赋役，可谓是“四位一体”、密不可分的，而检括户口是推行均田和征调赋役的前提条件。

对于隋文帝来说，重视检括户口除了上述原因之外，还与隋朝的历史背景密切相关。自秦汉、魏晋、南北朝以来，各地豪强地主的势力都很强大。在豪强地主势力之下，很多依附农民即所谓“荫庇”农民是不在国家编制的户籍之中的，封建国家政权也无法向这些荫庇户征调赋役，使国家赋税和徭役的征调蒙受重大损失。隋王朝统一中国，结束了四百年南北分裂的局面，因而限制地方豪强势力、加强中央集权，已是势在必行。

《通典》卷七《食货典·丁中》对于隋初这一形势有概括的论述：“其时承西魏丧乱，周齐分据，暴君慢吏，赋重役勤人不堪命，多依豪室，禁网隳紊，奸伪尤滋。高颖睹流冗之病，建输籍之法，于是定其名，轻其数，使人知为浮客，被强家收大半之赋，为编甿奉公上，蒙轻减之征。”

杜佑原注解释说：“浮客，谓避公税，依强豪作佃家也，……高颎设轻税之法，浮户悉自归于编户。隋代之盛，实由于斯。”这些深刻地揭示了大量农民荫庇于豪强的主要原因，是在两魏丧乱周齐分据的历史条件下，暴君污吏将繁重的赋役负担强加在农民头上。

很多小老百姓不能承受沉重的苛捐杂税，在走投无路的情况下，便转而卖身投靠有钱有势的豪族。就这样，许多人依附到豪强大族门下，不报户口，不向国家交税，也不服役，等于把自已隐藏起来。山东地区素来殷实富裕，但高欢时代，无论是官宦还是百姓都想尽办法逃税漏税。那时候国家忙着打仗，政府无暇顾及于此。到了北周宣帝的时候，豪强地主大肆兼并，藏匿人口现象更为严重。这样一来，大量瞒报户口，国家的收入便大大减少。土地是农业社会的根本，百姓越多，交的税便越多，国库便越充实。

高颎于隋文帝建国后，被任命为尚书左仆射兼纳言，他目睹这一弊端的流行和严重危害，经过调查，向文帝汇报实情："据臣了解，现在国库不够丰盈的原因，除了天灾以外，就是偷税漏税。有的村子，一半以上的人户没参加均田，仍租种豪族的土地，这样做的结果就是把一半的租钱交给地主。"文帝这才知道事情竟然如此严重。

随后，高颎建立"输籍法"，对农民的赋税、徭役负担从法律上逐一作出相应的规定，地方官吏不得在法规之外再征调任何其他赋役，使农民所承担的赋税和徭役的数额，比过去大为减轻。杜佑所说的"隋代之盛，实由于斯"，是有一定道理的。

隋文帝"大索貌阅"即大规模地检察户口的诏令，责令基层组织中的"三长"检察户口。检察过后仍发现有"户口不实者"，具体负责检察户口的"三长"要处以流放远方边地的刑罚。与此同时，又特设负责受理揭发检举隐瞒户口的专门机构，以清查隐瞒户口的现象。再次，凡属于堂兄弟以下的，一律令其分家，另立户籍，以防止隐瞒户口现象的发生。可见，隋文帝检察户口的诏令，是坚决而有力的。

《隋书·食货志》又记载："高颎又以人间课输，虽有定分，年常征纳，除注恒多，长吏肆情，文帐出没，复无定簿，难以推校，乃为输籍定样（即输籍法），请遍下诸州。每年正月五日，县令巡人，各随近便，五党三党，共为一团，依样定户上下。帝从之，自是奸无所容矣。"

隋朝的牛车雕像

高颎为隋文帝所制定的输籍法，从实际出发，在清查户口的基础上，把每个农户应当负担的赋役数额以簿籍的方式确定下来，使农户免受贪官污吏的额外勒索，又使国家征调的赋役得以如数地征收上来。隋文帝采纳了高颎的建议，收到了“自是奸无所容”的效果。

开皇初年所实行的“大索貌阅”和“输籍定样”，效果十分显著，共检出443000丁，计1641500口。据《隋书·令狐熙传》记载，令狐熙任沧州（治所存今阿北沧县）刺史，在沧州大索貌阅，检出1万户荫庇于豪强的“浮客”，使之成为编入国家户籍的编户齐民。

检括户口的结果是隋朝的户口数增加得很快。据《通典》卷七《食货典》《历代盛衰户口》杜佑注说：“后周静帝来授隋禅，有户三百五十九万九千六百四，至开皇九年平陈，得户五十万。及是，才二十六七年，直增四百八十万七千九百三十二。”《隋书·地理志》又载，隋文帝平定江南后，“寻以户口滋多，析置州县。”

隋朝建立后，依然传承北齐的习惯，一些审定户口和征税的官员勾结当地豪族，又是改岁数，又是谎报租税实情，如此偷奸取巧的事层出不穷，最后有十分之六七的人口瞒报！可想而知，百姓脱籍，不但减少政府收入，更严重的是，他们荫庇于大户人家的门下，加强了豪强地主对乡村的控制。这样，政府就很难插手乡村的管理。针对这种情况，文帝在开皇五年（585年），令州县官吏按照户口文书上的年龄和本人的体貌核对。一来让隐瞒户口的人浮出，二来纠正谎报年龄者。基层官吏和保长，里正一旦姑息，政府要对其判刑，重者死罪，轻者流放边疆。这在当时算是比较严重的处罚。为了防止户口不实，朝廷还鼓励百姓互相检举。这次检查户口的行动，史书上称为“大索貌阅”，就是将每个人的相貌登记在官府所统一制作的户口本上。

“大索貌阅”不仅增加了国家财政，增强了国力，同时还削弱了豪强世族的势力，尤其削弱了原北齐管辖的地方势力，强化了国家权力。朝廷采取这一措施，山东地区的豪强势力相应地被削弱。另外，这项措施也促进了农民生产积极性的提高和耕地面积的扩大，使农业生产得到了很快的恢复和发展。

隋朝的农业是在南北朝时期农业的基础上发展起来的。南北朝时期冶铁业发展，出现了一批新的农具。据北魏贾思勰所著的著名农书《齐民要术》的记载，当时的农具已确20余种，其中有不少农具在此前的史籍中是不见记载的。《齐民要术》对当时农业科技所取得的诸多成就，均有详细的记载。粮食作物、油料作物、蔬菜瓜果等品种空前增多，此外，牛耕进一步推广、水利工程和设施大量兴建等，农业生产力有了很大的提高。

隋王朝建立后，三长制、均田制、租调制的推行，检括户口工作的开展，为隋初农业生产的恢复和发展开辟了十分有利的客观条件。由于隋王朝存在的时间短，有关农业发展的具体情形，史书记载甚少。可以想见的是，农业生产力在动荡的南北朝时期所取得的诸多成就，在隋朝的社会环境和生产关系之下，使得隋朝的农业经济有了很大的发展。

随着农业的发展，隋朝的粮食存储也迅速增多，要想把这些粮食更好地存储起来，就要置仓。

据《隋书·食货志》记载，隋王朝建立后，调入京师长安的粮食布帛等物，大量增加，即所谓“时百姓承平日久，虽数遭水旱，而户口岁增。诸州调物，每岁河南自潼关，河北自蒲坂，至于京师，相属于路，昼夜不绝者数月。”《食货志》又载：“开皇三年，朝廷以京师仓廪尚虚，议为水旱之备，于是诏于蒲（治所在争山西水济县西蒲州）、陕（治所在今河

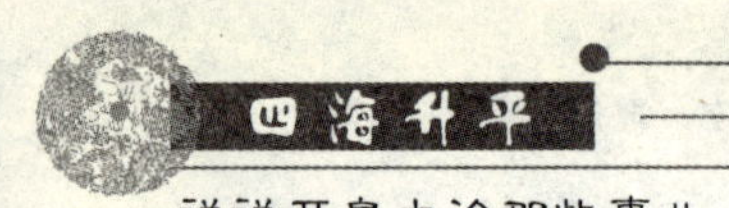

南陕县）、虢（治所在今河南省西部）、熊、伊、洛、郑（治所在今河南郑州市）、怀（治所在今河南沁阳）、邵、卫（治所在今河南淇县）、汴（治所在今河南开封市）、许（治所在今河南许昌市）、汝（治所在今河南临汝）等水次十三州，置募运米丁。又于卫州置黎阳仓，洛州置河阳台，陕州置常平仓，华州（治所在今陕西华县）置厂通仓，转相灌注。漕关东及汾（治所在今山西）、晋（治所在今山西临汾）之粟，以给京师。又遣仓部侍郎韦瓒，向蒲、陕以东，募人能于洛阳运米四十担，经砥柱之险，达于常平者，免其征戍。”

由于“渭水多沙，流有深浅”，不便于向京师漕运粮食，隋文帝“命宇文恺率水工凿渠，引渭水，自大兴城（今陕西西安市）东至潼关三百余里，名曰“广通渠”。漕运通利，关内赖之。诸州水旱凶饥之处，亦便开仓赈给。”

隋文帝诏令在各地修建的储粮仓窖，规模甚大。据《通典》卷七《食货典·丁中》记载：“隋氏西京太仓，东京含嘉仓、洛口仓（又名必洛仓），华州水丰仓，陕州太原仓，储米粟多者千万石，少者不减数百万石。天下义仓又皆充满。京都及并州（治所在今山西太原市西南）库布帛各数千万。而锡赉勋庸，并出丰厚，亦魏晋以降未有。”（上述著名大型仓窖，有的为隋炀帝初年所建。）

《贞观政要·论贡赋》记载，据唐初人的估计，在隋文帝末年，“天下储积，得供五六十年”，可见，隋王朝于建国后20年间所储备的粮食，竟如此之多！至于“得供五六十年”，这里指的是封建国家的皇室、官吏、军需等用粮，不包括生产粮食的广大农民用粮在内。即便如此，这样庞大的储粮数字，在历史上也是罕见的。

隋朝灭亡后20年，文帝已经死了33年，可文帝时储存的粮食、布帛，仍未用完。这件事可以从贞观十一年（637年）监察御史马周对唐太宗李世民说过的话得知："西京府库，亦为国家之用，至今未尽。"到了唐代，人们还继续吃着隋朝留下来的粮食，可见当时的府库量是多么惊人。

文帝时所设的粮仓，可分两种，即官仓和义仓。官仓大都设在黄河沿岸，有关部门先把各州的粮食集中到这些仓里，然后利用黄河及广通渠等水运通路把粮食运到京师。义仓又称社仓，设置于乡间，由"社司"专门负责账目和储存等事宜。如遇天灾和收成不好发生饥馑之时，便用社仓中的储粮赈济饥民。平时"令诸州百姓及军人，劝课当社，共立义仓"。义仓之设，对人民的生活来说，无疑是一项有力的保障。

隋文帝说："古者三年耕而余一年之积，九年作而有三年之储，虽水旱为灾，而人无菜色，皆由劝导有方，蓄积先备故也。去年亢阳，关内不熟，陛下哀愍黎元，甚于赤子。运山东之粟，置常平之官，开发仓廪，普加赈赐，少食之凡，莫不丰足，……但经国之理，须存定式。"（《隋书·食货志》）于是，长孙平奏请诏令各州百姓及军人，劝课当社，共立"义仓"，于"收获之日，随其所得，观课出粟及麦，于当社造仓窖贮之。即委社司，执帐检校，每年收积，勿使损败。若时或不熟，当社有饥馑者，即以此谷赈给。自是诸州储峙委积。"《隋书·长孙平传》亦记载："开皇三年，征拜度支尚书。平见天下州县，多罹水旱，百姓不给，奏令民间，每秋家出粟麦一石以下，贫富差等，储之闾巷，以备凶年，名曰义仓。"

由度支尚书长孙平建议，经隋文帝诏令天下各地所设立的义仓，后来果然在灾年发挥作用。当青、兖、汴、许、曹、亳、陈、仁、谯、豫、郑、洛、伊、颍、邳等州发生大水，百姓饥馑之时，隋文帝命令苏威等人，“分道开仓赈给”，发挥了义仓的救灾作用。

隋文帝对于义仓的管理，非常关心。开皇十五年（595年），隋文帝到东方视察，发现义仓的储粮“多有费损”。于二月下诏书说：“本置义仓，止防水旱，百姓之徒，不思久计，轻尔费损，于后乏绝。又北境诸州，异于余处，云、夏、长、灵、盐、兰、丰、鄯、凉、甘、瓜等州，所有义仓杂种，并纳本州。若人有旱俭少粮，先给杂种及远年粟。”

开皇十六年正月，隋文帝又诏令秦、叠、成、康、武、文、芳、宕、旭、洮、岷、渭、纪、河、廓、豳、陇、泾、宁、原、敷、丹、延、绥、银、扶等州社仓，并于当县安置。同时还下令“上户不过一石，中户不过七斗，下户不过四斗”，最后成了百姓一项必交的税务项目，增加了百姓的负担。

1969年在洛阳发现了一座隋朝粮仓——含嘉仓遗址。面积达45万多平方米，内里探出259个粮窖，其中有一个粮窖还留有已经炭化的谷子50万斤。当年国家之富足可见一斑。

隋王朝创造了一个生机勃勃、国富民强的新时代——开皇盛世，用史书的话描绘当时的隋朝是这样的：“平徭赋，仓廪实，法令行，君子咸乐其生，国人各安其业，强无凌弱，众不暴寡，人物殷阜，朝野欢娱。二十年间，天下无事。”政治经济改革的成功，使得国富民强，大隋王朝已经展现出盛世的雄伟气象。

增进国力，各业并举

隋朝初年，百废待兴，当时的关中虽然“号称沃野，然其土地狭，所出不足以给京师，备大旱”。开皇年间，遇逢大旱，关中马上就出现粮食危机，都城经常处在饥荒的威胁下，京畿百姓不时辗转流徙，四处“就食”，严重威胁到王朝的长治久安。

造成这种局面的主要原因，除了生产方面的因素外，就是由于漕运供应不上，使得大批自关东征调来的物资，难以大批量运抵京城，以及国家的储备不足。为了扭转这一严峻局面，文帝从建仓廪、广积粮，开运河、通漕运和修水利、促生产三个方面入手，全面提升国家防灾应变的能力。

开皇三年（583年），朝廷根据关中仓廪尚虚，不足以抵御自然灾害的现状，决定在蒲（今山西省永济市西南蒲州镇）、陕（今河南省三门峡市两旧陕县）、虢、熊（今河南省宜阳县西）、伊（今河南省嵩县东北）、洛、郑（今河南省荥阳市西北汜水镇）、怀（今河南省沁阳市）、邵（今山西省垣曲县东南城关）、卫、汴、许（今河南省许昌市）、汝（今河南省汝州市东）十三州，也就是今日河南省三门峡市以东黄河等水路沿岸城市，募丁运米。同时，在卫州置黎阳仓（今河南省浚县）、洛州置河阳仓（今河南省偃师市）、陕州置常平仓、华州置广通仓（今陕西省华阴市东北）等官仓储粮，逐次转运，“漕关东及汾、晋之粟，以给京师”。这些仓库规模都十分宏大，储粮在几百万石以上，开皇五年（585年）关中旱灾，文帝下令开广通仓赈济，一次就出粟三百万石。

兴建大型粮仓固然大大增加国家储备，但是，关键的是要解决由洛阳向长安的运输问题。这段漕运，有两个路段艰险难通。

首先是从洛阳至陕州路段。黄河穿行于中条山脉和崤山山脉之间，山高水险，特别是三门峡一段，神岛和鬼岛两大石岛耸立河中，把黄河切为三股，分别自神门、鬼门和人门奔腾而下，激荡于千仞峭壁之中，暗礁遍布，水声如雷。漕船难以通过，只好从小平（今河南省孟津县西北）转为陆运，穿过崎岖的崤、函山路，把粮食运抵陕州，由此换船，再通过黄河转运至潼关。这段路程最为艰险，开皇三年（583年），文帝专门派遣仓部侍郎韦瓒到蒲、陕以东地区招募运夫，规定能从洛阳运米四十石至陕州常平仓，免其征戍。

其次是从潼关至长安路段。此段漕运所利用的渭水逐级下降，山高坡陡，支流湍急，大量的泥沙被雨水冲刷下来，淤积在渭水河床，导致流浅沙深，舟楫难通。

这两段路程，犹如瓶颈，严重制约了京城的繁荣和东西部的经济交往。要改变这种状况，任何小规模的疏浚工程都无济于事，必须进行彻底整治。开皇四年（584年），文帝把国家的中心任务转向经济建设，特别加强对基础设施的投入，力图从根本上改善漕运与农业生产的条件。六月二十一日，文帝下令开凿“广通渠”。经过新建的大兴京城北面，在渭河南岸平原与渭河平行，东达潼关，全长三百余里，取代原先的渭水漕运。广通渠由隋朝著名的建筑专家宇文恺负责设计，苏孝慈和郭衍监督工役。渠成后，不但使得潼关到长安的漕运畅通无阻，而且兼向京城供水，有助于改善渭南平原的灌溉条件，所以，当地称之为富民渠。

与此同时，文帝还派出重臣，如曾任尚书左仆射、中书令的赵芬，坐镇关东，亲领漕运事务，确保山东地区的物资财富源源不断运往关中。

以洛阳为转运中心，确保京城的供给，奠定了帝国繁荣的基础。在这段并不太长却崎岖险峻的运输线上，几乎集中了天下的财富，其数量极其惊人，成为决定国家兴盛衰亡的战略中枢。唐朝侍御史马周曾经说道："隋家贮洛口仓，而李密因之。东京积布帛，王世充据之。西京府库，亦为国家之用，至今未尽。向使洛口、东都无粟帛，即世充、李密未必能聚大众。"如此规模的物资储备，其意义已经远远超出保证长安供应的目的了，显然，与政治集权同步，文帝要实现国家对国民财富的高度集中与垄断，在经济上同样达到强干弱枝的目的。

开皇十五年（595年）六月，文帝还想进一步打通陕州路段的水运，加速洛阳一带庞大的物资储备向京城转移，以便于中央直接控制。于是，他下令开凿黄河道中的砥柱山（三门山）。但由于工程过于艰巨浩大，没能取得什么成果。

开皇七年（587年）四月，文帝下令于扬州开凿山阳渎。这条漕运南起扬州，北通山阳（今江苏省淮安市），大大缩短了江淮之间的交通距离，使得大批量的人员物资能够迅速调动。当时，开凿这条渠道是为文帝平陈作准备，出于军事目的。平陈以后，则成为南方经济运输的主要运道，日后更成为隋炀帝修建江南运河与通济渠的基础。

在隋朝建立不久，国家的底子还比较薄弱，以及国家尚未完全统一的情况下，广通渠和山阳渎的修建，可谓最具有战略意义的工程。进行国家的经济建设，必然致力于加强农业基础设施，特别是水利工程建设，从根本上提高国家基础经济部门的实力。在此指导思想下，自隋朝建立以后，全国各地都呈现出蓬勃的农田水利建设场面。

开皇二年（582年）三月，都官（刑部）尚书兼领太仆寺的元晖，奏请于京畿地区开始大规模的农业水利建设，大大加强了关中地区农业生产能力。而在关东各地，同样涌现出一大批热心农业基础建设的地方官，在他们的积极倡导和主持下，兴建了许多水利设施，奠定了“开皇之治”的经济基础。

在怀州（今河南省沁阳市），刺史卢贲开凿“利民渠”，引沁水东注并导入温县的“温润渠”，沿途灌溉。在蒲州（今山西省永济市西南蒲州镇），刺史杨尚希，“甚有惠政，复引汉水，立堤防，开稻田数千顷，民赖其利。”在兖州（今山东省兖州市），沂、泗两河在城东交汇之后，滔滔南流，泛滥于大泽中，刺史薛胄发动当地百姓积石筑堰，让河水西注，使得陂泽尽为良田，“又通转运，利尽淮海，百姓赖之，号为薛公丰兖渠。”在寿州（今安徽省寿县），著名水利工程芍陂的五门堰，失修废弃，荒凉芜秽，总管长史赵轨见此光景，亲自督责属僚，劝课百姓，“更开三十六门，灌田五千余顷，人赖其利。”据统计，在短短的三十余年间，隋朝的工程绝对数量竟超出南北朝一百七十年间约近三分之一。如果把水利工程的规模考虑进去，则隋朝的水利成就更为显著。

除了修广通渠和山阳渎之外，开皇十八年（598年），山东频繁水灾，文帝特遣使者带着水工，“巡行川源，相视高下，发随近丁以疏导之”。这些工程都不单是为了解决某一地区的农业水利问题，而是全局性工程，特别是以增强国力的水利运输工程为主，此与隋朝的漕运、国家储备和财政政策密切相关，可以说是隋朝的一贯国策。

北周定都于关中长安，有其不得已的背景，隋朝继承这一现实，加大对关中水利事业的投入，试图改变经常性旱灾对当地农业的破坏，重振关中，恢复其作为政治中心支撑点的基本经济区地位，政治意图十分明显。文帝也十分重视与关中毗邻的河南与山西地区的水利建设，以此护卫关中，并进一步向东拓展。这样，整个隋朝的北方水利建设布局便集中于关中与河南、山西地区。

在重农抑商政策下，民间手工业和商业受到抑制，处于国家严格管制之下，并不活跃。尽管如此，隋朝在此领域亦非毫无建树。文帝时期，在全国严厉实行新的度量衡和货币政策，无疑对打破地方封锁割据、实现经济统一大有贡献。

隋朝的手工业是在南北朝手工业的基础上发展起来的。由于南北朝时期社会动荡不安，广大农民沦为豪强地主的荫庇户，民间商业和民间手工业均呈现出衰落的趋势。与此同时，同民间手工业衰退形势相反，官府手工业却有较大的发展。由于官府手工业主要是满足宫廷和贵族的需要，加之统治阶级奢侈成风，这就刺激了宫廷手工业的发展。特别是南北朝时期战争频繁，与兵器制造业相关的军用手工业亦有较大发展，这也是官府手工业迅速发展的重要原因之一。

隋王朝统一中国后，社会的安定、农业经济的恢复和发展，为手工业的发展开创了有利的条件。隋文帝沿用前朝制度，在主管全国官府手工业的最高行政机构太府寺中，下设左藏、左尚方、内尚方、司染、右尚方、右藏、黄藏、掌冶、甄官9个官署，掌管全国诸多的手工业部门。在各个官署之下，工匠是从事各种手工业生产的主力大军。由于手工业生产任务的繁重，隋初农民每年为国家服役一个月、工匠则必须服役两个月，即

“役丁为十二番，匠则六番”。

就手工业部门而言，隋朝的丝织业和造船业是较为发达的。北齐时，在定州（今河北定县）曾设置纳绫局，是当时著名的丝织业中心。当时，豫章郡（治所在今江西南昌市）盛产“鸡鸣布”，据载，这里“一年蚕四、五熟，勤于纺绩，亦有夜浣纱而旦成布者，俗呼为鸡鸣布”。关于造船业，平陈前杨素在永安（今四川奉节县）所监造的特大级“五牙”战舰，于船上建五层楼，高100余尺，全舰可载800名战士。隋朝造船业所达到的水平，由此可见一斑。

隋朝手工业的其他部门，在瓷器制造业方面，于陕西西安李静川墓发现了隋炀帝大业四年入葬的白瓷螭把双手鸡首瓶，于陕西西安姬威墓发现了大业六年入葬的白瓷罐。在李静川的墓葬中还发现了碧色玻璃瓶。这些精美的白瓷器皿的出土，表明隋朝的瓷器业已达到了较高的水平。玻璃瓶的发现，表明隋朝确已能够制造玻璃器皿。在雕刻业方面，蜀郡的精巧雕刻，还有魏郡（治所在今河南安阳市）的“浮巧成俗，雕刻之工，特云精妙”。在造纸业方面，隋代造纸业由于选用优质原料和造纸技术的提高，已出现了加工加料染色的纸张，标志着造纸业的技术水平已有了很大的提高。隋文帝开皇十三年（593年）的写经卷子，便是用麻和楮皮混合加工而成，为竖帘密罗纹，纸面纯洁细微，略带白色。除此之外，在制茶业、制盐业以及漆器业等方面，隋朝时期亦取得了相当的成就。

然而，当初文帝一上台，就对手工业实行严格的管制，“于时王业初辜，百度伊始，征天下工匠，纤微之巧，无不毕集”。从全国各地征调而来的各种工匠，实行番役制度，其役期远比一般农民长，“役丁为十二番，匠则六番”。以后，农民的力役有所减轻，而工匠役期却未见缩短，大概一直维持到隋亡。

这些工匠集中于太府寺，下辖左藏、左尚方、内尚方、右尚方、司染、右藏、黄藏、掌冶、甄官等署，分类管理，其他中央部门和地方官府也都掌握相当数量的工匠，组成强大的官府手工业。对于一些重要部门，如盐池等，国家还实行特别管制，中央设监、副监以统辖东西南北面四监。官府手工业无论在数量、规模、技术还是产品等方面，都居于绝对优势的地位，成为整个手工业部门的主导力量，极大地增强了国家的实力。而产品之精美，显示其技术水平较南北朝时期有较明显的提高。

对于民间工商业，隋文帝则采取了抑制的政策。开皇十六年（596年）六月十三日，文帝专门下诏："制工商不得进仕。"其意义在于从政治上强调对民间工商业者的歧视。发达的官府手工业所生产的产品，主要通过国家分配调拨的方式进行消费，部分也进入市场。总的来说，隋朝的民间商业并不繁荣，内外贸易市场都在官府的管制之下，"缘边交市监及诸屯监，每监置监、副监各一人。畿内者隶司农，自外隶诸州焉"。在此情况下，民间市场对货币的需求有一定限度，而国家在注重农业社会安定和加强对社会全面控制的政治基调下，自然采行通货紧缩政策，严格货币管制。

开皇元年（581年）九月，文帝下令铸行标准统一的新钱。新钱制作精良，上刻"五铢"二字，每钱重三克多。为了推行新钱，隋文帝于开皇三年（583年）诏令："四面诸关，各付百钱为样，从关外来，勘样相似，然后得过。样不同，即以为铜入官。"同时，命令禁止前代旧钱。翌年，因旧钱繁而不止，下令凡出现此类情况的地区，县令罚半年俸禄。开皇五年（585年），隋文帝"又严其制，自是钱货始一，所在流布，百姓

便之”。从此，隋王朝流通的钱币统一了起来。

自开皇十年（590年）起，隋文帝还多次准许晋王广于扬州（今江苏省江都市）和鄂州（今湖北省武设市武昌）、秦王谅于并州、蜀王秀于益州置炉铸钱。同时，严格取缔私人铸钱，在各地市面上立样钱榜，不合格者不准入市，以后更令有关部门在市场上检查钱币，凡不是官铸者，一律熔毁。经过长期不懈的努力，隋朝对货币的整顿确实取得极为丰硕的成果，就连钱币极其混乱的南方，在隋朝统一后也都普遍使用开皇“五铢”钱。

在统一钱币的同时，隋文帝又下令统一度量衡制。在度、量、衡三个方面，规定以古尺一尺二寸为一尺，以古斗三斗为一斗，以古秤三斤为一斤。当时，冀州（治所在今河北冀县）刺史赵煚制作铜斗铁尺，并在市场上作为标准器以统一度量，百姓们认为很是便利。隋文帝“闻而嘉焉，颁告天下，以为常法”。

显然，隋文帝在货币方面取得的最大成就，在于将钱币统一到隋“五铢”钱上。其次是严厉打击私人铸币，使得国家能够牢牢控制货币的铸造及流通量，从总体上对社会进行有效的经济调控。清代学者顾炎武曾高度赞扬隋文帝整顿货币的成就，说道：“故尝论古来之钱凡两大变：隋时尽销古钱，一大变；天启以来，一大变也。”

隋五铢

隋文帝即位后在统一钱币和度量衡方面所做的工作，适应了中国南北统一后经济发展和政治统一的需要，这是他对中国历史发展的贡献之一。唐王朝建立后的度量衡制度，大体上是沿袭了隋朝的度量衡制度。实际上，隋文帝的货币政策，与其在政治、经济方面的中央集权相辅相成，中心任务在于统一货币和确立国家对通货的垄断。而货币统一和币值稳定对市场的发展和工商业的发展，在客观上起着良好的保障与推进作用。

隋朝商业的发展，集中地表现在工商城市的繁荣上。据《隋书·地理志》、赵万里《汉魏南北朝墓志集释》以及《大业杂记》记载：岐州（治所在今陕西风翔县）“密迩京圻，古称繁剧，兼以西通河陇，舟车辐凑，内多豪族，外引名商”。河南的蔡州（治所在今河南汝南县），“地接荆郢，商旅殷繁”。荆州（治所在今湖北江陵）“南控岷峨，东连吴会，五方杌隋，四民昌阜。”位于长江以南的宣城、毗陵（今江苏常州市）、吴郡、会稽、余杭、东阳等，“数郡川洋沃衍，有海陆之饶，珍异所聚，故商贾并凑”。京口（今江苏镇江市），“东通吴会，南接江湖，西连都邑，亦一都会也”。豫章郡（今江西南昌市）官僚地主“多有数妇，暴面市廛，竞分、铢（二十四分之一两为一铢）以给其夫”。南海（今广东广州市）亦是一大都会，“所处近海，多犀象玳瑁珠玑奇异珍玮，故商贾至者，多取富焉”。

隋朝的东西二京，是当时最大的商业都市。西京长安，有东西二市。东市名都会，西市名利人。由于是国都的所在地，因而“俗具五方，人物混淆，华戎杂错。去农从商，争朝夕之利；游手为事，竞锥刀之末”。东京洛阳，有三市。东市名丰都，南市名大同，北市名通远。洛阳的商业十分发达，其中通远市周围六里，“其内郡国舟船，舳舻万计”；丰都市“周八里，通门十二，其内一百二十行，三千余肆。甍宇平齐，遥望如一，榆柳交阴，通渠相注。市四壁有四百余店，重楼延阁，互相临映，招致商旅，珍奇山积。”

为了对工商城市的市场进行管理，隋朝在内地都市设有市署，长官为市令。对于边境同少数民族以及对国外的贸易，由国家专门设置的机构互市监官进行管理，操纵在皇家和官僚手中，私人从事对外贸易是违法的，而贵族、官僚却往往同官商勾结，从事对边境少数民族和国外贸易。例如大贵族宇文述同西域商人相勾结，“富商大贾及陇右诸胡子弟，述皆接以恩意，呼之为儿，由是竞加馈遗，金宝累积。”（《隋书·宇文述传》）。他的儿子宇文化及，不仅“与屠者游，以规其利”，还“违禁与突厥互市（《隋书·宇文化及传》）。至于大贵族杨素，在全国一些大都会设立的牟利店铺，更是数不胜数。隋王朝本有工商子弟不得做官的制度，然而“两州大商”的儿子何妥，却官至国子祭酒；王世充本是胡商儿子，亦官至江都通守。可见，官僚与豪商二者是相互勾结、盘剥人民的。

隋朝的境内外贸易，陆路主要是西北经西域的所谓“丝绸之路”，海上主要是经南海（今广州市）的对外贸易。长安、洛阳、南海不仅是国内的大商业都市，也是当时著名的国际大商业都市。边境少数民族和国外客商云集上述三大都市之中，盛况空前。

第七章 三省六部治天下 任人唯贤集皇权

隋文帝在励精图治，大力发展经济的同时，更注重对人才的任用和选择。随着三省六部制的创立，隋文帝秉着任人唯贤的用人原则，大力提拔新秀，任用亲民之官。在对待旧将方面，隋文帝的态度也发生了很大的变化。同时，隋文帝对朝廷官员也时刻保持监督。这些都是隋文帝集中皇权的表现。

用人之策，唯贤占位

隋文帝即位后，初步确立了三省六部制度。三省六部的最高行政长官，以及各卫的大将军构成了隋王朝中央政权中的核心人物，是辅佐他治理天下的股肱之臣。隋文帝在位期间所任命的三省正副长官、六部尚书以及十二卫大将军，大多是有真才实能的人才，为隋王朝的制度建设、统一南方，分别做出了自己的贡献。对中央政府主要官员的选拔和任用表明，隋文帝所执行的是一条任人唯贤的路线。

三省长宫中，高颎的出身颇可研究，《北史》本传记其“自言渤海修人也。其先因官北边，没于辽左。”所谓“渤海修人”云云，似属冒称大姓，真正的出身大概与前述王谊无异，为朝鲜郡县的汉族百姓，但高颎文化修养颇深，并未胡化，更不宜视作胡人。其父自北齐归周，成为独孤信僚佐，独孤信落难后，不畏牵连继续与其女（隋文帝文献皇后）来往，高颎因此得到文献皇后的大力支持，成为隋开国首任尚书左仆射。虞庆则“本姓鱼。其先仕于赫连氏，遂家灵武，代为北边豪杰。……庆则幼雄毅，性倜傥，身长八尺，有胆气，善鲜卑语，身被重铠，带两鞭，左右驰射，本州豪使皆敬惮之”，一生因军功显赫，在二省长宫中最具有胡族军将气质。

当初，杨坚在篡周自立之后，在人事方面，只能在旧的官僚中收拢人心，怀柔延揽，这就在两个方面制约了隋朝的用人政策。

当时的关陇集团，其范围大概以八大柱国家为代表，加上十二大将军和其他骨干家族，也就是北周创业集团及其后裔。隋朝继承宇文氏之遗业，仍旧施行“关中本位政策”，其统治阶级自不改其歧视山东之观念。也就是说，宇文泰所组建的“关陇集团”成为三代政权不可动摇的基石，其长期垄断政局的内在凝聚力，在于关中文化的同一性和对山东士人的歧视。况且，隋文帝本人就出身于北周十二大将军之家。

然而，周隋之际，制度文化曾发生巨大变革，这显然不是关中制度文化延续发展的结果。在隋朝的官僚体制下，三师和三公居于官僚阶层的顶端。开皇初，担任三师的有太师李穆、太傅窦炽和太保长孙览，至开皇六年（586年）八月李穆逝世，三师未见再设。三公有太尉于翼和司徒王谊，开皇五年（585年）四月王谊伏诛，三公付阙，此后在开皇九年（589年）以晋王广为太尉，王雄为司空，三公已由皇室所垄断。

以上七人，李、窦、长孙和于均为胡族大姓高门。王氏出自乐浪，自汉武帝平朝鲜设郡县到西晋末年乐浪、带方郡被朝鲜民族所攻克，王氏始终为朝鲜汉人第一大姓，并已带有浓厚的当地文化色彩。乐浪郡陷落后，部分朝鲜王氏迁回中国，辗转于北力各地，王谊一族则“以良家子镇武川，因家焉”，因此机缘跻身于北周创业集团。在此数百年间，王氏早已胡化，从上一章所述王谊反对苏威削减功臣田地建议的事例，可知他是支持隋朝革命的权势阶层代表，完全可以视为胡人。从隋初三师和三公的人员组成来看，都是胡人，且为北周创业集团成员，在北周的身份地位不亚于隋文帝。他们受到尊重是由于在隋朝建立中站在杨坚一边，并颇建功勋。显然，北周权贵在隋朝的地位，是由其政治立场决定的。

开皇元年（581年），文帝要到岐州巡察，王谊劝谏道：“陛下初临万国，人情未治，何用此行？”文帝笑着回答：“吾昔与公位齐等，一朝屈节为臣，或当耻愧。是行也，震扬威武，欲以服公心耳。”这句话道破了隋初用人政策。周隋交替之后，用人政策发生了重大变化，原“关陇集团”重要分子已经被请上有名无实的高位。

其实，他们早在北周内部多次的政治整肃中离心离德，又由于位高望重而难为新王朝所用，代之而起的是北周中下级官吏，他们对旧政权并无深厚感情和忠诚心，反而对北周末年的政治败坏感到失望，他们年轻力壮，抱有理想，渴望建功立业，因此，很容易聚集到年轻的改革家杨坚的旗帜下，试图变革现状，取得权力，实现抱负。这一批人多为两京地带汉人家族，受过较好的教育，比起关陇军将更有知识文化，他们的崛起，符合社会由乱而治的发展趋势。隋文帝上台时对北周皇族宇文氏进行了斩草除根的杀戮，其所警戒的就是宇文氏在关陇集团中的影响力。有此深忧，则必然不会倚重北周旧班底。因此，他着力培养并重用者，为其亲族、旧部（含其父杨忠部属）、同学和故友，亦即与其颇有渊源又在政治上坚决拥护他的新人。

纵观文帝的经历，在登基之前，仅在保定五年（565年）担任随州刺史和建德六七年（577—578年）先后担任定州和南兖州总管这样外任职务，且任期都很短。其基本在关中活动，所熟悉的大多为关中人士，由此决定了其用人的地域局限性。而且，他没有显赫的政绩军功，这既决定了他不会重用那些功高望重者，又决定了他缺乏自己的人事班底。就隋朝官僚的家族背景而言，皇室自称与之有渊源关系的弘农杨氏居中心地位，与皇亲国戚一起控制朝政。此外受重用者为文帝的故旧。人事基础的薄弱，使得文帝不能不在杨氏之外，倚重皇后独孤氏系统的人马，这批人以高颎为代表。当然，隋文帝上台后也尽量提拔一批政绩突出的新秀。然而，相对而言，文帝用人范围并不广。

人事基础的欠缺，使他不敢轻信别人，在发生了几次功臣背叛的事件之后，他对那些貌似忠诚的官僚更加怀疑。高度集权体制下，直言敢谏的忠臣成为打击的目标，而政治面目掩盖得完美无瑕的野心家却飞黄腾达，实则鱼龙混杂，忠奸难辨。性急的文帝越来越失去耐心。平陈之后，天下太平，在偃武修文的政策下，中央的权力进一步集中到皇族手中，如任职吏部、兵部的柳述（女婿）、礼部的杨文纪（弘农）、刑部的李圆通（家将）、民部的韦冲（皇孙齐王暕岳父）和工部的杨达（皇侄），不但六部全为皇亲国戚所控制，而且，出纳帝命的门下、内史二省长官也转由皇族担任。特别是在开皇末年，废立太子的事件造成强烈冲击，一代良相高颎失势，中枢权力完全为皇室所控制，统治集团内部的权力平衡被打破，中央集权转变为皇室集权，也表明晚年的文帝已经不再充满自信了。这种不正常的现象为隋朝用人之一大变化。

山东和江南士人在权力中心所占比例甚低，其主要原因恐怕在于统一的时间太短，这些地区官员的政治立场尚未经受考验，文帝对他们不熟悉，因此还谈不上委以重任的问题。但是，在尚书以下官职中，山东和江南士人占有相当比例亦是不争的事实。他们或者治理一方，政绩斐然；或者在中央部、寺担任副职，虽然不参与高层政治决策，但却负责处理日常事务，亦是要职。李德林长期担任内史令，为重要决策人物；薛道衡和陆彦师甄别士流，力图改变隋初用人路线；柳裘助隋文帝政变篡周；麦铁杖、来护儿勇冠三军，屡建军功。至于文化部门，则几乎为北齐和江南士人垄断，异彩纷呈。显然，文帝对于山东和江南士人还是能够兼容并包、量才录用的。

但是，毕竟山东和江南士人出自原来的敌国，要说完全将他们与出身关中的官员一视同仁，却也不现实。开皇前半期，文帝对山东和江南士人明显抱有戒心，而李德林屡遭高颎和苏威的排挤，最后被文帝逐出中枢机构就是最直接的证据。

其实，早在杨坚掌握了北周军政大权之后，原四辅官之一的大右弼、相州总管尉迟迥和他的弟弟尉迟勤因杨坚任命韦孝宽为相州总管，便统率河北九州、山东九州，共拥有兵众数十万人，发兵讨伐杨坚，起兵响应尉迟迥的诸州刺史亦有七八人。此外，郧州总管司马消难、益州总管王谦也分别于湖北、四川起兵讨伐杨坚，与尉迟迥遥相呼应。

危难之际，韦孝宽被杨坚任命为征讨尉迟迥的行军元帅。不久，王谊、梁春相继被分别任命为征讨司马消难、王谦的行军元帅。上柱国韦孝宽是北周的一员智勇双全、屡立功勋的老将，此时已是72岁。之前他出任元帅统帅关中大军，担当征讨尉迟迥的重任，这是杨坚的英明决策。两军交战前，有奏报说韦孝宽部下的梁士彦、宇文忻、崔弘度等几员大将都接受了尉迟迥的贿赂。杨坚接受了李德林的建议，没有撤换梁、宇文、崔三人，而是决定派出具有智慧、胆略而平素被诸将信服的心腹要员到前线监督诸军。杨坚想派崔仲方去前线节制调度军队，派刘昉、郑译前去监军，三人都借故排辞。这时，高颎自告奋勇前往，杨坚十分高兴。在韦孝宽、高颎的正确指挥下，尉迟迥兵败自杀，关东迅速平定，接着，司马消难率众投降陈国；王谦也兵败被括捉，就地处死，三边被迅速平定。

平定尉迟迥以及司马消难、王谦的事实表明，杨坚是依靠韦孝宽、高颎、李德林以及于仲文、崔弘度等一批具有真才实能的贤才，才取得了平定三边的胜利，并且篡周自立。平定三边的胜利，从组织路线上看，是执行任人唯贤路线的胜利。

总而言之，文帝的用人方略，在开皇前期是以助其改朝换代的两京地带出身的汉族官人为中心，融合少数民族支持者而展开的，并随着统一的进程不断吸收山东、江南士人参加。然而，到了开皇中后期，由于发生多次的政治斗争，加重了文帝对百官的猜疑，中央集权日益蜕变为皇帝个人专断，形成皇族近臣遍布朝廷要津的不正常局面。过度的集权无助于克服潜在的分裂因素，反而加剧了隋朝内部的政治矛盾。注重内部协调与平衡的组织路线的破产，标志着隋朝已露出破绽而面临新的转折关头。

疆场名将，亲民之官

隋文帝杨坚登上帝位之后，国家并没有真正安定，而是存在内忧外患。在这样的形势下，他凭借着跟随自己的疆场名将使得自己的江山更加稳固，而天下太平之后，他又重用亲民之官，使得国家长治久安。

开皇时期，高颎得到文献皇后强有力的支持，在平定尉迟迥的斗争中颇建功勋，深受信任。文帝见到他时，经常按照北周部属随长官姓的遗俗，亲切地称他为“独孤”，视同家人。高颎确是一位极为称职的宰相，他稳重而不墨守成规，坚持原则又善于协调各方关系，识大体，顾大局，胸怀宽广，举贤荐能，朝中文武大员虞庆则、苏威、杨素、贺若弼、韩擒虎等，都是他推荐任用的，实在难能可贵。高颎明达世务，善于领会并坚决贯彻文帝的意图，故隋朝每有重大行动，都委派他实际负责。他也深知君主习性，常自谦抑，每有奇计，总是私下奏报，不留痕迹，以突出文帝的丰功伟绩。史称高颎“当朝执政将二十年，朝野推服，物无异议。治致升平，颎之力也，论者以为真宰相”，文帝也一再赞扬他，平陈之后，还专门下诏褒奖道：“公识鉴通远，器略优深，出参戎律，廓清淮海，入司禁旅，实委心腹。自朕受命，常典机衡，竭诚陈力，心迹俱尽。此则天降良辅，翊赞朕躬。”

贺若弼画像

贺若弼字辅伯，河南洛阳人。父亲贺敦，以武烈闻名，曾任北周的金州总管，因遭到宇文护的嫉恨而被害。临刑前，贺敦把儿子贺若弼呼至面前，对他说道：“吾心欲平江南，然此心不果，汝当成吾志。且吾以舌死，汝不可不思。”说完，贺敦用锥子将贺若弼舌头刺伤出血，告诫他牢记祸从口出，要慎言语。

“弼少慷慨，有大志，骁勇便弓马。解属文，博涉书记，有重名于当世。”（《隋书·贺若弼传》）北周齐王宇文护，闻知贺若弼的名声，引以为记室，不久封当亭县公。后隋朝建立，与韦孝宽参加伐陈战役，攻克数十城，大多用贺若弼的计谋。不久，任命他为寿州刺史，改封褒邑县公。尉迟迥作乱邺城，杨坚担心贺若弼有变，派长孙平急速前往替代他的职务。

隋文帝心中有平定南陈的志向，访求主将。高颎说：“朝廷大臣之中，以文武才干而论，无人比得上贺若弼。”

“相公所见极是。”隋文帝赞成高颎的意见，于是任命贺若弼为吴州（治所在今江苏苏州市）总管，委以平定陈国的重任。贺若弼欣然接受，与寿州（治所在今安徽寿春）总管源雄并为重镇。贺若弼曾向隋文帝献取陈十策，文帝称善，并赐以宝刀。

开皇九年，隋文帝派八路大军大举伐陈，50余万大军均受晋王杨广统一调度指挥，贺若弼以行军总管率一路大军从广陵（今江苏扬州市）出发。此前，贺若弼在江北经常调防军队，陈人习以为常。此次渡江，陈人竟全然不晓。渡江后，贺若弼率兵攻克南徐州，大战获胜，后从北掖门攻入建康城。

当时，韩擒虎已拘执陈叔宝，贺若弼以未能亲获陈叔宝为恨，曾与韩擒虎兵戎相见。隋文帝闻知贺若弼立有大功，十分高兴，下诏书褒扬。晋王杨广以贺若弼在预定日期前与敌军决战，违犯军令，将贺若弼交有关官员问罪。隋文帝通过驿站召见贺若弼并慰劳说：“克定三吴，公之功也。”

韩擒虎画像

贺若弼自以为功名出乎朝廷大臣之上，每每以宰相自许。待到杨素被任命为尚书右仆射，若弼仍为将军，心中甚为不平，言语间多有表露，因而被免官。贺若弼越发心怀不满，数年后，被下狱问罪。隋文帝问他：“我以高颎、杨素为宰相，你经常宣扬说这两个人只能吃饭而已，用意何在？”

“高颎是臣的故旧，杨素是臣的舅子，臣知道他们的为人，确实说过那样的话。”贺若弼回答。公卿们上奏贺若弼对皇上心怀不满，罪当处死。隋文帝悯惜他功高，仅给予免官为民的处分。过后，又恢复贺若弼的爵位，但不再任命官职。然而，每有宴赐，对贺若弼的礼遇甚厚。

韩擒虎，字子通，河南东垣（今河南省新安东）人，出身武士家庭，时年43岁。他幼年开始学武，长大后很受宇文泰的器重，参加过平齐战争。隋朝开国时也参加过伐陈的战役，是战场上一名勇武之士。

韩擒虎北周时曾屡立战功，加上仪同，拜永州刺史。杨坚任左大丞相时，韩擒虎迁任和州（治所在今安徽和县）刺史。开皇八年（588年），隋文帝胸怀吞并江南的意志，以为韩擒虎有文武才干，早有名声，于是任命他为庐州（今安徽合肥市）总管，委以平定南陈的大任。

开皇九年（589年），庐州总管韩擒虎率一路大军从庐州（今安徽庐江）出兵，任伐陈先锋。韩擒虎率五百人在夜间于采石（今安徽当涂采石矶）渡江，所向披靡，攻入建康城，执陈叔宝。隋文帝闻知韩擒虎、贺若弼大败陈军，攻克建康，十分高兴，表彰韩、贺二人。

平陈大军凯旋回京，贺若弼与韩擒虎在隋文帝面前争功。隋文帝见韩、贺二人争功不下，说道：“二将俱台上勋。”

于是韩擒虎进位上柱国。有关官员弹劾韩擒虎放纵上卒淫污陈国后宫，因此而未加封爵食邑。后来另封韩擒虎为寿光县公，食邑一千户，以行军总管驻守金城，防御突厥，当即又拜他为凉州总管。不久，隋文帝召韩擒虎还京，恩礼甚厚。但时间不长，韩擒虎患疾而死，时年55岁。

史万岁，京兆杜陵（今陕西西安市东南）人，父亲史静，曾任北周沧州刺史。史万岁15岁时，正值周、齐交战于芒山（在河南永城县东北），他随父从军。周武帝时，父亲在平齐战役中死于战场，史万岁以忠臣子，拜开府仪同三司，袭爵太平县公。

尉迟迥作乱，史万岁随从梁士彦出击，大军驻扎于冯翊（令陕西大荔）。待到与尉迟迥军队相遇，史万岁每战必首先登城。在攻打邺城的决战之时，隋军稍怯，史万岁对左右说："事急矣，吾当破之。"于是万岁驰马奋击，杀数十人，部众也随同齐心齐力作战，隋军士气大振。待到尉迟迥被平定，因军功被拜为上大将军。

后来，史万岁因受牵连被免官为民，并发配到敦煌为戍卒。史万岁的戍主甚为骁武，经常单骑深入突厥中，掠取羊马，大有所获。突厥无论众寡，都不敢抵挡他。戍主很自负，曾多次辱骂史万岁。史万岁不愿再受辱骂，便向戍主说自己也有武功。戍主令万岁试射，史万岁请求弓马，入突厥掠夺，大得六畜而归。戍主从此善待史万岁，经常与他同行，突入突厥数百里，名振北夷。窦荣定率大军击突厥，史万岁亲自到辕门请求为国效力。荣定早就闻知史万岁的大名，见面后十分高兴。窦荣定请与突厥"各遣一壮士决胜负"，突厥派出一骑挑战，窦荣定派史万岁出阵应战，万岁急驰斩突厥骑兵首级还阵，突厥大惊，不敢复战，引军而去。史万岁因此拜上仪同，领车骑将军。高智慧等人作乱于浙江，史万岁以行军总管率兵随从杨素出击。还京师后，拜史万岁为左领军将军。开皇末年，突厥达头可汗入侵边塞，隋文帝命晋王杨广以及杨素出兵于灵武道，汉王杨谅与史万岁出兵于马邑道。史万岁大败敌军，深入大漠以北数十里。

隋文帝即皇帝位后，注重地方官员的选拔、任用、考核与奖惩。开皇初年一再下达"举贤良"的诏书，选拔和褒奖地方官员中清廉公正、政绩优异的贤才，致使开皇年间吏治清明，良吏辈出。

有这样一批地方官员为隋文帝守土抚民，使隋王朝在建国后的短短十几年中便出现初步繁荣昌盛的景象。这些亲民之官中，主要有梁彦光、樊叔略、赵轨、房恭懿、辛公义、刘旷、王伽等。其中，王伽的事迹尤为突出。开皇二十年（600年），齐州小官王伽，押送李参等七十余名犯人去京城。走到荥阳，王伽对李参等人说："你们犯了国法，受罚是应该的，看看护送你们的民夫，一路上多么辛苦，你们能忍心吗？"李参等人谢罪，王伽遣散了民夫，释放了李参等犯人，各走各的，但是约定日期到京城主动会齐，说道："如果你们失约，我只有代你们去受死了。"

到了限期，七十余犯人竟一人不少，都主动到了京城聚齐。文帝听了，觉得王伽这个人在民间有着极好的口碑，如果此人不是良吏，犯人怎会这般听他的话呢。于是就下了一道诏书，表扬王伽。同时，召李参等携带妻子入宫赐宴，表扬他们守信用，并赦免了他们。

隋文帝在位的二十余年间，有上述一批清廉官吏任州县的亲民之官，加之皇帝的褒奖，致使开皇年间吏治逐渐清明。隋文帝的这些用人政策，无疑是隋朝昌盛、百姓富庶的重要原因之一。

扬清激浊，监察防范

隋朝初期，文帝对中央职官和人事制度进行了大刀阔斧的改革，颇见成效。对于豪强势力盘根错节的地方人事，由于它并不立即影响到新政权的生死存亡，则只能先维持现状，再逐步加以变革。在这种情况下，隋初地方人事和北周时代并没有太大区别，仍处于“刺史多任武将，类不称职”的状态。而造成这种情况的主要原因，首先当然是对历史现状的直接继承；其次是政权甫立，人心未稳，需要加强控制；最后则是隋初四面受敌，战争频仍。

地方官员多由武将，勋功、势家之类实力人物担任，这些人文化水平普遍不高，缺乏对地方的责任心和使命感，往往把官职视为自己挣来的酬报，属于私有地盘，因此，不称职的情况自然普遍存在，飞扬跋扈违法乱纪者，也不乏其人。燕荣出自弘农，以军功入仕，历任青，扬、幽州总管，所在任上，选孔武有力者为爪牙，横行州境，如狼似虎。他动辄鞭笞部下，凌辱世族，“每巡省管内，闻官人及百姓妻女有美色，辄舍其室而淫之。贪暴放纵日甚”。至于利用职权地位牟取私利的现象就更多了。卢贲担任齐州刺史时，当地发生饥荒，他便利用职权，不许商家卖米，而自己大卖特卖，牟取暴利。韦艺任营州总管，“大治产业，与北夷贸易，家资钜万”。韦伯仁随其叔南宁州（今云南省曲靖市）总管韦冲在府，“掠人之妻，士卒纵暴，边人失望”。张威任青州总管，“颇治产业，遣家奴于民间鬻芦菔根，其奴缘此侵扰百姓”。

开皇初年，文帝按照军功授职的惯例，任命上柱国和干子为杞州刺史。这时，治书侍御史柳彧给文帝上表奏道：“方今天下太平，四海清谧，共治百姓，须任其才。昔汉光武一代明哲，起自布衣，备知情伪，与二十八将披荆棘，定天下，及功成之后，无所职任。伏见诏书，以上柱国和干子为杞州刺史，其人年垂八十，钟鸣漏尽。前任赵州，暗于职务，政由群小，贿赂公行，百姓吁嗟，歌谣满道。乃云：‘老禾不早杀，余种秽良田。’古人有云：‘耕当问奴，织当问婢。’此言各有所能也。干子弓马武用，是其所长，治民莅职，非其所解。至尊思治，无忘寝兴，如谓优老尚年，自可厚赐金帛，若令刺举，所损殊大。臣死而后已，敢不竭诚。”在这道表文中，柳彧提出了一个十分重要的问题，那就是不能将政府官职用来酬勋，打天下用武将，但治理天下却必须起用有专长的文官，各尽所能。文帝阅后，十分赞同，当即下令撤销对和干子的任用。

其实，文帝对此问题有着自己的看法。平陈之后，贺若弼居功求任宰相时，文帝就明白地对高颎说道：“功臣正宜授勋官，不可预朝政。”这应该是其内心思想的表露，只是要改变任用地方官员的惯例，势必触犯众多勋功武将的利益，必须慎重进行。

开皇三年（583年）十一月，文帝在准备对地方行政制度进行重大改革的同时，诏令各地举荐贤才，说道：“朕君临区宇，深思治术，欲使生人从化，以德代刑，求草莱之善，旌闾里之行。民间情伪，咸欲备闻。……如有文武才用，未为时知，宜以礼发遣，朕将铨擢。其有志节高妙，越等超伦，亦仰使人就加旌异，令一行一善，奖劝于人。远近官司，遐迩风俗，巨细必纪，还日奏闻。”诏书虽未完全道出文帝的用人思想，但已相当明确地点明以文兴邦的基本原则。

在敏感的人事问题上，文帝实际上是采取少说多做的办法，不但派遣使者到各地明察暗访，自己也借巡察之机亲自发现并提拔大批政绩斐然的地方行政官员，改变官吏队伍的成分结构，大力整顿吏治。各级地方官员是中央政令的具体执行者，在由乱而治的时代，还起到消除地方分裂因素，促进国家深层统一的作用，故其选任是否得当至关重要。对此，文帝“初有天下，励精思政，妙简良能，出为牧宰”，倾注了大量的心血。

文帝有鉴于北周宗室微弱以致灭亡的教训，分别于并州、洛州和益州设置行台尚书省，由晋王广、秦王俊和蜀王秀出掌，监临地方。三位皇子俱年少，文帝为之“盛选贞良有重望者为之僚佐。于时（元）岩与王韶俱以骨鲠知名，物议称二人才具侔于高颎，由是拜岩为益州总管长史。韶为河北道行台右仆射”，同时任命的还有河北行台兵部尚书李雄。上任时，文帝亲自召见慰勉，他对元岩说：“公宰相大器，今屈辅我儿，如曹参相齐之意也。”对李雄交代道：“吾儿既少，更事未多，‘卿兼文武才，今推诚相委，吾无北顾之忧矣。’”我们知道，在中央集权体制下，任职朝廷者因为接近权力中心而易于升迁，故百官趋之若鹜。现在文帝将朝中“宰相大器”的高官派往地方任职，无疑给全国树立了一个榜样。考察文帝时代中央高级官员的经历，一般都曾在地方任过职，朝官与外官的双向交流比较频繁，处于良性循环的状态。

如果说行台尚书省为中央派出机构，仅具象征意义，那么，对于真正地方官员的考察选拔，文帝更是不惜余力。开皇元年（581年）十月，文帝巡视岐州，沿途考察吏治。岐州刺史梁彦光有惠政，文帝专门下诏，大加褒奖：“赏以劝善，义兼训物。彦光操履平直，识用凝远，布政岐下，威惠在人，廉慎之誉，闻于天下。三载之后，自当迁陟，恐其匮乏，且宜旌善。可赐粟五百斛，物三百段，御伞一枚，庶使有感朕心，日增其美。四海之内，凡曰官人，慕高山而仰止，闻清风而自励。”未几，又赐钱五万。

房恭懿原为北齐官员，苏威推荐他担任新丰令（今陕西省临潼县新丰镇），政绩为三辅之最，文帝赐之绢帛，他转分给穷困百姓，文帝再赐之粟米，他又拿去赈济贫民，让文帝赞叹不已，在召见雍州诸县令时，特地把房恭懿唤至座前，访以治术，超授泽州（今山西省晋城市）司马。不

久，转德州（今山东省陵县）司马，政绩又再考为全国第一。文帝十分惊异，对诸州进京考核的朝集使说道："如房恭懿志存体国，爱养我百姓，此乃上天宗庙之所佑助，岂朕寡薄能致之乎！朕即拜为刺史。岂止为一州而已，当令天下模范之，卿等宜学也。"号召百官向他学习，同时将他提拔为使持节、海州（今江苏省连云港市海州镇）诸军事、海州刺史。

对于北齐旧属，文帝也能加以甄别，量才叙用。高劢为北齐太尉清河王高岳之子，文帝当政后曾对他说："齐所以亡者，由任邪佞。公父子忠良，闻于邻境，宜善自爱。"并因其刚正而任命他为楚州（今江苏省淮安）刺史。以后，陇右遭羌人寇掠，又调他担任洮州刺史，颇能绥抚各族，前后数任，皆称治理。

文帝还留意了解官员的能力特长，默记于胸。贺娄子干长期镇守西部边疆，威名远扬。死后找不到合适的人继任，文帝焦虑道："榆林国之重镇，安得子干之辈乎？"才过几天，他就亲自物色到新的人选，说道："吾思可以镇榆林者，莫过杜彦。"杜彦果然不负重托，守边安民，令"北夷畏惮，胡马不敢至塞"。再如，开皇三年（583年）七月，幽州总管李崇出兵抗击突厥，兵败身亡，东北形势顿时吃紧。消息传来，文帝马上想到能继此重任的"无以加周摇者"，立即令他赶赴前线，化解危机。从这些事例都可看出，文帝平素是何等重视吏治，努力做到知人善任。

不仅如此，隋文帝还以严考政绩为纲来黜陟幽明，努力做到"黜陟合理，褒贬无亏。便是进必得贤，退皆不肖"。在这方面，国家的首要任务是确立公平合理的赏罚标准，并尽量确保其不受亲疏爱憎等帮派人为因素的干扰，做不到这一点，则赏罚不公，便会使得澄清吏治的所有努力付诸东流，法同虚设。在这方面，文帝确实作出不懈的努力，颇有建树。

开皇六年（586年）二月五日，文帝制刺史上佐每岁暮更入朝，开始实行按政绩黜陟地方官吏的制度。黜幽陟明并非隋朝首创，但是，隋朝确实施行得比较严格，不仅岁末考课的记载频频出现，而且许多官员的履历可以看出他们确实是通过考绩而得到提拔的。例如，开皇十一年（591年）二月，“以临颍令刘旷治术尤异，擢为莒州刺史”。“仁寿中，上令持节使者巡行州县，察长吏能不，以彦谦为天下第一，超授都州司马”等。

同时，政绩优异的地方官还经常被选拔到中央任职。相州刺史樊叔略，“政为当时第一。上降玺书褒美之，赐物三百段，粟五百石，班示天下。……征拜司农卿”；刘仁恩“有文武干用。初为毛州刺史，治绩号天下第一，擢拜刑部尚书”等。

对于官吏的升迁，隋朝也有一定的规则，原则上是逐级提升，上述房恭懿由县令迁州司马，再升任刺史；房彦谦由县令擢为州司马等，都属于正常情况。至于超常拔擢者，如刘旷由县令提升为刺史，刘仁恩由刺史入京任刑部尚书等，越级幅度并不太大。对于政绩优异的官吏，文帝更多给予实物奖赏，而较少采取直接升官的办法，以维持人事制度的严肃性。梁彦光政绩突出，文帝对他赏赐颇丰，但并不立即予以提升，只是允诺：“三载之后，自当迁陟。”究其原因，大概是梁彦光任岐州刺史尚未期年，故文帝遵循正常程序，候其任满方予升迁。由此可知，文帝对官吏的升迁不光看政绩，还十分注重经验资历。

把考核政绩作为澄清吏治的中心，文帝为此呕心沥血，对于考绩优异的官吏，他经常召见慰勉，下诏褒奖：“虽啬于财，至于赏赐有功，亦无所爱吝。”而且，只要可能，他便亲自主持考课，“尝大集群下，令自陈

功绩”，开皇八年（588年），还“亲考百僚”。在他主持下，隋朝的官吏考课制度得以严格而公正地执行，不但保证了各级国家机器的高效率运转，而且，也确实造就了一批清廉勤政的官员。

不仅如此，隋文帝在用人方面还注重对官吏进行严格的监察，对非法行为严惩不贷。赏罚分明是吏治之本，赏不可滥，而罚必求其公正。仁寿三年（603年）七月，文帝在对古代治乱经验进行反思之后总结道：“自王道衰，人风薄，居上莫能公道以御物，为下必踵私法以希时。上下相蒙，君臣义失，义失则政乖，政乖则人困。盖同德之风难嗣，离德之轨易追，则任者不休，休者不任，则众口铄金，戮辱之祸不测。”兴衰在于得人，得人务须“公道”，赏罚不公会造成离心离德的恶果。对此，文帝给予高度重视，并以身作则。

对于身边亲信触犯法规，文帝亦不宽贷。李圆通为其家奴出身，自幼侍奉左右，典宿卫，预朝政，最受宠信。但他随孝王出镇并州期间，不懂得奉公自律，故“孝王以奢侈得罪，圆通亦坐免官”。文帝身为表率，不偏袒亲信旧部，使得有关机构对百官的监察可以不必过多顾忌人事背景，执行得比较严格。

仁寿年间，杨素贵宠擅权，大理卿梁毗直接上封事给文帝，指斥杨素“所私皆非忠谠，所进咸是亲戚，子弟布列，兼州连县。天下无事，容息异图，四海稍虞，必为祸始。夫奸臣擅命，有渐而来。”文帝阅后大怒，亲自诘问梁毗，梁毗非但不惧，反而慷慨陈词道：“素既擅权宠，作威作福，将领之处，杀戮无道”，引起文帝的警惕，不再专任杨素。

仁寿二年（602年）春，文帝到仁寿宫休养，命苏威代理朝政。回京后，御史弹劾苏威不理职事，文帝大怒，颇加谴责。宰相亦在宪官纠弹之列，则朝廷百官自不待言，平日言行举止，不敢过于放纵。平陈后，文帝曾亲临晋王广府第，大宴群臣。虞庆则和杨素相互争功揭短，有失大臣之体，御史当场就要加以弹劾，为文帝所止。故文帝提议群臣宴射行乐时，虞庆则连忙告饶道：“臣蒙赉酒食，令尽乐，御史在侧，恐醉而被弹。”只有在文帝将御史支走后，大臣们才敢放情尽欢。高级将领的庆功宴会尚且如此，平时情形更是可想而知。

对于地方官吏，文帝则经常派遣中央官员外出巡省，考核黜陟。巡省或黜陟大使对于地方官员的升迁任免具有重大影响。赵轨任齐州别驾，连续四年考绩最优，持节使者梁子恭将其事迹上报，文帝大喜，予以褒赏，调任京官。公孙景茂同样因为巡省大使杨纪的美言而迁任淄州（今山东省稻博市淄川）刺史。对于不遵法度乃至为非作歹的官吏，巡省大使确实能够起到相当的抑制作用。皇甫诞在刑部颇有能名，迁治书侍御史，“朝臣无不肃惮”，旋被委任为河南道大使。治书侍御史柳彧“持节巡省河北五十二州，奏免长吏赃污不称职者二百余人，州县肃然，莫不震惧”，文帝知道后，大加奖励，仁寿初年再度委派他持节巡省太原道十九州。正因为有文帝撑腰，巡省大使才敢于秉公监察，使得封疆大员甚至宗室亲王都有所顾忌，收敛避让。

执法的官员同样受到其他官吏的监察。南陈降将萧摩诃在妻子病危时，奏请让其子回江南收取家产，御史见而不言。尚书左丞元寿立即上表纠弹，认为萧摩诃不顾妻子病重，让其子远出敛财，实在是重利忘义的行为，大亏名教，而监察官员竟然不加弹劾，断难饶恕，请将他们送交大理寺审判。文帝阅后，“嘉纳之”。文帝视监察官员为耳目鹰犬，督励甚严。为了防止他们懈怠苟且，还允许百官对其进行监督，造成百官之间相互纠察的局面，以此保证国家机器稳固而高效地运转。而且，隋朝还通过创建公文档案制度，对各级机关的行政过程进行全面监察。吏部尚书牛弘曾对政府部门吏员倍增而公务益烦现象大惑不解，向名儒刘炫咨询，刘炫作了一段饶有意思的回答："古人委任责成，岁终考其殿最，案不重校，文不繁悉，府史之任，掌要目而已。今之文簿，恒虑覆治，锻炼若其不密，万里追证百年旧案，故谚云'老吏抱案死'。古今不同，若此之相悬也，事繁政弊，职此之由。"

与此相适应，隋朝对官吏的监察不限于行政执法、政风官纪、忠诚廉洁、仪容仪表等公务方面，还深入涉及官吏的品行操守等私生活领域。上柱国郑译与母亲别居，为宪司所劾，除名为民。大司徒王谊的儿子尚文帝第五女，不久，其子病死，一年后，王谊以公主年少为由，奏请提前免其孝服，遭到御史大夫杨素的严辞弹劾。应州（今湖北省广水市）刺史唐君明母丧期间，娶雍州长史厍狄士文堂妹，被治书侍御史柳彧纠弹，唐君明和厍狄士文双双获罪入狱。就连一代名相高颎之子高弘德被封为应国公时，申请门户列戟以示尊贵，也被柳彧驳回。对伦理道德的强化，经常以提倡贞操和勤俭为开路先锋。文帝和独孤皇后过着俭朴生活，在家庭伦理方面，他们共同起誓"无异生之子"。

官吏品行成为行政监察的重要对象。监察官员自然成为伦理道德的坚定捍卫者，开皇年间的治书侍御史李谔就是其典型。当时，妇女改嫁的情况颇为常见，特别是官僚家庭，子孙嫁卖父祖遗妾侍婢成风，李谔为之扼腕，以为太伤风化，上疏痛陈，请予禁止，此事得到儒士刘炫的支持。《隋书·刘炫传》记载此事缘由为"风俗陵迟，妇人无节"，可知所针对的不只是变卖父祖妾婢现象，应该还包括一般的改嫁。文帝读罢李谔奏文，大为赞同，遂于开皇十六年（596年）六月，“诏九品已上妻，五品已上妾，夫亡不得改嫁。”此外，在提倡俭朴、力戒轻薄浮华、纠正文风和改变官吏自矜浮夸等方面，李谔都曾上疏直言，大得文帝赞赏，并将其“前后所奏颁示天下，四海靡然向风，深革其弊”。

《隋书·柳彧传》说：“隋承丧乱之后，风俗颓坏，或多所矫正，上甚嘉之。”其实，把伦理道德政治化以及对官吏进行严厉的行政监察，无不是针对分裂时代风俗颓坏而发，不仅救时厉俗，还成为实现集权的有力武器，为统治者所赞同，史称“高祖之世，以刀笔吏类多小人，年久长奸，势使然也”。

开皇初年，文帝曾与安德王杨雄、上柱国元谐、长孙览、李充、左仆射高颎、内史监虞庆则及吴州总管贺若弼等新朝要员同宴，动情地说：“朕昔在周朝，备展诚节，但苦猜忌，每致寒心。为臣若此，竟何情赖？朕之于公，义则君臣，恩犹父子。朕当与公共享终吉，罪非谋逆，一无所问。”北周时代，他曾备尝猜忌之苦，深知其涣散人心的恶果，故于登基之后，思革前弊，与群臣相约推诚接物，共享终吉。实际上，由于北周派阀政治的遗俗和文帝相对软弱的权力根基，决定了这些话不可能真正做到。

第八章

兴佛复道改仁寿　文帝病逝悲歌生

古语有云：由俭入奢易，由奢入俭难。隋朝建立初期，文帝杨坚勤政恤民，生活节俭，然而，到了晚年，隋文帝也开始了奢靡的生活。不仅如此，他对权力有了更加强烈的欲望，泰山封禅、修建仁寿宫、雅好符瑞、罢除学校、废黜太子等，经历了这些事情之后，文帝也遗恨而终。

泰山封禅，追求仁寿

随着国家的极大富裕，文帝深深地陶醉了，以节俭著称的文帝开始挥金如土，荒于政务，不管百姓的死活。

开皇十四年（594年）十月，隋文帝突发奇想，下了道诏书，要陈朝、北齐、后梁的后人修建宗祠，让他们对祖先进行祭拜，建祠地点在洛阳邙山。至于其中的目的，自然是想展示自己的仁爱之心，粉饰太平。文帝把邙山作为亡国之君祭拜祖宗之地，其实就是他自己在缅怀杨家辉煌的战史。

随后，文帝带着陈叔宝一行人登上洛阳郊外的邙山。不仅如此，文帝觉得还不够刺激，又想到了封禅。这和他当初励精图治时的勤政恤民的思想背道而驰。

早在开皇九年（589年），文帝就有封禅的想法。这年，西北边陲时有叛乱；东西突厥来往密切，大有共同对付大隋之迹象；东北的高句丽屡屡进犯；南方的陈朝虽然已灭，余孽却蠢蠢欲动。看着御案上的几封密报，文帝不由得眉头紧锁。

文帝找来高颎商议道："边境不安，大臣们劝朕登泰山封禅，祭告天地，你有什么建议？"高颎忙说："古之帝王无不在功成名就、四海廓清时举行封禅。陛下不要小看封禅，它是宣告太平盛世的到来啊！尽管边境时有叛乱，皇上也不要忧心，他们兴不起风浪。总之，当今的大隋已是海晏河清，陛下是该祭天了。”所谓“上有所好，下必甚焉”，官场上的这些高级奴才最擅长的就是揣摩主子的心思。文帝一有泰山封禅的想法，立马有人投其所好，没几天，一封封奏折堆满文帝的御案。

在中国古代封建社会中，封禅就是祭祀天和地。在泰山封禅始于秦始皇，此后汉武帝、光武帝也在国运昌隆之时登上泰山祭拜天地以示感恩。自东汉末年以来，中国经历了几百年的战乱，再也没有哪个皇帝有能力去泰山封禅了。

太平盛世，文帝最希望的便是历史能记住自己，如果能到泰山封禅，那肯定就是做皇帝的荣耀。晋王杨广也率百官跪于朝堂，同请封禅。此时的文帝，再也不是开国时期为国家操劳的那个文帝了。太平盛世，这一切，已经把一个勤劳思政的皇帝彻底改变了。随后，文帝命姚察和虞世基等文人写拜山《仪注》。不久，仪注撰成，呈给文帝批阅。这时，文帝又谦虚起来，要求礼仪从简。

开皇十四年（594年）十二月五日，隋文帝起驾东巡。开皇十五年（595年）一月三日，文帝君臣来到齐州（今山东省济南市），安顿好人马，进驻斋宫。十一日，封禅活动正式开始！

在泰山山顶，祭祀大典由杨广主持，设祀坛，跪拜祭苍天。礼毕，在南郊设青帝坛，柴燎祀天。文帝仰望茫茫的苍穹，把该说的话都和老天说了，心里才觉安稳，之后，下令大赦天下。这次封禅，文帝没有动大场面，只是一般性的拜祭。不管怎样，文帝很满足，毕竟实现了自己多年的梦想。三月一日，隋文帝回到京师后，又举行隆重仪式。封禅之事到此告一段落。除了封禅之事，隋文帝还改年号为“仁寿”并建造仁

隋仁寿宫考证图

寿宫，这些都已经表明，文帝已经不是当初的文帝了。

早在开皇十三年（593年）正月，文帝就相中一块风水宝地，此地离首都大兴城几十千米，文帝见到这块风水宝地之后，就决定在此修建行宫，供他和独孤皇后颐养天年。想到这里，文帝的脑海里立即出现了两个字——仁寿。

随着文帝的改变，隋朝朝廷之上也逐渐发生改变。早在平定陈朝时，隋朝的高层人事悄悄地发生一些变化。高颎从江南回到京城，文帝亲自慰劳他说："公伐陈后，人言公反，朕已斩之。君臣道合，非青蝇所间也。"高颎听后，心里暗惊，回家后即刻上表逊位，经过文帝慰留，高颎虽然仍居原职，但经常遭到周围的攻讦，不得不小心翼翼，如履薄冰。有一次，文帝和他及贺若弼起谈论灭陈往事，他连忙说："贺若弼先献十策，后于苦战破贼。臣文吏耳，焉敢与大将军论功！"身为宰相，又是平陈军实际的前线统帅，却自抑如此，说明朝廷气氛已经发生了微妙的变化。

这种风气的形成，文帝负有直接责任。自建国以来，他常喜欢让大臣聚集一起，饮酒摆功，以为乐事。平陈后，文帝临幸晋王邸，置酒宴请群臣，举杯庆道："高颎平江南，虞庆则降突厥，可谓茂功矣。"杨素不服，说：“皆由至尊戚德所被。”巧妙地将高颎和虞庆则的功劳一笔勾销。群臣在文帝面前相互揭短攻讦，犹如市井之徒。文帝对此非但不予制止，反而推波助澜。在他的鼓动下，大臣自然矜功伐善。

右武侯大将军贺若弼位望隆重，兄弟俱封郡公，并任刺史列将，家中珍玩不可胜计，奴婢妾曳绮罗者数百，自以为功高盖世，常以宰相自许。然而，文帝任命杨素为右仆射，与高颎并为宰相。贺若弼愤恨不平，怒形于色，大骂高颎和杨素为无能之辈，因此免官。但在文帝的庇护下，不久又恢复爵位。贺若弼毫无悔改，甚至在酒宴上作诗泄愤，文帝视而不见，听之任之。开皇初年群臣同心治国的景象正在迅速消逝。

当时，隋朝大臣中，足智多谋又敢于坚持自己立场者，首推李德林。然而，正因为他个性鲜明，所以不为文帝所喜，虽身为开国元勋，却十年官位不加。平陈以前，国家正是用人之时，故李德林还有一席之地。文帝曾专门派高颎探望病中的李德林，征求平陈之计，并许以重赏。可是，后来封赏功臣时，宣布授李德林郡公、柱国，实封八百户，赏物三千段。此待遇远不能和高颎、杨素、贺若弼、韩擒虎等人相提并论，只能和行军总管相对，与文帝所许诺已经大打折扣。有人不满，到高颎处诉说一通，高颎随即劝说文帝，收回成命，如此出尔反尔。像李德林这种敢于直言的人已经不被官僚所容忍了。

当年，文帝曾将逆人王谦宅第赐予李德林，公文已下，突然又改赐他人，令李德林另选一宅。李德林选逆人高阿那肱的市店以为替代，获得同意。开皇九年（589年），文帝巡视晋阳时，店人诉称此店乃高阿那肱强夺民田所造。这本是小事一桩，故文帝令有关部门折价偿还，不料苏威揪住不放，硬说李德林故意欺瞒，窃据赃物。李圆通等人在一旁添枝加叶，说此店获利堪比食封千户，请计日追赃。文帝把李德林叫来，劈头盖脸就是一通斥责，李德林请求查验逆人文簿及换宅事实，但文帝毫不理会，竟将市店全部追还给原住者，对李德林越发生厌，虽然还让他继续担任内史令，却不让他参与决策讨论。然而，遭此中伤，李德林还是不肯明哲保身。翌年，虞庆则从关东巡视归来，上奏农村设乡正，乱政扰民。李德林本来就反对每五百家设乡正，所以，顺势劝谏文帝不要朝令夕改，应注意维护法律的权威性。

但是，这次又触怒文帝，被臭骂一通。左右趁机密告李德林的父亲在北齐时代只是第九品的校书郎，李德林却谎报为第四品的公府谘议参军，使得文帝对其人品心生嫌疑。不久，朝廷议事时，李德林的意见又与文帝不合，文帝新怨旧账一起清算，将他贬到遥远的湖州（今浙江省湖州市）去当刺史，李德林请以散官留居京城，文帝不准，只是批准他转任略近一点的怀州刺史。

李德林名满天下，又敢于进谏，实在让文帝备感难受，所以非将他贬出京城不可。然而，他的下台使得隋朝中央人事结构失去平衡，集思广益的决策方式被打上终止符，不同政见遭到禁锢。然而，政治上的微妙变化被沉浸于胜利喜悦的社会和良好的国家财政经济形势所掩盖。

开皇十二年（592年），财政部门上奏："府藏皆满，无所容，积于廊庑。"文帝有点不敢相信，慎重地问道："朕既薄赋于民，又大经赐用，何得尔也？"财政官员为他计算说："入者常多于出，略计每年赐用，至数百万段，曾无减损。"隋朝曾修造不少官仓，现在诸仓皆满，只好另辟左藏院以供收纳。这使人不由得联想起汉武帝初期"都鄙廪庾皆满，而府库余货财。京师之钱累巨万，贯朽而不可校。太仓之粟陈陈相因，充溢露积于外，至腐败不可食”，从那时起，整整经过七百多年，才重见这般富庶景象。两相比较，汉代整整积蓄了七十多年，而隋文帝却只用了十余年，如此成就不能不让“思迈前主”的文帝深深地陶醉在喜悦之中。于是，他下诏宣布；“既富而教，方知廉耻。宁积于人，无藏府库。河北、河东今年田租，三分减一，兵减半，功调全免。”客观看来，藏富于民当然是自我吹嘘的讲法，减免租调不无节约储藏费用与损耗的考虑。

这时的文帝已经五十三岁，步入老年。想到早年的愿望都已经成为现实，激励他努力拼搏的政治对手尽皆降伏，反倒使得他失去奋斗的目标，顿时觉得累了下来。

开皇十三年（593年）正月十一日，文帝亲自祭祀。正月二十一日，他来到长安西面的岐州。这里的山水让他心旷神怡，身体得到很好的修养。于是，他决定在此修建一座行宫，供他和独孤皇后颐神养寿。

二月六日，文帝诏令杨素负责在岐州北边修建仁寿宫。杨素推荐著名的建筑专家宇文恺检校将作大匠，并举其堂妹夫封德彝为土木监，文帝皆予批准。在这里，文帝一直修养到十七日才回到京城。如此长时间悠闲静养，在以前似乎从未有过。杨素在战场上是让敌人丧胆的将军，在生活上也非常奢侈，拥有“家童数十，后庭妓妾曳绮罗者以千数。第宅华侈，制拟官禁”，由他来主持工程，规模场面自可想象，何况这又是博取文帝欢心的良机，自然加倍尽心。宫殿设计得极尽富丽，高台亭榭，层叠而起，依山筑殿，宛转相连。只苦了服劳役的人，在严厉的督责下，星夜赶工，疲惫不堪，体力一旦不支，便被推下坑谷，覆以七石，充作基址。两年下来，一座金碧辉煌的仁寿宫拔地而起，其下却掩坪了百余民夫的尸骨。

开皇十五年（595年）三月，仁寿宫竣工，文帝派高颎前往视察。高

颎回来报告，认为太过华丽，文帝心里不高兴。杨素闻知，深感忧惧，密启独孤皇后说："帝王古有离宫别馆，今天下太平，造此一宫，何足损费！"请皇后为他开脱。二十九日，文帝亲自来到仁寿宫。其时天暑，民夫不堪苦役，死者相继于道，杨素令部下焚尸清扫，匆匆掩埋。文帝沿途听说，暗暗生气，待到仁寿宫一看，顿时火起，怒道："杨素竭百姓之力，雕饰离宫，为吾结怨于天下！"杨素不知所措，如坐针毡，倒是封德彝沉得住气，悄悄对杨素说："公勿忧，待皇后至，必有恩赏。"

次日，文帝召见杨素。杨素不知是喜是忧，心里七上八下。待入宫一看，文帝与皇后并坐高位，一颗心总算放下。果然，独孤皇后对他颇加慰劳，赞扬说："夫用意，知吾夫妻年老。无以娱心，盛饰此宫室，岂非孝顺。"结果，杨素不但没有受到责罚，反而受赐钱百万，锦绢兰千段。

在这期间，朝中也不太平。开皇十四年（594年），旱灾降临关中，从五月起，赤日炎炎，长空无云，烤得黄土龟裂，庄稼干枯。京城又发生地震，更是雪上加霜。到了八月，农民颗粒无收，仅以豆屑杂糠充饥。文帝见到农民的食物，泪流满面，传示朝臣，并宣布不食酒肉，与民同忧。可是，才八月农民就断粮，这年头明显熬不过去。九日，文帝宣布率领百姓到洛阳就食，一路上，他让卫队扶老携幼，保护饥民，体恤备至，表现得十分仁慈。

然而，文帝的悲悯是廉价的。其实，只要开仓赈灾，已经饿得头昏眼花的百姓便可以免去长途跋涉。唐太宗曾评论说："隋开皇十四年大旱，人多饥乏。是时仓库盈溢，竟不许赈给，乃令百姓逐粮。隋文不怜百姓而惜仓库，比至末年，计天下储积，得供五六十年。炀帝恃此富饶，所以奢华无道，遂至灭亡。"

之后，文帝携独孤皇后前往刚刚落成的仁寿宫。宫殿确实奇巧方便，与皇宫的庄严刻板大相异趣，处处充满生活的气息。没有政务的烦恼，一夜高枕无忧，文帝真正尝到生活的欢乐。四月一日，他再度宣布大赦天下。

在仁寿宫，文帝一直住到七月二十一日才回长安。他已经喜爱上仁寿宫，渐渐习惯于舒适的生活。他还派人将北周权臣宇文护建造的温泉修葺一新，加盖屋宇，种植松柏。回长安仅三个多月，他又到温泉修养。而在享受生活的同时，他对朝政越来越不耐烦，越来越喜欢在远离朝臣的修养胜地发号施令。因此，仁寿宫成为开皇后期政治舞台的中心，成为一个时代的象征。

雅好符瑞，痴迷宗教

《隋书·岛帝纪》载史臣评论，杨坚“又雅好符瑞，暗十大道”；特至晚年，又“深信佛道鬼神”。“符瑞”指祥瑞的征兆，自汉代以来，符瑞被说成是皇帝，特别是皇帝受命于天的征兆，即所谓“天之所与，先必赐之符瑞。”

杨坚接受周静帝的“禅让”而为隋朝开国皇帝，实质上是篡夺北周政权而自立为皇帝。称帝前，外有尉迟迥、王谦、司马消难“三方之乱”，再有宇文招等“六王之谋”，杨坚凭借武力将他们逐一消火，这才得以登上皇帝的宝座。他唯恐人心不服，于是给自己的篡周自立制造舆论，故史

称："帝受周禅，恐民心未服，故多称符瑞以耀之，其伪造而献者，不可胜计。"

当时，萧吉是南朝梁武帝兄长沙宣武王萧懿的孙子，江陵陷落后归于北周。隋文帝即位后，萧吉进官上仪同，以本官大常考定古今阴阳书。他见隋文帝雅好符瑞，为取悦皇上，于开皇十四年上书说："今圣主在位，居天元之首，而朔旦冬至，此庆一也。辛酉之日，即是至尊本命，辛德在丙，此十一月建丙子。酉德在寅，正月建寅为本命，与月德合，而居元朔之首，此庆二也。庚申之日，即是行年，乙德在瘐，卯德在申，来年乙卯是行年与岁合德，而在元旦之庆，此庆三也。……又甲寅、乙卯，天地合也。甲寅之年，以辛酉冬至，来年乙卯，以甲子夏至。冬至阳始，郊天之日，即是至尊本命，此庆四也。夏至阴始，祀地之辰，即是皇后本命，此庆五也。至尊德并乾之覆育，皇后仁同地之载养，所以二仪元气，并会本辰。"萧吉在上疏中大谈冬至郊天之日是至尊本命，把隋文帝说成是受命于天的天子，隋文帝"览之大悦"，赏赐给萧吉布帛500段。

王劭字君懋，太原晋阳人。王劭于北齐，官至太子舍人，侍诩文林馆。隋文帝即任后，授王劭著作佐郎，又起用为员外散骑侍郎，修起居注。王劭见隋文帝雅好符瑞，"又言上有龙颜戴干之表，指示群臣"（《隋书·王劭传》），说隋文帝的仪表为天子龙颜，隋文帝十分高兴，赏赐布帛数百段，任命王劭为著作郎。此后，王劭又多次上表言符命，每次都使隋文帝龙颜大悦，多所赏赐，"以劭为至诚，宠锡日隆"。王劭"于是采民间歌谣，引图书谶纬，依约符命，捃摭佛经，撰为《皇隋灵感志》，合三十卷，奏之。上令宣示天下。"隋文帝令宣示天下"，可见其雅好符瑞至何种程度。

同雅好符瑞相联系的，是隋文帝“深信佛道鬼神”，特别是在他的晚年。

文帝虽然是佛教徒，但他“素信鬼神”，所以，非但不排斥道教，甚至在其人生事业的紧要关头还更加依赖于方术道士的符瑞图谶之说。所谓“隋文承周武之后，大崇释氏，以收人望”，说明隋文帝的宗教政策是根据政治需要制定的，故奖掖道教亦属必然，“至隋室，道教复振。文帝开皇中诏，重修二庙，精择羽流，累致墨词，以祈景福。于是朝野宗奉焉”。

开皇三年（583年），“隋高祖文皇帝迁都于龙首原，号大兴城，乃于都下畿内造观三十六所，名日玄坛，度道士二千人”，而且，文帝还亲自到楼观台宗圣观沐芳礼谒，下令重修楼观宫宇。“开皇间已诏两京及诸州各置玄元皇帝庙”，在全国范围内修复或建老子庙，经常征召有名望的道士到京城讲论玄理，并在京城安善坊设立玄都观，延聘楼观道“田谷十老”之一的王延为观主，成为全国道教学术中心，深具影响。此外，文帝还建造了一批道观，如开皇二年（582年）在益州建至真观，开皇七年（587年），为道士孙昂和吕师分别修建清都观和清虚观，为秦王俊建立会圣观等，为道教的发展奠定了良好的基础。

然而，文帝对于道教的兴趣主要在于五行图谶，着眼于现实政治的需要，因此，他对道教的态度颇为微妙。《隋书·经籍志》谈到：道教于“开皇初又兴，高祖雅信佛法，于道士蔑如也。”《集古今佛道论衡》说：“至于道观，羁縻而已。”这不仅是他个人对宗教的态度，而且还牵涉到敏感的政治问题。

文帝利用图谶夺取北周政权，因此，他深知图谶在政治斗争中的作用，自然对之十分敏感，一方面要充分加以利用；另一方面则要严格加以控制，不能为他人所染指，“及高祖受禅，禁之逾切”。

开皇中后期，外部的敌人基本消灭，太平岁月反倒滋长了文帝的猜忌心，专制主义日甚一日，最高统治集团内部的斗争趋于激烈。这时，文帝对于图谶更加警惕，开皇十三年（593年）二月二十七日，专门下令“私家不得隐藏纬候图谶”，之后，对政治目的的宗教迷信活动禁令愈严，开皇十八年（598年）五月，“诏畜猫鬼、蛊毒、厌魅、野道之家，投于四裔”。这些禁令在文帝去世之后仍然得到遵循，甚至愈加严厉，“炀帝即位，乃发使四出，搜天下书籍与谶纬相涉者，皆焚之，为吏所纠者至死。自是无复其学，秘府之内，亦多散亡”。

道教图谶被政治家利用，使得道教始终处于既受利用又受限制的尴尬境地，被视为实用工具，这就决定它不能成为意识形态的主流。隋朝名士李士谦曾概括当时的三教关系道：“佛，日也；道，月也；儒，五星也。”王劭以儒士身份却不得不编造图谶符命取宠，说明李士谦的生动比喻确实道出隋代宗教的实际情况。

隋朝宗教主流是佛教。隋文帝出生于佛寺，十三岁以前一直在佛寺接受教育。登基之后，更是致力于兴隆佛教。开皇元年（581年），文帝下令恢复北周武帝所废诸寺，各地民户计口出钱，营造经像，听任百姓自由出家。同时，令京师、并州、相州和洛州等大都市官府出资抄写佛经，置于寺内，副本藏于秘阁。“天下之人，从风而靡，竞相景慕，民间佛经，多于六经数十百倍”。还命令于五岳各置僧寺一所，为其父杨忠于襄阳、隋郡、江陵和晋阳等地立寺各一所，建碑颂德。一年之中四颁诏令，为佛教的兴隆大造声势。大规模的造寺写经，为佛教迅速繁荣打下了物质基础，而文帝从政治上扶持佛教的政策，更使得佛教从一开始便占据了中心地位，其他各种宗教，甚至传统的儒家政治学说都无法与之比肩。

隋朝建立之后，文帝即以僧人充任顾问，二十余年间，“每日登殿，坐列七僧，转经问法，乃至大渐”。律宗灵藏和尚为文帝布衣之交，隋迁都之际，文帝为他营造大兴善寺，并令左右仆射每两日前往参见，而且，还让他自由出入皇宫，“坐必同榻，行必同舆。经纶国务，雅会天鉴。有时住宿，即迩寝殿”。开皇四年（584年），文帝在给灵藏的手敕中说：“弟子是俗人天子，律师为道人天子，有欲离俗者，任师度之”、“律师化人为善，朕禁以为恶，意则一也”。由此看来，文帝承认在俗世之外存在着一个佛教的世界，这两个世界殊途同归，因此，他要和佛教共同治理天下。

承认两个世界的存在，文帝并不打算将国家神权化，也不准备将宗教贬为政治的奴隶，他要在梁武帝和周武帝之间走出一条平衡宗教与俗世的道路，尽可能发挥佛教在意识形态上的巨大作用。所以，隋文帝对佛教采取鼓励的政策。

《隋书·经籍志》说：“开皇元年，高祖昔诏天下，任凭出家。”此诏的宣传意义远重于实际效果。《续高僧传·昙延传》说：“隋文创业，未展度僧。”有鉴于此，昙延于当年奏请度僧，以应一千二百五十比丘、五百童子之数，获得文帝的批准，“此开皇释化之开业也”。此后，文帝又批准僧团度人出家的名额，故僧人大增，而民间私随僧尼出家者为数更多。开皇十年（590年），文帝以此事咨询昙迁，昙迁建议尽予承认，文帝经过反复思考，采纳其议，“固下敕：自四月前，诸有僧尼私度者，并听出家。故率土蒙度数十万人”；“敕僚庶等有乐出家者，并听”，完全开放出家度僧的限制。受此鼓励，在文帝统治的二十四年间，正式剃度的

僧尼就达二十三万人。

不仅如此，继上述开皇元年（581年）五岳建寺令之后，开皇三年（583年），文帝下诏修复北周所废诸寺，并令京兆尹苏威在新都选形胜之地安置伽蓝，“于是合京城内无问宽狭，有僧行处，皆许立寺，并得公名”。翌年，下令在其诞生地及其父杨忠曾经任职的随州创建大兴国寺，在京城造大兴善寺，敕令各地将现存佛像交附近寺庙安置，不得损毁，把修建寺庙佛像作为官方事业大力推行。文帝还积极鼓励民间修建寺塔。按照隋朝规定，建伽蓝必须向官方申请寺额，缴纳一定的费用。然而，为了鼓励民间立寺，文帝采取了特殊的措施，如迁都大兴城时，免除申请寺额的手续及其费用。平陈以后，文帝更加热心于佛教事业，开皇十一年（591年），下诏取消营建佛事的公私之别，规定：“自今以后，凡是营建功德，普天之内，混同施造，随其意愿，勿生分别。”开皇十四年（594年），又进一步取消寺额限制，敕令“率土之内，但有山寺一僧已上，皆听给额，私度附贯”。在其奖励下，王公勋贵、官吏世族闻风响应，寺塔如雨后春笋，纷纷建立。

对于佛寺，文帝还从经济上予以支持。例如，开皇十二年（592年），敕赐宣州稽亭山妙显寺“水田二顷五十亩，将充永业。寺侧近封五十户民，以充洒扫”；开皇十三年（593年），诏令五岳及名山各建僧寺一所，并赐予田庄等。

开皇十三年（593年）春，文帝巡幸歧州时，与蜀王秀等一道围猎，在南山破窑里见到许多北周灭佛时残存的佛像，大为感伤。回京后，旋即诏令各地：“诸有破故佛像，仰所在官司，精加检括，运送随近寺内。率土苍生，口施一文，委州县官人，检校庄饰。”到了年底，文帝又于佛像前发露忏悔，与皇后备施绢十二万匹，修缮北周时毁损的佛像经书。在他带动下，王公百官、京畿百姓纷纷捐款助修，数至百万。翌日，他还主持斋会，奉庆经像，参加者多达十万人。

文帝常对朝臣追忆童年，谈到抚育他的神尼智仙曾经预言他“当大贵，从东国来，佛法当灭，由儿兴之”。后来，他果然自东方入关，代周而立。而且，他还让王劭为神尼智仙作传，并在他登基前足迹所至的四十五州同时兴建大兴国寺，使其诞生神话扬播四海。

在日益高涨的建寺造塔热潮中，开皇二十年（600年），文帝下令：“沙门道士坏佛像天尊，百姓坏岳渎神像，皆以恶逆论。”把破坏佛、道塑像列入“十恶”重罪之中，给予宗教最高等级的保护。文帝时代屡建寺塔，数量之巨，足可惊人。在整个隋朝的佛教功行中，度僧立寺几乎都发生在文帝时代，极可注目，表现出该时代佛教崇拜的特点，而营造和维持这些寺庙的费用由国家承担，靡费亦巨。

为了更好地鼓励佛教，隋文帝还广集天下名僧，把京师建成佛教教育与研究的中心。隋朝一建立，文帝就开始延揽天下名僧入京。开皇七年（587年）秋，文帝作出一项深具影响的决定，诏请徐州昙迁、洛阳慧远、魏郡慧藏、清河僧休、济阴宝镇、汲郡洪遵“六大德”各率门人弟子十人入京，安置于大兴善寺弘法。这“六大德”为当时佛教界领袖，他们的到来，奠定了长安为天下佛教中心的地位。平陈以后，又陆续延揽南方高僧入京，更使得各地名僧荟萃京城，南北学说融于一炉。

当时，京城内有寺百余所。据说，文帝“大兴郡公起家”，“因即城曰大兴城，殿曰大兴殿，门曰大兴门，县曰大兴县，园曰大兴园，寺曰大兴善寺”，可知以“大兴”命名者，皆为中心。故大兴善寺亦不例外，不仅位于都城中心，而且“尽一坊之地，寺殿崇广，为京城之最。号曰大兴佛殿，制度与太庙同”，地位之高，无与伦比，是文帝有意创建的全国佛教中心。因此，从各地征选而至的高僧，大多安置于此。

在文帝的积极倡导下，佛教广为流行，特别是在上层统治者当中拥有莫大的影响力。文帝夫妇固不待言，诸子无不崇信佛教。长子杨勇以释普安为门师；次子杨广与天台智顗为师徒关系，他在扬州延揽高僧，于洛阳开设慧日道场等，广为人知；秦王俊“崇敬佛道，请为沙门，上不许”；蜀王秀拜昙迁为师，关系极为亲密；汉王谅镇守晋阳时，供养志念等僧众四百余人，皇室第三代亦为佛教信徒。而且，隋朝大臣亦多信佛，宰相高颎、苏威、虞庆则和杨素等人造寺礼佛，尤为虔诚。至于重臣元勋为诸寺檀越（施主）的例子不胜枚举。满朝文武，无一反对佛教，只有散骑侍郎卢思道对佛教妨碍国家礼仪方面略有微辞，但他在其他地方对佛教颇进颂词，可知并不排佛。君臣上下皆崇信佛教，故文帝时代一系列崇佛的政策得以顺利推行。

开皇十七年（597年），翻经学士费长房在其《历代三宝纪》书中，采《德护长者经》之说，宣称文帝为月光童子化身，故于北周灭佛之后，“天启我皇，乘时来驭。……既清廓两仪，即兴复三宝。”仁寿年间，安德王杨雄率百官共上《庆舍利感应表》，吹捧文帝是积数劫修行而来的国王，说：“伏惟皇帝，积因旷劫，宿证菩提，降迹人王，护持三界。”于是，投机取巧的僧人造假取宠。文帝旧交沙门明诞奏称佛寺内掘得舍利与石碑，铭文记载：“大同三十六年已后，开仁寿之化。”以梁武帝大同年间推算，恰好相符。仁寿二年（602年），中天竺摩竭提国僧阇提斯那来称，其国忽然地震，出石碑一方，上有铭文：“东方震旦，国名大隋，城名大兴，王名坚意，建立三宝，起舍利塔。”

这场造神运动虽然始于隋初，但却泛滥于开皇中，愈演愈烈，一发不可收拾。僧徒的推波助澜使得面对空前成就而心骄志逸的文帝迅速走向歧途，而隋文帝雅好符瑞、崇信佛道、迷信鬼神等，虽然都有其政治目的，但也同他的不学无术有一定关系。

罢除学校，文化统制

开皇十三年（593年）六月十三日，文帝以诸生太多、研究学问不精为由，诏令废除中央及地方学校，仅保留国子监72名学生，其余的太学、四门学及州县学校统统罢除。

当时，本来国子监的博士品级就很低，最高长官才五品，相当于大州副职，而一般的助教则是勉强挤进国家官吏之列，实在是没什么地位。官品低不仅是地位低，还直接关系到经济待遇。根据隋朝官俸规定，正五品二百石，日子过得差强人意。从七品七十石，从八品五十石，持家维艰。而助教和书、算二学博士最为可怜，据“食封及官不判事者，并九品，皆不给禄”的规定，虽有官品，却无薪俸。唐朝书、算博士虽为从九品下，但有俸禄，与隋迥然不同。

更可悲的是学官无权无势，衣食所在的乡村本家，不能享受官人的经济特权，常被小吏上门课税，窘态毕露，投诉无门。这种情况还不限于学官，大凡文职儒士，概莫能外。文帝时代，他任职秘书、内史和门下三

省，却“为县司责其赋役”。刘炫在炀帝时擢升太学博士，“岁余，以品卑去任”。虞世基在陈朝灭亡后，被迁入京，“为通直郎，直内史省。贫无产业，每佣书养亲”。王孝籍入秘书省参修国史，“在省多年，而不免输税”，不得已向吏部尚书牛弘投诉，牛弘虽然同情，却无可奈何。贫寒所迫，便顾不上廉耻了。名儒刘炫伪造古代逸书百余卷，送官请赏，为人告发，竟至死罪，后来虽免死除名，却已是斯文扫地。国贱待学人，则谁肯皓首穷经以求贫贱？问题的症结正在于此，文帝不自反思，却怪罪于学校空设，错上加错。

隋朝学官社会地位低，文人经济待遇差，根本原因还在于统治者内心深处看不起文人。刘焯在当时被誉为“数百年已来，博学通儒，无能出其右者”，文帝令他服侍蜀王秀，他不愿意，迁延不肯就任。蜀王大怒，派人将他枷锁擒来，罚执兵役。刘炫也曾因为不肯奉诏服侍蜀王而被铐送至蜀，被迫执杖充当门卫，饱经羞辱。可以说，动不动就捆绑枷铐文人，还故意逼迫他们从事非其所长的军役，在隋朝几乎是司空见惯的事。卢太翼被强征为太子勇从官，太子遭黜，他竟坐死罪，文帝“惜其才而不害，配为宫奴”；孙万寿被征为王府文学官，只因衣冠不整，便被配防江南。温文尔雅的一介书生，在那瘴气弥漫、禽兽出没的戍地，悲愤地控诉道：“如何载笔士，翻作负戈人。飘飘如木偶，弃置同刍狗。”

文帝的这一举措使大隋文化顿时土崩瓦解。他实施这样的政策与其不悦诗书有着非常大的联系。

《隋书·高祖纪》结语称杨坚“又不悦诗书，废除学校”。诗书是指儒家经典《诗》《书》《易》《礼》《乐》（早已亡佚）、《春秋》，当时也包括史书类典籍在内，泛指文史类典籍而言。杨坚不悦诗书，对古代流传下来的儒家经典和史部书籍很不感兴趣，而这些典籍自两汉以来被封建统治阶级视为治国安民的理论与经验所在，奉为治国安民的法宝。

杨坚的“不悦诗书”，造成了他的“素无学术”。杨坚个人素质中的种种缺欠，当然各有其形成的环境与条件，几乎又都不同程度与他的不悦诗书、素无学术有重要的关系。作为开国皇帝，称帝前在个人修养上的种种缺欠，是可以通过学习治国安民理论来加以弥补，并收到可观成效的，杨坚却没有这样做。

隋文帝杨坚于即位之初，颇为重视振兴学校。为实现国家对各级学校的有效管理，他创设国子寺，令其从太常中分离出来，使其成为国家教育部门的最高行政机构。于传统的国子学、太学、四门学之外又创立了书学、算学和律学，形成了所谓“六学”系统，并出现了“京邑达乎国方，皆启黉校。……讲诵之声，道路不绝，中州之盛，自汉魏以来，一时而已”的盛况。

然而，令人感到奇怪的是，隋文帝在他去世的前三年，即仁寿元年（601年）六月乙丑日，却下达这样一道诏书：

“儒学之道，训救生人，识父子君臣之义，知尊卑长幼之序，升之于朝，任之以职，故能赞理时务，弘益风范，朕抚临天下，思弘德教，延集学徒，崇建庠序，开进仕之路，伫贤隽之人。而国学胄子，垂将千数，州县诸生，咸亦不少。徒有名录，空度岁时，未有德为代范，才任国用。良由设学之理，多而未精。今宜简省，明加奖励。”

诏书颁发后，隋文帝下令“国子学惟留学生七十人，太学、四门及州县学校并废”。全国的各级学校一律被废除，国家级学校的六学中，只有国子学中保留70名学生而已。

隋文帝的诏书虽然承认儒学和学校对于兴德政、移风易俗、为同家培养和选拔人才的重要作用，但竟以各级学校在校学生“徒有名录，空度岁时，未有德为代范，才任国用”为理由，下令废除各级学校。纵使当时各级学校的学生不合乎规范，其原因并不在设置学校过多，而是办学不利，应从办学措施上加以总结和改进。所谓的“今宜从简”，实际上等于废除各级学校。

就在隋文帝下诏废除学校的同一天，隋文帝还下达了另一道命令：派遣专使向各州颁布舍利。和佛教的蒸蒸日上相比，儒学教育江河日下，惨不忍睹。

隋朝致力于发展教育，主要是平陈以后的事，即使往前追溯到开皇三年（583年）的劝学诏令，也不过十余年。“十年树木，百年树人”，造就一代人材，短短的十来年，充其量不过开了个头，而仅此就对学校横加指责，实在无理。而且，中国古代的学校本为教育的场所，若刻意以实用知识衡量之，则几近吹毛求疵。同时，人才积累的过程，正是改变隋朝“儒罕通人，学多鄙俗者”的唯一途径。文帝无视教育与人才培养的规律，强行解散学校，无疑是专制主义的恶政。唐朝魏徵等人对此分析批评道：“及高祖暮年，精华稍竭，不悦儒术，专尚刑名，执政之徒，咸非笃好。”至为公允。

然而，无论是什么原因，从开皇中期开始，对思想文化的钳制确实是大大加强了。其实，自平陈以后，文帝就大大加强了对思想文化的统制。

开皇十三年（593年）上半年，文帝连发两道诏令，一是规定“私家不得隐藏纬候图谶”；二是“人间有撰集国史、臧否人物者，皆令禁绝”。翌年，再禁民间俗乐。开皇十八年（598年），加重对巫蛊的惩处，规定："畜猫鬼、蛊毒、厌魅、野道之家，投于四裔。"这些禁令其实就两类，一是禁止非官方的文化活动；二是禁止非法宗教活动。这两条看似平行之线延伸至开皇末年而交汇，其结果就是废学与颁舍利于天下。换言之，宗教崇拜是为了现世的领袖崇拜，而非理性的迷信必然辅以愚民政策，迷信与愚民双重变奏，都是为了加强专制集权的。这几乎可以成为中国专制政治的一条规律了。

废黜太子，同室操戈

早在581年大隋建立之初，杨勇便以嫡长子的身份被册封为太子，并举行了隆重的册封大礼。

史书记载，他"率性任情，无矫饰之行"，待人接物直率，凡事少刻意伪装自己。文帝夫妇门第观念比较强，杨勇大约在14岁的时候由父母做主，娶了西魏宗室元孝矩的女儿。元孝矩有一个妹妹嫁给了北周权臣宇文护，在当时能和皇室攀上亲戚，足以让杨家风光无限。

北周时，杨勇因为爷爷杨忠的军功，小年纪就被封为博平侯。后来，姐夫周宣帝暴崩，文帝辅佐幼帝，杨勇冒着极大的风险和父亲共担风雨。他曾奉父命去叔父杨慧家，说服杨慧参与改朝换代之事。杨勇没有辜负父亲的希望，顺利完成任务。

开皇初，文帝以山东百姓多游离于农业之外，户籍不实，决定遣使检括，把他们迁徙到北方，充实边塞。杨勇得知后，连忙上疏进谏道："窃以导俗当渐，非可顿革。恋土怀旧，民之本情，波迸流离，盖不获已。有齐之末，主暗时昏，周平东夏，继以威虐，民不堪命，致有逃亡，非厌家乡，愿为羁族。加以去年三方逆乱，赖陛下仁圣，区宇肃清，锋刃虽屏，疮痍未复。若假以数岁，沐浴皇风，逃窜之徒，自然归本。虽北夷猖獗，尝犯边烽，今城镇峻峙，所在严固，何待迁配，以致劳扰。”

从表文可以看出，杨勇善于体谅民情，特别是其“导俗当渐，非可顿革”的治国思想，注重文治，主张对老百姓怀柔安抚，在急功近利的世道，更加难能可贵。显然，杨勇颇有主见，遗憾的是其政治主张与文帝差距不小。在文帝励精图治的开皇前期，他的一些主张尚能被接受，“时政不便，多所损益”。但是，随着文帝后期日益专制独裁，他与文帝思想上的歧异便被视为离经叛道了。

有一次，杨勇用纯金装饰了一副铠甲，文帝语重心长地告诉儿子要以社稷为重。文帝为了让儿子认识到自己的错误，差人给杨勇送来几件旧衣服，希望儿子能知生活不易，做一个忠心爱国、勤政爱民的太子。

开皇十八年（598年）冬至，有关部门让地方大员和在朝百官去东宫朝贺太子，杨勇高调接受朝拜。文帝听说这件事，大发雷霆：“百官都去东宫朝见，这是什么礼数？”后来，文帝专门下诏，禁止百官此后去东宫朝贺，并禁止东宫一切铺张浪费的行为。文帝对杨勇的处处高调很是看不惯，从此恩宠渐衰，父子之间产生裂痕。相反，正当杨勇在京师养尊处优的时候，杨广却在江南建功立业，为隋朝的统一立下了汗马功劳。

自开皇十七年（597年）年底的虞庆则事件以来，高颎任用的朝中大臣正一步步遭到罢免，朝中大臣明里暗里都将追查的矛头指向高颎。形势相当险恶，但高颎还在作最后的抗争。另外，杨勇已经深深地陷入天罗地网当中。他本人也嗅到危险，惶恐不安，请术士帮他避邪。文帝听说后，派杨素前往探视。杨素来到东宫，迟迟不进，故意让杨勇着装等待半天，等得性起，怒形于色。于是，杨素回宫奏报杨勇怨望，要提防他情急生变。独孤皇后和文帝分别派人侦察杨勇的动静，如临大敌；杨广更是深入“敌后”，派段达威胁利诱东宫幸臣姬威，要他把杨勇的一举一动都秘密报告给杨素。

开皇十九年（599年），文帝决定将东宫卫士名簿交由禁卫诸府管理，抽调东宫卫士勇健者宿卫皇宫。高颎上奏：“若尽取强者，恐东宫宿卫太劣。”文帝驳道：“我有时出入，宿卫须得勇毅。太子毓德春宫，左右何须壮士。”文帝知道高颎与杨勇为儿女亲家，所以影射以堵高颎之口。八月，王世积的案子牵连到高颎，尽管朝中大臣们为他喊冤，但文帝还是坚持将他罢免了。

不久，高颎身边有人揭发，高颎的儿子高表仁曾对其父说：“司马仲达初托疾不朝，遂有天下。公今遇此，焉知非福？”然而，文帝竟然信以为真，把高颎抓进内史省审问。结果，罪证又多了几条。诸如僧真觉曾经对高颎说：“明年国有大丧。”尼令晖也说：“十七、十八年，皇帝有大危，十九年不可过”云云。文帝大怒，对朝臣说：“帝王岂可力求。孔子以大圣之才，作法垂世，宁不欲大位邪？天命不可耳。颎与子言，自比晋帝，此何心乎？”审查部门拟议处斩高颎，文帝权衡后说：“去年杀虞庆则，今兹斩王世积，如更诛颎，天下其谓我何？”原来近年大案连连，文帝因而恕高颎一死，除名为民。

高颎下台标志着一个时代的终结，开皇初年热情澎湃的建国理想已经变质，政治建制与社会重构的合理化进程被打断，隋朝从此进入了君主独裁的时代。

高颎似乎对眼前巨变颇能泰然处之，他不是心胸狭隘的人，几十年念佛诵经，培养了他一颗不为功名利禄所羁绊的平常心。当年出任尚书左仆射时，其母对他说："汝富贵已极，但有一斫头耳，尔宜慎之！"高颎始终牢记母亲的告诫，常恐祸变。可是，朝廷内政局动荡，与高颎亲近的大臣噤若寒蝉，也不一定能够避祸。就连没有什么权力的国子祭酒元善，因为曾经对文帝说过："杨素粗疏，苏威怯懦，元胄、元旻，正似鸭耳。可以付社稷者，唯独高颎。"受到牵连的元善被文帝痛责一通，忧惧而死。高颎垮台无疑对太子杨勇的打击最大，他遭到废黜几乎成了定局。

这时，惯于看风使舵的术士又找到了升官发财的大好机会。杨勇曾请萧吉到东宫驱邪，他出来后，向文帝汇报说："太子当不安位。"文帝正需寻求天意支持，闻言大喜，萧吉"由此每被顾问"；太史令袁充见文帝正在究治东宫官属，乃上称："比观玄象，皇太子当废。"

在地方上，杨广也做好了准备。他早就遣其心腹宇文述把夺宗之计转告洪州总管郭衍，郭衍态度很坚决，说道："若所谋事果，自可为皇太子。如其不谐，亦须据淮海，复梁、陈之旧。副君酒客，其如我何？"杨广大喜，召郭衍前来密谋。为防他人怀疑，杨广向文帝报告说，郭衍的妻子患瘿（甲状腺瘤），王妃萧氏会治此病。于是，文帝批准郭衍夫妻到扬州治疗。不久，郭衍诈称桂州俚人造反，杨广也上疏推荐郭衍领兵镇压，文帝一并照准，郭衍得以大修甲仗，阴养士卒，作好武装起事的准备。

开皇二十年（600年）九月二十六日，在仁寿宫休养了大半年的文帝回到京城。翌日上朝，文帝突然发问："我新还京师，应开怀欢乐，不知何意，翻邑然愁苦？"文帝最近不断接到有关太子欲图不轨的密报，以为在京朝臣都清楚，但这究竟是不是捏造出来的假情报，朝臣们还真的不知道。吏部尚书牛弘回答说；“由臣等不称职，故至尊忧劳。”这与文帝希望听到的简直是风马牛不相及，故他板起脸来，严厉斥责东宫属官道：“仁寿宫去此不远，而令我每还京师，严备仗卫，如入敌国。我为患利，不脱衣卧。昨夜欲得近厕，故在后房，恐有警急，还移就前殿。岂非尔辈欲坏我国家邪？”当场把太子左庶子唐令则等数人拘押付审。同时，令杨素向近臣宣布东宫罪状。

杨素便说起前年追查上柱国刘昶之子刘居士聚集公卿子弟横行京城案件时：“臣奉敕向京，令皇太子检校刘居士余党。太子奉诏，乃作色奋厉，骨肉飞腾。语臣云：‘居士党尽伏法，遣我何处穷讨！尔作右仆射，委寄不轻，自检校之，何关我事！又云：‘昔大事不遂，我先被诛。今岷作天子，竟乃令我不如诸弟。一事以上，不得自遂。’固长叹云：‘我大觉身妨。’”文帝忍耐不住，直截了当地说：“此儿不堪承嗣久矣，皇后恒劝我废之。我以布衣时所生，地复居长，望其渐改，隐忍至今。勇尝指皇后待儿谓人曰：‘是皆我物。’此言几许异事！其妇初亡，我深疑其遇毒，尝责之，勇即怼曰：‘会杀元孝矩。’此欲害我而迁怒耳。长宁（杨勇长子）初生，朕与皇后共抱养之，自怀彼此，连遣来索。且云定兴女，在外私合而生，想此由来，何必是其体胤！昔晋太子取屠家女，其儿即好屠割。今傥非类，便乱宗社。我虽德惭尧、舜，终不以万姓付不肖子。我恒畏其加害，如防大敌；今欲废之以安天下！”

此时，左卫大将军元旻实在为太子勇感到冤枉，犯颜进谏；“废立大事，诏旨若行，后悔无及。谗言罔极，惟陛下察之。”早就被杨广收买的东宫属官闪了出来，揭发太子勇大兴土木，不听劝谏，还扬言要杀秉公执法的朝官等。如此周密布置，罗织罪状，还是揭发不出什么致命的问题。文帝大概看着发急，流着泪插话说："谁非父母生，乃至于此。朕近览《齐书》，见高欢纵其儿子，不胜忿愤，安可效尤邪！"言罢，命令将太子勇及其诸子禁锢起来，逮捕部分东宫官属，由杨素主持此案。

在仁寿宫时，杨勇派遣裴弘转交信函给左卫大将军元旻，题封"勿令人见"。文帝作恍然大悟状说："朕在仁寿宫，有纤小事，东宫必知，疾于驿马，怪之甚久，岂非此徒邪？"于是令卫士将元旻和裴弘拿下。杨广的另一名党羽右卫大将军元胄值班后迟迟不去，文帝怪而问之，他答说："臣不下直者，为防元旻耳。"以激怒文帝，下决心诛除元旻。在搜索东宫库房时，发现火燧数千枚，艾数斛。原来，杨勇曾从仁寿宫请安回府，途中见到一棵盘根错节的枯槐，便问卫士枯木有何用途，卫士告诉他用于取火尤佳。于是，杨勇让人作成火燧，准备分发给左右使用。办案人员当然不知内情，找姬威来问，姬威卖主求荣，唯恐太子勇不除，便捏造事实，把东宫养马千匹的情况扯在一起，说是杨勇图谋围困仁寿宫。杨素命令将东宫凡有装饰的服玩都陈列于庭中，让文武百官前往参观。文帝夫妇屡遣杨素诘问杨勇，杨素则用姬威揭发的话来责问杨勇，杨勇不服，说道："我私下听说公家养马数万匹，我杨勇身为太子，养马千匹便是反叛吗？"隋文帝和皇后相继派出使者责问杨勇，杨勇仍是不服。

开皇十二年十月，隋文帝派人召见杨勇，杨勇见使者到来后，惊恐地问："是不是要杀我啊？"这一天，隋文帝身着戎装，陈列卫兵，亲临武德殿，召集文武百官立于殿前，皇室诸亲戚立于右面，命人将杨勇和他的诸子带入，立于庭中。由内史侍郎薛道衡宣读诏书，废黜杨勇及其儿女的封爵，一同降为庶人。杨勇再次下拜说："臣应当暴尸都市，作为将来的借鉴。幸蒙哀怜，得以保全性命。”

说罢，泪如泉涌，把衣襟都湿透了。不久杨勇手舞足蹈地远去，左右无不沉默怜悯。杨勇长子、长宁王上表请求宿卫皇宫，辞情悲哀恳切，隋文帝阅览后很怜悯。这时，杨素进言说：“希望圣心如同蝮蛇螫手，壮士断腕，不应再留有情意。”随后，隋文帝下达诏令：“元旻、唐令则及太子家令邹文腾、左卫率司马夏侯福、典膳监元淹、前吏部侍郎萧子宝、前主玺下士何竦并处斩，妻妾子孙皆没入官府；车骑将军榆林阎毗、东郡公崔君绰、游骑尉沈福宝、瀛洲术士章仇太翼，特免死，各杖一百，身及妻子、资财、时宅皆没入官府；副将作大匠高龙叉，率更令晋文建、通直散骑侍郎元衡皆处以自尽。

事后，隋文帝将杨勇迁移到内史省，给予五品官的待遇。赐给杨素布帛3000段，元胄、杨约各布帛1000段，奖赏他们审讯杨勇的功劳。

当初，云昭训的父亲云定兴，出入东宫无有节制，多次进献奇服异器来讨太子的喜欢。太子左庶子裴政屡次劝谏，杨勇不听。裴政对云定兴说：“您在东宫的所作所为不合于法度。再说，元妃暴死，路人议论纷纷，这对太子来说，并非是美名。您应当自行引退，不然的话，灾祸将会临头。”

云定兴把裴政的一番话转告杨勇，杨勇越发疏远裴政，因此裴出任襄州（治所在今湖北襄樊市）总管。唐令则受到杨勇的亲近，经常令他教宫内人弹琴唱歌，太子右庶子刘行本责备唐令则说：“身为东宫庶子，您应当用正道辅佐太子，哪有用帷房声乐来取媚的道理！”唐令则甚感惭愧而又不能改正。当时，沛人刘臻、平原人明克让、魏郡人陆爽，都因擅长文学而受到杨勇的亲近，刘行本因他们不能调护太子而恼怒。

杨勇曾得到一匹良马，想要使令刘行本骑坐，自己从一旁观看。刘行本严肃地对杨勇说："皇上任命臣为右庶子。是想要使令臣辅佐殿下，不是为殿下作戏弄之臣的。"杨勇闻言惭愧而止。待到杨勇被废黜，裴政、刘行本二人已经病故。隋文帝感叹地说："假如当初有裴政、刘行本二人在，勇儿不至于到此地步。"

废立太子案至此告一段落，隋朝的专制独裁与政治迫害也达到高潮。就在此时，得罪杨素的骁将史万岁又被打死在朝堂之上。当文帝切责东宫官属的时候，太子洗马李纲站了出来，说："今日之事，乃陛下过，非太子罪也。太子才非常品，性本常人，得贤明之士辅之，足嗣皇业。奈何使弦歌鹰犬之徒，日在其侧。乃陛下训导之不足，岂太子罪耶？"文林郎杨孝政上疏说："皇太子为小人所误，宜加训诲，不宜废黜。"文帝怒挞其胸。贝州长史裴肃上表称："庶人罪黜已久，当克己自新，请封一小国。"请求释放杨勇，文帝也"知勇之黜也，不允天下之情，乃征肃入朝，具陈废立之意"。

杨勇在整个废立过程中，始终不曾对其父有怨言，哪怕是对陷害他的二弟杨广，也无只言片语的批评。隋文帝把原太子杨勇囚禁在东宫，交付太子杨广看管。杨勇以为遭到废黜并非由于自己的罪过，多次请面见父皇伸冤，但都遭到杨广的遏止。不能上报于天子，于是杨勇爬到树上大声呼叫，希望呼喊声能传到父皇那里，得到召见。杨素趁机制造谎言说："杨勇情志昏乱，被癫狂的恶魔迷住了，已经不可救药。"隋文帝对杨素的谎言信以为真，最终再也没有召见过杨勇。

开皇二十年（600年）十一月，隋文帝宣布立晋王杨广为太子。隋文帝对太子杨广说："吾以大兴公成帝业。"因而令杨广出舍大兴县。当天夜里，烈风大雪，地震山崩，民间房舍多遭毁坏，被压死在废墟中的有百余人。由于发生了大地震，太子杨广请求换下礼服，东宫官不称呼为臣。十二月，隋文帝听从杨广上述请求，同时任命宇文述为太子左卫率。当初，太子杨广开始谋划夺取嗣君之位时，洪州总管郭衍曾参与此事，因此郭衍被征召任东宫左监门率。

在杨勇被废的同一天，一生南征北战的大将军史万岁被活活打死在朝堂之上。当年跟随文帝一起打天下的开国功臣们，已经所剩无几，李德林、高颎、韩擒虎、虞庆则、王世积、贺若弼等，不是被贬就是被杀。文帝晚年的一系列冤案，使得官员和百姓对隋朝心寒齿冷。有识之士已经看出隋朝正在走向危险的深渊。监察御史房彦谦早在废太子事件之前就对其密友说：“主上性多忌克，不纳谏争。太子卑弱，诸王擅威，在朝唯行苛酷之政，未施弘大之体。天下虽安，方忧危乱。”其子房玄龄也对其父说：“主上本无功德，以诈取天下，诸子皆骄奢不仁，必自相诛夷，今虽承平，其亡可翘足待。”

二十多年后，唐太宗评论这段历史道：“高颎有经国大才，为隋文帝赞成霸业，知国政者二十余载，天下赖以安宁。文帝惟妇言是听，特令摈斥，及为炀帝所杀，刑政由是衰坏。又隋太子勇抚军监国，凡二十年间，固亦早有定分，杨素欺主罔上，贼害良善，使父子一朝灭于天性。逆乱之源，自此开矣。隋文既混淆嫡庶，竟祸及其身，社稷寻亦覆败。古人云：‘世乱则谗胜，诚非妄言。’”

文帝共有五个儿子，依次为太子勇、晋王广、秦王俊、蜀王秀和汉王谅。秦王俊仁恕友爱，颇得父母欢心。小时候受父母影响，打算出家为僧，不为文帝所许。隋朝建立时，他十一岁，被封为秦王，翌年出任河南道行台尚书令，加右武卫大将军，领关东兵。平陈时，任山南道行军总管，完成阻断长江上、下游陈军相互联络的战略任务。后转任并州总管二十四州诸军事，颇有治绩，文帝曾专门下书奖励他。然而，随着天下太平，皇权加强，秦王俊也日益追求享乐，生活逐渐奢侈。为了增加财路，他放钱收息，被人告发。文帝遣使追查，抓了一百余人，但是秦王俊并不当回事，依然故我，盛修宫室，穷极奢侈。他本人心灵手巧，经常亲持斤斧，制作工巧之器。还为妃子修造水殿，香涂粉壁，玉砌金阶，雕梁画栋。水殿落成，他邀来宾客艺妓，载歌载舞，十分快活。然而，这件事惹恼了王妃崔氏。崔氏是酷吏崔弘度的妹妹，性妒如火。她见秦王成天穿梭于石榴裙中，当然愤恨不平，一怒之下，竟在瓜中下毒，略施薄惩，让秦王卧病在床，乖乖听她照顾。

可是，这一闹，却把事情闹大闹糟了。开皇十七年（597年）秋，文帝听说儿子被媳妇下毒，立即把他们召回京城，崔氏毒害丈夫，下诏废绝，赐死于其家；秦王奢纵，免官，以王回府。左武卫将军刘异为秦王求情说："秦王非有他过，臣谓可容。"文帝拒绝说："法不可违。"刘异还想劝说，见文帝愤然作色，只好作罢。后来，杨素也劝文帝说："秦王之过，不应至此，愿陛下详之。"文帝同样予以拒绝，说："我是五儿之父，若如公意，何不别制天子儿律？以周公之为人，尚诛管、蔡，我诚不及周公远矣，安能亏法乎？"

文帝的处理，有其道理。但他平时威严惯了，子女对他心存畏惧，秦王病中遭谴，赶忙派人向父亲悔过认错，可是，文帝并不原谅，对其使人斥责说："我戮力关塞，创兹大业，作训垂范，庶臣下守之而不失。汝为吾子，而欲败之，不知何以责汝！"吓得秦王一病不起。大都督皇甫统上表，请恢复秦王官职以安慰他，但文帝不同意。就这样拖了一年多，到开皇二十年（600年）六月二十日，秦王终于忧惧而死。

其时，文帝正谋划废太子，心情不好，听说秦王病死，携独孤皇后前往探视，哭数声而已，并吩咐将秦王生前所作奢丽器物统统烧毁，丧事从简。秦王府僚佐请求为秦王俊立碑，被文帝拒绝。秦王的子女虽然无辜，但朝官观言察色，以为其母以罪废，儿子不当承嗣，文帝深以为然，故其子女被剥夺了承袭父爵的权利，连丧事也都以秦王府官为丧主。秦王的女儿时仅十二岁，哀恸尽礼，绝食鱼肉，让人看了可怜。秦王平时善待部下，故其卧病时，侍卫官王延日夜服侍，衣不解带，秦王死后，他数日不食，哀毁骨立，下葬之日，号恸而死，最后陪葬于秦王俊墓旁。秦王被废黜是否还有其他复杂背景已经不得而知了，但他死后，蜀王秀很快成为新的目标。

蜀王秀比秦王俊小两岁，长大后，相貌堂堂，体格魁梧，美须髯，有胆气，武艺出众，甚为朝臣所畏惮。文帝早就对独孤皇后预言道："秀必以恶终，我在当无虑，至兄弟必反。"由此看来，蜀王秀性情刚猛，不为文帝所喜。隋立以来，他被封为蜀王，长期镇蜀，颇事经营。兵部侍郎元衡出使于蜀，他殷勤款待，为的是请元衡回京帮忙增益王府属官，但被文帝否决。后来，大将军刘哙出讨西爨，文帝令上开府杨武通率兵继进，而蜀王秀却让嬖人万智光担任杨武通的行军司马，文帝认为蜀王任非其人，颇加责备，并公开对群臣说："坏我法者，必在子孙乎？譬如猛兽，物不能害，反为毛间虫所损食耳。"看来文帝对他成见已深。

蜀王秀落难于太子勇遭黜之后。杨勇无故被废，而搞阴谋的晋王广继立为太子，蜀王秀当然很不服气。这一切，新立的太子十分清楚，他担心四弟迟早会公开反对自己，便先下手为强，让杨素罗织蜀王秀的罪状上呈文帝。文帝已经亲手废黜了两个儿子，仁寿二年（602年）将他征还京师。杨秀入朝觐见，文帝板起面孔，一句话都不说。次日，他遣使切责杨秀，杨秀磕头谢罪，太子及诸王亦在一旁赔罪。文帝厉声斥说："顾者秦王靡费财物，我以父道训之。今秀蠹害生民，当以君道绳之。"下令将杨秀交给执法部门论罪。此时，有人出来劝道："庶人勇既废，秦王已薨，陛下儿子无多，何至如是？然蜀王性甚耿介，今被重责，恐不自全。"不料，一席话惹得文帝勃然大怒，差点就将他的舌头割了下来，群臣哪里还敢多嘴。文帝丢下一句话："当斩秀于市，以谢百姓"，愤然而去。杨秀的案子交由杨素、苏威、牛弘、柳述和赵绰审理。当时，杨素当朝主事，而这也就等于此案由太子广来操办了。

太子广唯恐四弟不死，派人暗中制作木偶人，上书五弟汉王谅名字，缚手钉心，埋于华山之下，再让杨素前往发掘，当然是罪证确凿。而且，杨素还发现了蜀王秀作的反叛檄文，宣称将统帅雄兵，"指期问罪"云云。于是，文帝下令将杨秀废为庶人，幽禁于内侍省，不得与妻子儿女相见。还派遣酷吏赵仲卿"奉诏往益州按之。秀宾客经过之处，仲卿必深文致法"，一时愁云密布，冤声四起，而文帝却以为赵仲卿办事干练，赏奴婢五十口，黄金二百两。身遭囚禁的杨秀实在不清楚自己到底犯了什么弥天大罪，上表作检讨，说自己"九岁荣贵，唯知富乐，未尝忧惧"，同时请求文帝让他与爱子相见，"请赐一穴，令骸骨有所"。这一检讨与其罪名相去实在太远了，也许杨秀经过反思，能检讨的就是这些了，但此时文帝完全是以"君道绳之"的态度来对待儿子，自然大为不满，干脆下诏公布其谋反罪状，足足列了十条，罪名无非把父子兄弟不和的琐事怨言上升到政治的高度，其中包含太子广的栽赃。唯一表现出一点人道的是一段时间以后终于允许杨秀之子陪禁。就这样，杨秀被长期关押，直到隋朝灭亡时，为宇文化及所残害。

文帝的第五个儿子是杨谅，字德章，一名杰，开皇元年立为汉王。开皇十二年为雍州牧，加上柱国、右卫大将军。岁余，转左卫大将军。汉王杨谅深受隋文帝宠信，开皇十七年（597年），被任命并州（治所在今山西太原市西南）总管，自崤山东至大海，南至黄河，共有52州，皆隶属于汉王。特允许汉王便宜行事，不必拘泥于法令。杨谅自以为所属之地为天下精兵处，太子杨勇受谗被废，在家中郁郁不乐；待到蜀王杨秀获罪，杨谅越发自以为不安，暗中谋划夺取帝位。为此，杨谅向隋文帝说："匈奴经常侵犯边境，应当增修武备。"于是，杨谅在并州征发徭役，修缮器械，招集亡命之徒，左右的亲兵近万人。

待到隋文帝驾崩，隋炀帝杨广派车骑将军屈突通用隋文帝的玺书传杨谅入京。原来，隋文帝颇为关心他这个小儿子，曾与杨谅有过密约："如果用玺书召你入京，在敕字旁边加一点，又与玉麟兵符合者，你就可入京。"杨谅打开玺书后，没有发现验证。知道情况有变，便审问屈突通，屈实通不屈服，杨谅放他回归长安，起兵反叛。

随从杨谅起兵反叛的，共有19州。

并州总管府兵曹裴文安对杨谅说："井陉（今河北井陉西南）以西，已在大王的掌握之内；山东的兵马也为我所有，应全部征发调用；再分派瘦弱的士兵驻守要害之地，仍命令他们随时向四方攻城略地，大王则率领精锐部队，直入蒲津（即蒲坂津）。我请求担任前锋，大王率大军继后，风行雷电，即刻便可兵至霸上，咸阳以东可指挥而定。京师震动扰乱，军队来不及集结，君臣上下相疑，群情离心惊骇。此时，我方陈兵号令，谁敢不从！旬日之间，便可以定下大局。”

此时，隋炀帝杨广任命右武卫将军丘和为蒲州（治所在今山西永济西蒲州）刺史，镇守蒲津。杨谅挑选精锐骑兵数百人，头上戴着妇女的头巾，伪装成杨谅的宫人，声称要取道回归长安。守门的官吏没有发觉，后来丘和发觉情况有变，越城逃归长安，蒲州长史高义明、司马荣毗都被活捉了。

后来，杨谅又将裴文安调回，斐文安返回后对杨谅说：“兵机贵在诡秘神速，原本预定出其不意。大王既不向前行进，又把文安调回，使敌方计谋成功，我方大势已去了。”

杨素率军一路大胜，介州刺史不战而逃。后杨谅又闻赵子开兵败，大为恐慌，亲自率10万大军，于蒿泽（在今山西汾阳西）抵拒杨素的军队。适逢天降大雨，杨谅想率军退还，后大败。

群臣上奏说汉王杨谅应当处死，隋炀帝不予允许，免官为民，开除皇族的属籍，最终幽闭而死。杨谅部下的吏民因杨谅反叛罪受牵连而被处死、流放的多达二十余万家。隋文帝吸取北周王室诸藩王力量微弱的教训，把他的儿子们分封到全国各大藩镇，每人镇守一方，结果五个儿子或因骄奢被废，或彼此相互倾轧，没有一个是善终的。除了晋王广得以继承皇位外，其余四子都在家族残害中遭到不幸、文帝夫妇与其兄弟的矛盾亦相当尖锐，而且，他们当权之后，动不动就“绳之以法”，进行肉体的摧残或消灭。开皇中，文帝亲侄子请葬其母，文帝愤恨说道：“昔儿杀我。我有同生二弟，并倚妇家势，常憎疾我。我向之笑云：‘尔既嗔我，不可与尔角嗔。’并云：‘阿兄止倚头额。’时有医师边隐逐势，言我后百日当病癫。二弟私喜，以告父母。父母泣谓我曰：‘尔二弟大剧，不能爱兄。’我因言：‘一日有天下，当改其姓。夫不爱其亲而爱他人者，谓之悖德，当改之为悖。’父母许我此言。父母亡后，二弟及妇又谗我，言于晋公。于时每还，欲入门，常不喜，如见狱门。托以患气，常锁阁静坐，唯食至时暂开阁。每飞言入耳，窃云：‘复未邪？’当时实不可耐，羡人无兄弟。世间贫家兄弟多相爱，由相假藉；达官兄弟多相憎，争名利故也。”

显然，文帝三兄弟各自成家后关系不和，诸弟开始反抗他，相互间冷嘲热讽。为了这么点事，文帝就发誓一旦掌权要把弟弟逐出家门，改为悖姓。后来，他也差不多就是这么做的，大弟早逝倒好，二弟被他毒死，而且亲侄都遭受迫害，连埋葬死去的母亲，文帝都要控诉一通。这种言传身教，子女们自然看在眼里，记在心上。

对于兄弟之间的争执，文帝夫妇对子女的偏心是相当明显的。如对蜀王秀总是带着偏见，对子女之间的事不做调查，偏听偏信，非但不加以调解，反而公开支持一方，后晋王广夺嗣就是突出的例证，这些做法都极大地促进了子女间矛盾的激化。文帝子女待人粗暴专横，蜀王秀动不动就捆绑捉拿儒生，甚至让他们执戈服役以羞辱他们，颇有其父风格。文帝骄纵子女，目无法纪，晚年又怀疑他们奢侈僭越、有政治野心，“以君遭绳之”，责之以“不忠不孝”，从而推卸掉自己的所有责任。

隋王朝短命而亡的原因是多方面的。而五子内争的事实，至少预示着隋王朝内部是蕴藏着深刻危机的。

苍凉晚景，文帝之死

仁寿二年（602年）八月，独孤皇后离世，此后，直到仁寿三年（603年），隋文帝依然沉浸在痛苦之中，没有再去仁寿宫居住。

仁寿四年（604年）正月，文帝宣布大赦。这时的隋文帝已经步入晚年。此时，他经常在仁寿宫，为了忘记丧妻之痛，将精力都放在了宣华夫人陈氏和容华夫人蔡氏身上。据《隋书·后妃传》记载，独孤皇后“性尤妒忌，后宫莫敢近御”。独孤氏死后，“宣华夫人陈氏、容华夫人蔡氏俱有宠，上颇惑之，由是发疾。及危笃，谓侍者曰：‘使皇后在，吾不及此’云。”可见，宠幸陈氏、蔡氏二夫人，亦是隋文帝“发疾”的原因之一。

宣华夫人陈氏是陈宣帝的女儿，姿貌无双。陈朝灭亡后，配入掖庭，后来又被选入后宫为嫔。经过这样一段辛酸的经历，陈氏磨炼得善解人意，十分讨人喜欢。所以，在独孤皇后严密控制后官的时候，她能够得到独孤皇后的青睐，服侍文帝。后来，在晋王广谋篡太子之位时，她看风使舵，收取晋王杨广的珍宝贿赂，推波助澜，促成太子勇垮台，因此更加受宠。独孤皇后去世后，她进位为贵人，专擅房宠，主宰后宫。

容华夫人蔡氏也是江南人，陈朝灭亡后被选入后宫，充任世妇。她仪容婉丽，早就被文帝看中，只是碍于独孤皇后，故罕见宠幸。独孤皇后死后，蔡氏颇为得宠，被封为贵人，协助宣华夫人处理宫掖事务。文帝在两位如花似玉的贵人围绕下，不由得沉浸在温柔乡中。如此一来，他的身体也是日渐不支。

到了七月，文帝似乎想重新振作一番。七月十七日，他颁布一道长长的诏令，讲述一通用人的道理之后，向全国求贤道："其令州县搜扬贤哲，皆取明知今古，通识治乱，究政教之本，达礼乐之源。不限多少，不得不举。限以三旬，咸令进路。征召将送，必须以礼。"此后，他开始准备再度前往仁寿宫。术士章太翼闻讯，大加劝阻，至于再三，文帝坚持不纳，章太翼直言道："臣愚岂敢饰词，但恐是行銮舆不反。"文帝大怒，把章太翼抓进牢房，准备从仁寿宫回来，证明章太翼所言虚妄后，将他斩首示众。

二十七日，文帝动身来到仁寿宫。次日，他下诏将国家大小政务都交由皇太子处理。到了四月，文帝病重的消息传了出来，据史书记载，隋文帝于仁寿宫患病，在他身旁的除了他所宠爱的宣华夫人陈氏、容华夫人蔡氏外，尚书左仆射杨素、兵部尚书柳述、黄门侍郎元岩等人，都入阁侍奉医药，又召皇太子杨广入居大宝殿。太子杨广考虑到父皇会很快死去，便预先为后事进行安排，以防发生其他变故。杨广亲自手书，密封后送出去询问杨素，杨素条列事状回报天子。不巧，宫人将杨素的信误送到隋文帝那里，文帝看过后十分愤怒。宣华夫人陈氏天亮时外出更衣，遭到太子杨广的逼迫，经奋力抗拒才得以脱身，仓皇地逃回皇帝寝宫。隋文帝见陈氏神色异常，感到奇怪，询问是何缘故，陈氏悲伤地流泪回答说："太子无礼。"隋文帝闻言大怒，拍床骂道："这个畜生，怎可以把国家的大事交付给他，是独孤皇后误了我的大事。"

于是，急令柳述和元岩道："召我儿！"柳述和元岩刚要召杨广，文帝急忙纠正道："勇也。"也就是说，文帝要废黜杨广，重立杨勇为太子。于是，柳述和元岩出阁起草敕令，让杨素过目。杨素火速将消息转告杨广，杨广立即派遣张衡入寝殿侍候文帝，同时，撤换宫中卫士，矫诏将柳述和元岩逮捕入狱，把宣华夫人及宫女一概逐出，俄顷，文帝驾崩。宣华夫人与宫人相顾失色，嗫嚅道："事变矣！"赵毅所著《大业略记》称：炀帝"召左仆射杨素、左庶子张衡进毒药。帝简骁健宫奴三十人皆服妇人之服，衣下置杖，立于门巷，以为之卫。素等既入，而高祖暴崩"。马总的《通历》讲得更加确切，说杨素"乃屏左右，令张衡入拉帝，血溅屏风，冤痛之声闻于外，崩"。

陈夫人与后宫闻知事变的消息，相顾颤抖失色。黄昏时分，太子杨广派使者送来一个小金盒，有太子亲笔封条，赐给陈夫人。陈氏见此物惶恐惊惧，以为是赐毒药自尽，不敢启封开盒。在使者的催促下，陈夫人打开小金盒，见里面有数枚表示恩爱之意的同心结。宫女们见到此物，相互说道："可以免于一死了。"陈夫人愤怒地坐在那里不动，在诸宫人的逼迫下，才勉强拜谢。其实，杨广为晋王时，曾多次向陈氏进献金蛇、金驼，以取媚于陈氏。皇太子废立之际，她曾为杨广尽力。独孤皇后死，陈氏"专房擅宠，主断内事"。然而，隋文帝一死，陈夫人竟落得如此结局。一年后病逝，时年29岁。

《隋书·高祖纪》对文帝逝世有另一番记载。四月，文帝不幸在仁寿宫病倒。到了六月六日，朝廷宣布大赦天下。显然，文帝病重，故以大赦为他祈福。而且，当时记录下的天象称："有星人月中，数日而退。"曲折地表明文帝病情严重，七月一日，"日青无光，八日乃复"，说明文帝已经病笃无望了。果然，到十日，"上以疾甚，卧于仁寿宫，与百僚辞诀，并握手歔欷歔”。三天后，也就是十三日，文帝崩于大宝殿，时年六十四岁。

《隋书》的记载清楚无误，文帝自四月生病以来，病势日渐加重，以至从仁寿元年（601年）以来每年文帝诞辰（六月十三日）都要进行的佛事活动也不得不停止。而自此至七月十三日逝世的数十天，显然尽了最大的努力才使得文帝的寿命得以延长。

当时，隋文帝做完一系列后事交代之后，与世长辞，并留下著名的遗诏：“嗟乎！自昔晋室播迁，天下丧乱，四海不一，以至周、齐，战争相寻，年将三百。故割疆土者非一所，称帝王者非一人，书轨不同，生人涂炭。上天降鉴，爰命于朕，用登大位，岂关人力！故得拨乱反正，偃武修文，天下大同，声教远被，此又是天意欲宁区夏。所以昧旦临朝，不敢逸豫，一日万机，留心亲览，晦明寒暑，不惮劬劳，匪曰朕躬，盖为百姓故也。王公卿士，每日阙庭，刺史以下，三时朝集，何尝不罄竭心府，诫敕殷勤。义乃君臣，情兼父子。庶藉百僚智力，万国欢心，欲令率土之人，永得安乐，不谓遘疾弥留，至于大渐。此乃人生常分，何足言及。但四海百姓，衣食不丰，教化政刑，犹未尽善，兴言念此，唯以留恨。联今年逾六十，不复称夭，但筋力精神，一时劳竭。如此之事，本非为身，止欲安养百姓，所以致此。

“人生子孙，谁不爱念，既为天下，事须割情。勇及秀等，并怀悖恶，既知无臣子之心，所以废黜。古人有言：‘知臣莫若于君，知子莫若于父。’若令勇、秀得志，共治家国，必当戮辱遍于公卿，酷毒流于人庶。今恶子孙已为百姓黜屏，好子孙足堪负荷大业。此虽朕家事，理不容隐，前对文武侍卫，具已论述。皇太子广，地居上嗣，仁孝著闻，以其行业，堪成朕志。但令内外群官，同心戮力，以此共治天下，朕虽瞑目，何所复恨。

“但国家事大，不可限以常札。既葬公除，行之自昔，今宜遵用，不劳改定。凶礼所须，才令周事。务从节俭，不得劳人。诸州总管、刺史已下，宜各率其职，不烦奔赴。自古哲王，因人做法，前帝后帝，沿革随时。律令格式，或有不便于事者，宜依前敕修改，务当政要。呜呼，敬之哉！无坠朕命！”

病中反思，文帝深以“四海百姓，衣食不丰，教化政刑，犹未尽善”为恨，一再交代后继者要安养百姓，“务从节俭，不得劳人”。或许，文帝已经意识到经过革新整顿，国家制度基本建立之后，当务之急是与民休息。遗憾的是这一思想来得太晚了，其后继者正跃跃欲试，力图再创更加宏伟的事业。

隋文帝驾崩后，杨广为隋文帝发丧，后即皇帝位，是为隋炀帝。适逢伊州刺史杨约前来入朝，炀帝派杨约入长安，替换看守杨勇的人。杨约诈称奉隋文帝诏命，赐杨勇自尽，将杨勇活活勒死。然后，集结军队部署，发布隋文帝驾崩的消息。炀帝闻知杨约在京师长安的所作所为，对杨素说：“令兄的弟弟，果然能承担大任。”追封杨勇为房陵王，不给他立后嗣。

杨广画像

七月二十一日，在仁寿宫为文帝发丧，杨广于灵前即位。八月三日，炀帝扶文帝灵柩回到京城，十二日，在皇宫正殿大魁前殿为文帝举行隆重的殡仪，同时将柳述和元岩除名，发配边地。

柳述，河东解人（今河南省洛阳市），文帝以自己钟爱的第五女兰陵公主嫁给柳述为妻（兰陵公主初嫁王谊之子王奉孝，奉孝早卒）。文帝在诸位女婿中，尤其宠信柳述。柳述自从进入实权派后，仰仗着皇帝岳父，时刻以勋戚重臣自居。文帝晚年将大部分时间用在佛事上，并久居仁寿宫，将所有政事交给新太子杨广和杨素去处理。但文帝向朝廷发布的所有命令，都是柳述传递的。

仁寿初年，柳述被任命为吏部尚书，和杨素是死对头。对于杨素的飞扬跋扈，柳述很看不惯，经常提醒文帝，杨素是个玩弄权术和阴谋的小人。仁寿二年（602年），杨素被梁毗上疏弹劾后，文帝逐渐疏远杨素。柳述转任兵部尚书，居宰相位，取代杨素成为文帝最为信任的宠臣。杨素当然不甘心。

杨广与柳述的关系也很紧张。开皇初期，柳家与原太子杨勇关系甚密，柳述的大伯柳昂曾任太子太保，柳述本人任太子亲卫，叔叔柳肃历任太子洗马、太子内舍人。在整治太子杨勇的过程中，和杨勇交往甚密的柳家人自然成了杨广的绊脚石。还有一件事令杨广耿耿于怀，兰陵公主是隋文帝的第五个女儿，文帝“于诸女中特所钟爱”。杨广本打算把兰陵公主许给自己的小舅子，也就是萧妃的弟弟，文帝也答应了。后来，文帝反悔，将兰陵公主嫁给了柳述。前前后后积累起来的恩怨，使二人关系形同水火。

与柳述同时重用的还有元岩。元岩为北魏皇族后裔，聪明有才干，是一个汉化的鲜卑人。仁寿初期，文帝任命此人为黄门侍郎，负责仁寿宫的

泰陵

警卫工作。元岩的女儿是华阳王杨楷的妃子，即文帝的孙媳妇。从柳、元二人既是皇亲国戚，又是文帝的心腹，而杨广却对他们恨之入骨看来，仁寿初年，杨广已经完全不把父皇放在眼里了。凡是父皇器重的人，自己都看着不顺眼，总是想方设法把他打压下去。

不仅如此，炀帝杨广令兰陵公主与柳述断绝，想让她改嫁。公主以死发誓，不再朝见炀帝，上表请求与柳述一同徙往龙川，炀帝大怒，公主忧愤而死。临终上表请葬于柳氏，炀帝越发大怒，竟然不哭。所送的丧葬礼物，也很微薄。

仁寿四年（604年）十月十六日，杨广将父亲安葬于泰陵，庙号高祖。按照他的遗愿，和独孤皇后合葬在一起，异穴同坟。后来，炀帝还专门举办无遮大会，剃度善男信女一百二十人，“奉为文皇帝敬造金铜释迦坐像一躯，通光趺七尺二寸，未及庄严，而顶凝绀翠，体耀紫光，放大光明，照映堂宇，既感通于嘉瑞。敕诸州郡各图写焉。”

隋文帝的遗诏虽然没有得到炀帝的遵循，但他忧国忧民之情，溢于言表，广为传扬。唐朝史臣评论他说：“自强不息，朝夕孜孜，人庶殷繁，帑藏充实，虽未能臻于至治，亦足称近代之良主。然天性沉猜，素无学术，好为小数，不达大体，故忠臣义士莫得尽心竭辞。其草创元勋及有功诸将，诛夷罪退，罕有存者。又不悦诗书，废除学校，唯妇言是用，废黜诸子。逮于暮年，持法尤峻，喜怒不常，过于杀戮。”

唐人的评价影响深远，后人所论，大同小异。清人王夫之从制度沿革考察隋文帝的贡献，指出：“隋一天下，蠲索虏鲜卑之虐，以启唐二百余年承平之运，非苟而已也；盖有人焉，足以与于先王之德政，而惜其不能大用也。隋无德而有政，故不能守天下而固可一天下。以立法而施及唐、宋，盖隋亡而法不亡也。”

后记

所谓“盛世”，在历史上是指中国社会发展中一些特定的阶段，是国家从大乱走向大治，在较长时间内保持繁荣昌盛的时期。在中国两千多年的封建历史长河中，出现过很多这样的“盛世”阶段，从“文景之治”到“武帝之治”的汉朝盛世、从“贞观之治”到“开元全盛”的大唐盛世以及清代的“ 康乾盛世”等。这些时期，一方面确立了中国传统“盛世”概念的基本内涵，另一方面也都没能避免“盛极而衰”的结局，因而给后人留下了无尽的话题与思索。

纵览历史，各个盛世都具有一个共同的特征，那就是国家统一、经济繁荣、政局稳定、社会安定、国力强大、文化昌盛等。为了更好地反映历史中的这些盛世风华岁月，我们策划编写了本套“盛世风华系列”丛书，丛书选取了中国历史上的“十大盛世”进行编写，主要讲述了那些为中国历史的发展进程起到不可或缺作用的历史事件和人物故事，内容精彩，可读性强。

“盛世风华系列”丛书在编写的过程中参阅了大量文献资料和研究成果。同时，为了全面准确地传递知识，还特选部分精美图片辅助说明，但由于文字图片权源分散或作者不详，无法与诸权利人一一联系。鉴于以上原因，该系列丛书编者为尊重作者权益，我们真诚地期望本书所用资料的权利人与我们取得联系，提供有效的版权证明并领取相关使用费。特此声明并为不周处先此致歉！

邮箱：AAA@sina.com　联系人：若木。